普通高等院校经济管理类"十三五"应用型规划教材
【工商管理系列】

教育部产学合作协同育人项目研究成果

创新思维与管理
INNOVATIVE THINKING AND MANAGEMENT

唐时俊 徐德钰 主编
何舒卉 慕卓君 杨捷 郭顺兰 副主编

机械工业出版社
CHINA MACHINE PRESS

图书在版编目（CIP）数据

创新思维与管理 / 唐时俊，徐德钰主编 . —北京：机械工业出版社，2018.5（2023.7 重印）
（普通高等院校经济管理类"十三五"应用型规划教材·工商管理系列）

ISBN 978-7-111-59652-3

I. 创… II. ①唐… ②徐… III. 企业管理 - 创新管理 - 高等学校 - 教材 IV. F273.1

中国版本图书馆 CIP 数据核字（2018）第 072933 号

  本书是一本系统阐述创新思维与新创企业管理、现代企业管理的多维辩证关系的大学基础平台教材。全书严格按照《国务院办公厅关于深化高等学校创新创业教育改革的实施意见》和教育部《普通本科学校创业教育教学基本要求（试行）》的要求来组织编写。本书广泛汲取中外有关创业理论、实践与教育的最新成果，全面阐述了创新思维是什么、创新思维的培养方式；还对创新思维在一般企业管理与创业管理中的应用给出了全面论述，包含创新思维在以下方面的应用：战略管理、创新文化及制度、市场营销、人力资源管理、财务管理、国际贸易、物流管理。

  该书既可作为一般高校与科研机构的本科、专科层次学生的创新创业教育教材，也可作为企业科技工作者、工程技术人员和其他管理人员的创新、创业能力培训教材。更重要的是，本书还可以为实践中的创业者，包括准备创业的和正在创业的创业者提供行动指南。

出版发行：机械工业出版社（北京市西城区百万庄大街 22 号　邮政编码：100037）
责任编辑：王钦福　　　　　　　　　　　　　责任校对：李秋荣
印　　刷：北京建宏印刷有限公司　　　　　　版　　次：2023 年 7 月第 1 版第 2 次印刷
开　　本：185mm×260mm　1/16　　　　　　印　　张：17
书　　号：ISBN 978-7-111-59652-3　　　　　　定　　价：39.00 元

客服电话：（010）88361066　68326294

版权所有·侵权必究
封底无防伪标均为盗版

Preface 前言

2014年,国家提出了"大众创业、万众创新"的号召,很快在全国掀起"大众创业""草根创业"的新浪潮,形成"万众创新""人人创新"的新态势。2015年的政府工作报告进一步指出:推动大众创业、万众创新,"既可以扩大就业、增加居民收入,又有利于促进社会纵向流动和公平正义"。其宗旨在于"让人们在创造财富的过程中,更好地实现精神追求和自身价值"。因此,在这样的背景下,创新型、创业型人才的培养迅速成为我国高等教育的一个重大战略问题。

我们认为,创新与创业的教育和培训,有时虽然是完全基于个体经验的,却能对任何国家、地区和行业的创新与创业的目标及结果产生真正持久与深远的影响。正因为这样,本书通过阐述创新思维与新创企业管理、现代企业管理的多维辩证关系,作为一种教育的手段来推动与促进我国的创新与创业教育事业的长期发展。

本书是本人主持的2018年教育部产学合作协同育人项目(201702165002)与2016年湖北省启林教育研究项目(201611)的核心成果。在本教材的具体编写工作中,我们根据《国务院关于大力推进大众创业万众创新若干政策措施的意见》和《国务院办公厅关于深化高等学校创新创业教育改革的实施意见》的精神,并结合这些年来从事创新、创业教育的经验与体会,构建了本书的主体结构。

其中,第1章着重阐述创新思维与创新、创新思维与新创企业管理、创业思维与企业管理创新的辩证关系;第2章阐述了创新思维的过程、创新思维的基本模式;第3章阐述了创新思维能力以及培养方式、创新人格及其养成与训练;第4章阐述了创新思维在新创企业管理中的具体应用,包含新创企业的市场选择、产品策略、成长战略与风险管控;第5章阐述了企业战略、文化及制度中的创新与创新思维应用问题;第6章阐述了创新思维与网络营销创业、创新思维与市场营销管理创新两个问题;第7章阐述了创新思维在人力资源管理中的应用,包含创业团队管理与一般企业人力资源管理两个方面;第8章阐述了创新思维在企业财务管理中的应用,主要包含传统企业财务管理中的思维定式、企业财务管理创新思维的途径、现代企业财务管理创新的方法等;第9章阐述了创新思维在现代物流管理中的应用与创业方式;第10章阐述了创新思维在国际贸易中的应用,包含当代国际贸易理论的创新与实践、跨境电商创业。

本书的具体编写人员及分工情况如下:本书由唐时俊副教授、徐德钰副教授担任主编,负责全书编写计划设计以及统稿工作;何舒卉老师、慕卓君老师、杨捷副教授、郭顺兰老师担任副主编。具体章节编写分工如下:唐时俊负责拟定全书编写大纲,负责撰写第1章、第5章、第10章,参与撰写第2章、第3章,并负责全书统稿工作;徐德钰参与全书编写大纲拟定,并负责第2章、第3章的撰写;何舒卉负责第4章、第7章的撰写;慕卓君、胡麒龙、陈冰雪负责第5章的撰写;熊薇、陈冰雪负责第6章的撰写;杨捷负责第8章的撰写;袁哲负责第9章的撰写;郭顺兰参与第10章撰写;慕卓君、郭顺兰协助全书统稿。

本书的编写,一是注重突出理论与实践相结合的特点,通过多种实践案例引用与讲解,能够很好地满足创新与创业课程教学的实践性及应用性要求。同时,与以往创新与创业类教材相比较,本书的论述不限于一般阐述创新与创业的基础理论知识,也不限于阐述创新思维的模式与训练方法,而是特别强调这些知识与理论在企业管理,特别是创业管理中的真实应用问题,这使教材不仅具有一般教材的理论系统性,而且具有鲜明的实践管理应用性。

需要特别说明的是,本书还配备有一套适用于当代大学生(含专科、本科及研究生层次)创新与创业能力培养的模拟实训软件,该软件系统将在机械工业出版社的教育云服务器上部署,并向本教材的使用单位与学员开放。

本书在编写过程中,参阅了大量的中外文献,主要的参考文献目录已列出,在此一并对各位作者表示感谢,同时也衷心感谢机械工业出版社的诸位编辑的辛勤付出。

最后,囿于编者的水平和能力,书中疏漏不当之处,敬请诸位读者批评指正。

唐时俊
2017年10月于武汉东湖

Suggestion 教学建议

本书与一般创新、创业类教材的主要不同之处在于：本书强调创新思维在创新与创业实践中的核心作用，并从创新思维的角度出发，深入讨论创新思维与创业管理、企业管理创新这两个重要的实践性问题的多维辩证关系，从而避免了单纯讲述创新思维的局限，并实现了创新思维与现代企业管理学基本理论的融合。

1. 教学内容

本书共 10 章。第 1 章着重阐述创新思维与创新、创新思维与新创企业管理、创业思维与企业管理创新的辩证关系；第 2 章阐述了创新思维的过程、创新思维的基本模式；第 3 章阐述了创新思维能力以及培养方式、创新人格及其养成与训练；第 4 章阐述了创新思维在新创企业管理中的具体应用，包含：新创企业的市场选择、产品策略、成长战略与风险管控；第 5 章阐述了企业战略、文化及制度中的创新与创新思维应用；第 6 章阐述了创新思维与网络营销创业、创新思维与市场营销管理创新两个问题；第 7 章阐述了创新思维在人力资源管理中的应用，包含创业团队管理与一般企业人力资源管理两个方面；第 8 章阐述了创新思维在企业财务管理中的应用，主要包含传统企业财务管理中的思维定式、企业财务管理创新思维的途径、现代企业财务管理创新的方法等；第 9 章阐述了创新思维在现代物流管理中的应用与创业方式；第 10 章阐述了创新思维在国际贸易中的应用，包含当代国际贸易理论的创新与实践、跨境电商创业。

2. 教学方法

为使教学达到良好效果，我们建议在讲授本书理论的主体基础上，首先，教师可以结合书中大量的实际案例来开展相应的案例教学；其次，本书对于创新思维的培养，提供了系统的引导性问卷测试，教师可以应用这些主题测试，在教学中积极引导与开发学生的创新思维灵感；最后，创新与创业是实务性极强的问题，因此在本课程的教授过程中，教师可以配合有关创业模拟实训沙盘，开展创新与创业的模拟实践，也可以结合"挑战杯"等课外科技竞赛活动，通过学生分组参赛，将本课程内容转化为有实践针对性的竞赛项目，实现教学过程的"知行结合"。

3. 学时分配

各院校可依据自身教学情况与安排，采用 36 或 54 学时的不同教学学时，下表仅供参考。

序号	章节	教学内容	学习要点	学时安排
1	第 1 章	创新思维与管理概述	创新思维与意识 创新思维与创新 创新思维与创业 创新与企业管理	4～6
2	第 2 章	创新思维过程与模式	创新思维概述 创新思维过程 创新思维的模式	4～6
3	第 3 章	创新思维能力开发与培养	创新思维能力 创新能力的开发与培养 创新人格 创新人格的培养与训练	4～6
4	第 4 章	创新思维与新创企业管理	新创企业的市场细分与目标市场的选择 新创企业的产品创新策略 新创企业的成长战略 新创企业的风险管理	3～5
5	第 5 章	创新思维与企业战略、文化及制度	企业的战略创新 企业的创新文化 企业的创新制度构建	3～5
6	第 6 章	创新思维与营销管理	创新思维与营销管理创新 创新思维与网络营销	4～6
7	第 7 章	创新思维与人力资源管理	创新思维与人力资源管理 创新思维与创业团队管理	4～6
8	第 8 章	创新思维与企业财务管理	企业财务管理创新及意义 传统企业财务管理中的思维定式及其表现 现代企业财务管理的变革与创新 创新思维在企业财务管理中的应用	3～4
9	第 9 章	创新思维与现代物流管理	创新思维与物流服务创业 创新思维与现代企业物流管理创新	3～4
10	第 10 章	创新思维与国际贸易	创新思维与国际商务 创新思维与跨境电商创业	4～6
	合计			36～54

Contents 目录

前言
教学建议

第1章 创新思维与管理概述 / 1

 导读案例 乔布斯与苹果公司 / 1
 1.1 创新思维与意识 / 5
 1.2 创新思维与创新 / 9
 1.3 创新思维与创业 / 15
 1.4 创新与企业管理 / 20
 本章小结 / 27
 思考题 / 27

第2章 创新思维过程与模式 / 28

 导读案例 米老鼠的诞生 / 28
 2.1 创新思维概述 / 29
 2.2 创新思维过程 / 32
 2.3 创新思维的模式 / 50
 本章小结 / 62
 课后习题 / 63

第3章 创新思维能力开发与培养 / 65

 导读案例 / 65
 3.1 创新思维能力 / 67
 3.2 创新能力的开发与培养 / 74
 3.3 创新人格 / 86
 3.4 创新人格的培养与训练 / 89
 本章小结 / 97
 思考题 / 97

第4章 创新思维与新创企业管理 / 98

 导读案例 运动摄影机GoPro，从异想天开变成20亿美元生意 / 98
 4.1 新创企业的市场细分与目标市场的选择 / 101
 4.2 新创企业的产品创新策略 / 105
 4.3 新创企业的成长战略 / 112
 4.4 新创企业的风险管理 / 124
 本章小结 / 130
 思考题 / 131

第5章 创新思维与企业战略、文化及制度 / 132

 导读案例 破产之后，你知道柯达现在在做什么吗 / 132
 5.1 企业的战略创新 / 139
 5.2 企业的创新文化 / 145

5.3 企业的创新制度构建 / 152
本章小结 / 158
思考题 / 159

第6章 创新思维与营销管理 / 160

导读案例 小米的网络营销 / 160

6.1 创新思维与营销管理创新 / 162
6.2 创新思维与网络营销 / 171
本章小结 / 181
思考题 / 181

第7章 创新思维与人力资源管理 / 182

导读案例 腾讯——用产品思维做人力资源 / 182

7.1 创新思维与人力资源管理 / 183
7.2 创新思维与创业团队管理 / 191
本章小结 / 202
思考题 / 203

第8章 创新思维与企业财务管理 / 204

导读案例 浦发交易银行的"e企行"重构银企生态圈 / 204

8.1 企业财务管理创新及意义 / 206
8.2 传统企业财务管理中的思维定式及其表现 / 206
8.3 现代企业财务管理的变革与创新 / 207
8.4 创新思维在企业财务管理中的应用 / 211
本章小结 / 216
思考题 / 216

第9章 创新思维与现代物流管理 / 217

导读案例 美的走在自我超越的道路上 / 217

9.1 创新思维与物流服务创业 / 218
9.2 创新思维与现代企业物流管理创新 / 227
本章小结 / 236
课后习题 / 237

第10章 创新思维与国际贸易 / 239

导读案例 Apple官网海淘iPhone SE图文攻略 / 239

10.1 创新思维与国际商务 / 243
10.2 创新思维与跨境电商创业 / 254
本章小结 / 262
课后习题 / 263

主要参考文献 / 264

Chapter 1 第 1 章

创新思维与管理概述

导读案例

乔布斯与苹果公司

他,出生在美国加利福尼亚州硅谷,17岁高中毕业,19岁迷上佛学,21岁在自家车库里成立苹果电脑公司,30岁离开苹果,42岁重返苹果并任CEO,52岁苹果推出iPhone,55岁推出iPad。他手中的那个苹果几乎改变了全世界,iPhone 4风靡中国,更是改变了很多中国人的生活。这都是因为他——史蒂夫·乔布斯,他是一个美国式的英雄,几经起伏,但依然屹立不倒,就像海明威在《老人与海》中说的,一个人可以被毁灭,但不能被打倒。

图 1-1 高中时代的乔布斯

1. 初露锋芒

史蒂夫·乔布斯10岁时,搬到洛斯阿尔托斯市,在这个城市中,他随时都能在各处的箱子里翻到一两个废弃不用的电子元件,拆开来看个究竟,玩上好几个小时。他也结识了对他后来成功最重要的人——史蒂夫·沃兹尼亚克。

比乔布斯大5岁的沃兹尼亚克是远近闻名的电子学小专家,当时已是科罗拉多州立大学一年级学生,曾经因为恶搞学校管理部门的计算机而被赶出学校。

图 1-2 乔布斯(右)与沃兹尼亚克(左)

当在沃兹尼亚克家车库里看到他设计的计算机时,一直为自己电子学知识自豪的乔布斯清醒了,"在电子学方面沃兹尼亚克是我遇见的第一个水平比我高的人"。

他们有很多相似之处：他们做事都很专心，生性孤僻，不那么合群，对自己喜欢的事情抱着极大的热情，一碰到兴趣范围的话题就滔滔不绝。两个人又截然不同：沃兹尼亚克单纯快乐，总是沉浸在计算机和电子学的世界里，而乔布斯活在他自己的世界里。

两个天才少年很快有了一次以恶作剧开始的合作。

在一个老牌黑客那里，乔布斯和沃兹尼亚克见识了一种盗打长途电话的做法。两人决定设计出自己的装置。经过几次实验后，沃兹尼亚克设计了一个性能非常好的被称为"蓝匣子"的电子装置。当他们向身边的朋友卖弄时，竟然人人都想向他们要上一只。

乔布斯说服了沃兹尼亚克，在校园里兜售"蓝匣子"。他凭借买电子元件时讨价还价的本事做起生意，第一批每只卖40美元，由于非常

图1-3 可以盗打电话的"蓝匣子"

走俏，逐渐提价到150美元并同时提供售后服务，最后卖到300美元。他们通过这个方式赚了不少钱。

2. 自由主义者

20世纪60～70年代，个人主义的思潮在美国西海岸兴起。乔布斯很快就吸收了这种反文化传统的价值观。到上大学年龄的乔布斯决定去读俄勒冈州一所崇尚自由思想但是收费昂贵的私立大学。他告诉养父母，说那是他唯一想去的大学。夫妇俩再一次满足了养子的任性要求，穷其所有，把他送进了里德学院。然而，一个学期后，乔布斯退学，并设法讨回了所交的学费。

退学后的乔布斯依旧住在学校，无所事事。他的兴趣转移到东方哲学上。他跑到印度，光着脚，穿着破烂的衣服开始精神之旅。回来后，他穿着橘黄色的长袍，剃光头发。显然，他内心的某种欲望仍旧没有得到满足。因此，他决定以一种与从前不同的方式重新开始他的人生。

乔布斯开始重新思考他和沃兹尼亚克的关系：他缺乏沃兹尼亚克在技术上的卓越天赋，但是，他知道如何把一个产品转化为利润。既然少年时的恶作剧——"蓝匣子"这么成功，他们一定还能设计出别的东西，然后拿出来卖。但那是什么呢？

当时，乔布斯打工的一家叫阿尔塔的游戏公司委托他开发一款名为"突破"的游戏。48小时后，乔布斯拿出了使用非常小的计算机芯片的设计方案。

事实上，它全是沃兹尼亚克的功劳，乔布斯只是在沃兹尼亚克研发的时候买了一些糖果和可乐。阿尔塔公司最后支付了1 000美元设计费。乔布斯告诉沃兹尼亚克，阿尔塔公司只给了600美元。就这样，他只给了沃兹尼亚克一半。负责了所有研发工作的沃兹尼亚克赚了300美元，而乔布斯拿到了700美元。这种奇特的合作关系还将持续很多年。

3. 伟大起航

乔布斯要向世人证明，苹果公司不仅仅有沃兹尼亚克一个计算机天才，还有一个乔

布斯。

1975年1月，一篇名为《大众电子学》的文章介绍了一台阿尔泰计算机的详细情况，这标志着人们一直争论的"个人"计算机诞生了。乔布斯开始考虑他和沃兹尼亚克如何在这个新的领域获得商业利润。

此时，沃兹尼亚克已经一头扎到个人计算机的世界，设计出了电路板。乔布斯知道后很高兴，他告诉沃兹尼亚克，他要把这项技术变成电子企业。新公司有一个文雅而生动的名字——苹果。沃兹尼亚克卖掉了心爱的惠普65可编程计算机，乔布斯卖了自己的大众汽车，凑了1000美元作为启动资金。两人在新公司占相等的股份，剩下的10%归答应帮助他们的罗恩·韦恩。苹果公司的产业模式非常简单：由沃兹尼亚克设计电路模型，然后生产出电路板投放市场。3个人都没有意识到一个宏伟的明天即将到来。

一个经营计算机的店主以每台500美元的价格向他们订购了50台计算机。令他生气的是，两个年轻人拿出来的第一代苹果计算机是一块光秃秃的电路板，既没有机箱、电源、键盘，也没有显示器。乔布斯此时对设计和产品还毫无认识。

但是，很快沃兹尼亚克设计的苹果Ⅱ计算机获得了重要的突破。1976年，他和乔布斯赶往亚特兰大的个人电脑节，随后又去了费城，急着向世界展示他们的成果。这是一次颇为丢脸的经历，展示会上，人们对这两个邋遢的年轻人和丑陋的"箱子"都视而不见。

从展示会回来，乔布斯意识到：要让沃兹尼亚克设计的计算机取得成功，必须开拓出一条商业经营的通道，要有雄厚的资金，同时还得有维护客户关系和进行广告宣传的专业人士的帮助。

从那时起，许多硅谷公司的老板都被一个头发胡子拉碴、穿着破牛仔服的年轻人骚扰着，或者电话或者被他堵在办公室里。在乔布斯的死缠烂打下，广告创意公司麦金纳、投资人迈克·马库拉加盟到这家新公司，苹果正式转变为一家股份公司。在随后的计算机展销会上，乔布斯有力地助推苹果Ⅱ取得了商业成功。

图1-4 苹果Ⅱ电脑

半年之后，苹果Ⅱ在西海岸出尽风头。在花了5000美元设计费的展位，人们第一次看到这么漂亮、专业的电脑，乔布斯要求每个接口都必须做得巧妙，完全采用流线型设计；沃兹尼亚克使出浑身解数向观众展示苹果的产品。事实上，开幕之前，乔布斯还对运来的难看机箱非常恼火，立马命令几个员工对机箱进行打磨、刮擦和喷漆。他们的努力几乎立刻就得到了回报。数月之内，他们接到300份苹果Ⅱ订单。到1979年，苹果Ⅱ已成为商圈必备的计算机设备。

4. 商业奇才

1979年，24岁的乔布斯已成为百万富翁，他买了一辆梅赛德斯-奔驰。

随着新型苹果电脑的陆续开发，苹果成为真正的个人计算机市场的"龙头老大"。1980年，苹果公司公开上市。交易当天，460万美元公开股在1小时内就被抢购一空。这是自20世纪50年代中期福特汽车公开上市以来，超额认购数量最大的一次。一夜之间，史蒂夫·乔布斯的资产达到 2.175 亿美元。他成了公众的偶像——一个正在改写历史的相貌英俊、带着胜利微笑的年轻单身汉。

为乔布斯工作好像是在攀登一座难以到达山顶的山。他的命令有时听上去很不合理，但他总有能力把成员挑战到一个极限。一次，他把电话簿扔在会议桌子上，要求设计出来的机器只能这么大，所有的人面面相觑。这能实现吗？

5. 改变世界

乔布斯是幸运的，苹果是幸运的，世界是幸运的，因为，1997 年——乔布斯在离开了苹果公司 12 年之后他回来了。从这一刻起，他的"电话簿"大小的"机器"——iPod 及 iPhone 真的开始改变世界了。

图 1-5　20 世纪 80 年代，踌躇满志的乔布斯与苹果

iPod 之所以能够流行，首先在于它一流的设计，跟其他 MP3 相比，iPod 鹤立鸡群。再一个微创新，其里面的东芝小硬盘，号称可以存储一万首歌，一辈子都听不完。从 iPod 开始，每一个微小的创新、持续改变，都成就了一个伟大的产品。在 iPod 中加入一个小屏幕，就有了 iPod Touch 的雏形。有了 iPod Touch，任何一个人都会想到，如果加上一个通话模块打电话怎么样呢？于是，就有了 iPhone。有了 iPhone，把它的屏幕一下子拉大，不就变成了 iPad 吗？

图 1-6　改变世界的 iPhone1

就这样，乔布斯为苹果带来了 100 倍股价涨幅，给世界带来了 1 000 万台 iPad、1 亿部 iPhone、2.7 亿台 iPod，带动全球超过万亿的产值。iPad、iPod、iTunes Store、iPhone 等数字产品，每一样都极大地推动并改变了人类的生活，或许这种推动没有爱迪生发明电灯所带来的巨大变化来得"直接"，但是，正如一位网友写道："无论你用的是什么电脑、设备或操作系统，你都要感谢乔布斯。没有他，这个世界会不同。"

资料来源：依据百度百科"史蒂夫·乔布斯"词条内容编写 https://baike.baidu.com/item/。

思考题：

1. 你怎么看乔布斯的创业历程？
2. 大学生参加创新创业活动有什么特殊优势与困难？
3. 你会放弃大学学业去选择创业吗？为什么？

"创新"很多时候直接表现为科学技术的进步，是社会与经济发展的决定性力量。大到一个国家，小到一个企业，如果不具备创新能力，不掌握核心技术和自主知识产权，就把握不了未来发展的主动权。因此，创新是企业竞争力的核心，也是国家竞争力的核心。

首先，对于企业而言，创新就是"求生"。创新既是一个市场原有"选手"继续生存与发展的"必修课"，也是新的市场参与者的"入门帖"。同时，对于这些市场的新进入者而言，创新还是一个重新设计游戏规则的巨大机会。

如果一个企业无法改变其供应给世界的产品及服务，或无法改变其交付方式，那么这个企业就会被其他的组织击败与淘汰。可以说，创新与企业的生存紧密相关。生存不是注定的，生存下来的公司一定是因为其具有创新与变革的能力。微软——这个世界上最大且最成功的企业曾经认为其距离消亡也仅仅有两年的时间。英特尔的联合创始人之一安迪·格鲁夫（Andy Grove）也指出，在这个竞争激烈且变化迅速的时代里"只有偏执狂才能生存"。

另一方面，创新与经济发展紧密相关。经济学领域的长期研究显示，创新可以解释经济的增长，至少，从狭义的角度看，从工业革命以来的经济增长最终都应该归功于创新。㊀

为此，本书试图给读者讲述现代企业"生存"和"增长"的根本动力——创新这一把"金钥匙"，以及讲述创新的产生方法——创新思维，及其在新创企业与一般企业中的应用问题。因此，本书是一本专门讨论"创新思维与创新""创新与创业""创新思维与新创企业管理""创新思维与企业管理"关系的书。

1.1 创新思维与意识

一般地，创新有两种状态：一是过程，如：被树上落下来的苹果砸中后，牛顿开始思考万有引力的问题，并开展相应的科学研究；二是结果，牛顿经过长时间的科学思考，通过归纳总结得出"万有引力"的规律。但是，无论是过程还是结果，这一切都有一个思维上的"起点"——思维的创新，或者说"创新思维"。

首先，创新思维是激发创新行为的思维动因，例如："被树上落下来的苹果砸中"诱发了牛顿的创造性思考；其次，创新思维又是完成创新过程，形成创新结果的重要思维工具，得出"万有引力"的规律必须经过思维的创新性

图 1-7　牛顿与苹果树

㊀ 本书认为：从广义的角度看，整个人类历史中的经济增长，全部是生产力与生产关系创新的结果。

思考活动，"万有引力"的规律本身又被视为创新思维与创新的结果。

因此，"创新思维"是思维，是一种特殊的创造性思维过程，也是其思维的结果，而思维则来自于"意识"。

1.1.1 意识与思维

辩证唯物主义认为"意识"是人脑对大脑内外表象的觉察，是客观实在在人脑中的反映。而"思维"则是人脑借助于语言对客观事物的概括和间接的反应过程。思维以感知为基础又可以超越感知的界限。它探索与发现事物的内在本质的联系和规律性，是理性认识的途径，思维是意识的一种状态与结果。

意识是人——这一思维主体对信息进行处理后的产物。没有思维主体的人以及人的思维活动，就不可能产生意识。当然，思维主体既包含自然进化而形成的动物（比如人类），未来也（会）有逐渐发展完善的人工智能产品。因此，思维主体的界定标准是能否对信息进行能动操作（如采集、传递、存储、提取、删除、对比、筛选、判别、排列、分类、变相、转形、整合、表达等作业）。因此，思维主体可以是"人"，也可能是"非人"。

同时，这里所谈到的思维内容——信息，是指能被思维主体识别的事物现象及表象，是思维活动的操作对象。思维活动所产生的意识以信息的形式储存、表现和传递输出，意识传播的实质是信息传播。这些意识（以信息的形式）往往又会成为思维主体进行下一步思维的基础。

因此，要正确地认识"意识"，我们还必须正确认识物质与意识的辩证关系。

第一，物质决定意识。

首先，意识的产生依赖于人脑等物质基础。具体到生理学上，人脑的意识脑区指可以获得其他各脑区信息的意识脑区（在前额叶周边）。意识脑区最重要的功能就是辨识真伪，即它可以辨识自己脑区中的表象是来自于外部感官的还是来自于想象或回忆的。此种辨识真伪的能力，任何其他脑区都没有。

其次，意识的产生需要能量，意识的存在和传播需要介质（物质），总之，意识的存在是依附于物质的。

再次，意识的内涵并不以占据空间的形式存在，而物质存在是占据空间的，这就是意识与物质的根本区别。

最后，意识还是"永动"的，你可以试一下使脑中的意象停止下来，即会发现这种尝试是徒劳的。有研究认为，真正的思维都发生在潜意识的诸脑区中，无论我们是否暂停思维，潜意识都将自发地把思维呈现于意识脑区之中。

第二，意识反作用于物质。

意识对物质具有能动作用。意识的能动作用首先表现在意识能够正确反映客观事物，还突出地表现在意识能够反作用于客观事物。正确的意识能够指导人们有效地开展实践活动，促进客观事物的发展；错误的意识则会把人的活动引向歧途，阻碍客观事物的发展。

这种意识"能动性"的正反效果差别，实际上源于思维主体在获取及处理信息时，信息可能发生种种变异，因此意识的内容不一定真实地反映了客观事物，导致了对客观事物的歪曲，从而造成实践中的损失或失败。但是，我们更要注意到：在一定条件下，意识还有可能突然超越对于客观事物的一般反映，实现由感性认识到理性认识的飞跃，从而更好地指导人们的实践活动。创新思维的产生往往正是这样一种"飞跃"的过程及结果。

综上所述，正确地认识"意识"以及"物质与意识"的辩证关系，是我们正确把握"创新思维"这一概念的基础。

1.1.2 创新思维

思维是意识的高级阶段，是人脑对客观现实的概括和间接的反映，高水平的创新思维可以反映事物的本质和事物间的规律性联系。因此，创新思维是人类思维的高级形式，是人类智慧的结晶。创新思维是人类社会发展进步的内在动力，也是人类区别于其他动物的根本特性之一。

1. 创新思维的概念

正如爱因斯坦所说："创新思维是一种新颖而有价值的、非传统的，具有高度机动性和坚持性，而且能清楚地勾画和解决问题的思维能力。"

在本书中，我们将"创新思维"概述为：人们以独创的新颖的方法、方式来指导实践，解决问题的思维过程与结果。我们之所以这样表述，是因为：其一，表明了"创新思维"的思维过程本身就具有"独创性"与"新颖性"，因为这种思维能突破常规思维的界限，以超常规甚至反常规的方法、视角去思考问题；其二，说明了"创新思维"的结果，往往是出现了原创性的、与众不同的解决方式、方法，从而产生新颖的、独到的、有社会意义的相关成果。

图1-8 爱因斯坦说过："人类因梦想而伟大。"

2. 创新思维的起源

人类脱离普通动物经历了漫长的岁月，在这一过程中人类在自然界的面前是非常脆弱的，但是这并没有妨碍人类成为地球的主宰者，根本原因就在于人类在自身对自然界的劳动实践与改造中逐渐拥有了一件日益强大的武器——思维，特别是不断创新的思维，不断突破人类对自然界的原有认知，不断地促进人类更加深入、全面地利用与改造自然界。可以说，人类的文明史有多久远，创新思维就有多久远。

3. 创新思维的过程

创新思维的客观对象是物质世界，物质的多样性、联系的复杂性和事物变化的绝对性，这决定了人们可以有无穷多的视角、无穷多的组合，以及无穷多的方法来观察与思考客观世界。因此，创新思维过程的关键就在于人类如何具体地去认识与把握客观现实，意识对客观事物反映的阶段性与层次性，决定了创新思维过程的阶段性与层次性。具体而言：

第一，从纯粹的思维发生过程来看，尽管没有两个人的脑力活动完全一样，但科学研究表明创新思维过程一般包括："浸润"（对一问题由表及里的全面了解）、"审思"（仔细考虑这一问题）、"潜化"（放松和停止有意识的研究，让下意识来起作用）、"突现"（突现绝妙的，也许有点古怪的答案）、"调节"（澄清、组织和再修正这一答案）。⊖

第二，从创新思维的实践过程来看，其包含以下这三个阶段：① 寻找目标——发现并界定问题；② 构想创意——获得思维产品；③ 论证实施——证明并付诸实践。

4. 创新思维的重要意义

如上文所述，创新思维是人们在认识世界的过程中，以及创造具有独创性成果的过程中，表现出来的特殊的认识事物的方式，是人们运用已有知识和经验增长开拓新领域的思维能力，即在人们的思维领域中追求最佳、最新知识独创的思维。因此，创新思维是人类的基本思维活动之一，是人类一切创新活动的基础，创新的核心就在于创新思维，创新思维指导并决定着创新实践的成与败。

5. 创新思维的学习与培养

创新思维对于人类的生存与发展具有根本性的重大意义，因此获得创新思维的能力就成为人们关注的焦点。值得注意的是，创新思维绝不是什么"天生"的，物质决定意识的规律告诉我们，创新思维是人们在长期的社会生产、学习和实践的过程中不断培养和发展起来的。与所有的客观规律一样，创新思维能力的培养是有方法的，正确的方法可以让我们事半功倍。许多创新思维的方法又是一种习惯，习惯则可以训练与教育养成。

作为解决实践问题而进行的思维，创新思维必然具有新颖、独特的思维特征，其通过新颖独特的方式对已有信息进行加工、改造、重组，从而获得有效创意的思维结果和实践方法。因此，在学习与培养创新思维能力的过程中，人们必须克服创新思维的"大敌"——人或组织外在的环境条件及内在的观念习惯，即所谓的"思维定式"。

案例

阿希实验：从众思维现象

生活在信息时代，面对庞杂猛烈的"信息轰炸"，即使很有个性的人也会受到群体的

⊖ [美] W. H. 纽曼，E. 萨默著. 管理过程：概念、行为和实践 [M]. 李柱流，等译. 北京：中国社会科学出版社，1995：318-324.

影响而怀疑、改变自己的观点和行为，以和他人保持一致。心理学上著名的"阿希实验"，能够证明这一点。它是由美国心理学家所罗门·阿希在1956年设计实施的。

阿希请大学生们自愿做他的被试。他告诉被试，这个实验的目的是研究人的视觉情况。

当一个来参加实验的大学生走进实验室的时候，他发现已经有5个人先坐在那里了，他只能坐在第6个位置上。而他不知道，其他5个人都是跟阿希串通好了的假被试（即所谓的"托儿"）。

阿希要大家做一个非常容易的判断——比较线段的长度。他拿出一张画有一条竖线的卡片，然后让大家比较这条线和另一张卡片上的3条线中哪一条线等长。测试共进行了18次。事实上，这些线条的长短差异很明显，正常人是很容易做出正确判断的。

然而，在两次正常判断之后，5个假被试故意异口同声地说出一个错误答案。于是真被试开始迷惑了，他是坚定地相信自己的眼力呢，还是说出一个和其他人一样但自己心里却认为不正确的答案呢？

结果当然是不同的人有不同程度的从众倾向。但从总体结果看，平均有33%的人的判断是从众的，有76%的人至少做了一次从众的判断，而在正常的情况下，人们判断错的可能性还不到1%。当然，还有24%的人一直没有从众，他们按照自己的正确判断来回答。一般认为，女性的从众倾向要高于男性，但从实验结果来看，两者并没有显著的区别。

看来，要想保持自己的独立性，坚持自己正确的看法，拒绝违心地进行明显错误的判断，至少从心理学上讲，还真不是一件容易的事。

1.2 创新思维与创新

创新（innovation）是创造新事物的过程，是创业过程的核心。创新思维是人类的基本思维活动之一，是人类一切创新活动的起点与方法，创新的核心就在于创新思维。

1.2.1 创新

创新既是简单的，又是复杂的。创新意味着改变，意味着推陈出新，同时也意味着风险与失败。那么我们可以怎样全面与深入地理解"创新"呢？

1. 约瑟夫·熊彼特的创新理论

著名经济学家约瑟夫·熊彼特（Joseph Schumpeter）是创新理论的鼻祖。他在1912年的《经济发展理论》一书中最先提出了"创新理论"，并以"创新理论"来解释资本主义的本质特征。按照熊彼特的定义，"创新"就是"建立一种新的生产函数"，即实现生产要素和生产条件的新组合，它包括五种情况。

① 引入一种新的产品或提供产品的新质量；

② 采用一种新的生产方法；
③ 开辟一个新的市场；
④ 获得一种原料或半成品的新的供应来源；
⑤ 实行一种新的企业组织形式。

在熊彼特看来，作为资本主义"灵魂"的企业家的职能就是实现"创新"，引进"新组合"，创新无处不在。他认为，"创新"是一个内在的因素，经济发展不是外部强加的，而是来自内部自身创造新的关于经济生活的一种变动。企业家之所以进行"创新"，是因为他看到了"创新"给他带来了盈利的机会。

图 1-9　熊彼特以"创新理论"解释资本主义的本质特征。他在《经济发展理论》一书中提出"创新理论"以后，又相继在《经济周期》和《资本主义、社会主义和民主主义》两书中加以运用和发挥，形成了以"创新理论"为基础的独特的理论体系。

但是，创新者同时也为其他企业开辟了道路，一旦其他企业纷纷起来效仿，形成"创新"浪潮之后，这种盈利机会也就会趋于消失。"创新"浪潮的出现，造成了对银行信用和生产资料的扩大需求，引起经济高潮。而当"创新"已经扩展到较多企业，盈利机会趋于消失之后，对银行信用和生产资料的需求就减少，于是经济就收缩。熊彼特认为，这样就形成了经济的繁荣与萧条的交替，经济的发展就是在创新活动的推动下周期性地进行的。

2. 彼得·德鲁克的创新理论

彼得·德鲁克认为创新可以被列为一个学科，是能够学得的，也是能够联系的。他认为创新是通过有目的的专注的变革努力，提升一家企业的经济潜力或社会潜力。创新是管理者的职责，它

图 1-10　彼得·德鲁克是"现代管理学之父"，被称为"大师中的大师"。

开始于有意识地寻找机会，要找到这些机会并加以利用，人们需要严格有序地工作。因此，创新是一项系统性的、有目的性的工程。

1.2.2　创意与机会

理解创新思维与创新的关系，必须先理解机会与创意的关系与区别。因为，创新思维可以产生创意，能够把握住合适机会的创意才能实现创新。

1. 创意与机会

机会（opportunity）是营造出对新产品、新服务或新业务需求的一组有利条件所形成

的环境。创业者利用机会时，**机会窗口**（window of opportunity）必须是敞开的。"机会窗口"描述企业实际进入新市场的时间期限。**创意**（idea）是一种思想、概念或想法。创意可能满足也可能不满足机会的标准。了解创意是否填补了某种需要，是否满足了机会的标准是至关重要的（见图1-11）。

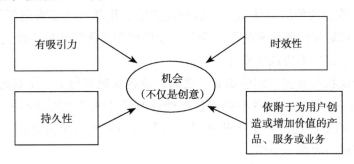

图1-11　机会的组成四个要素

彼得·德鲁克曾说："要进行系统化的创新，企业需要在每隔6～12月就打开企业的天窗，看一看外面的世界。"德鲁克将"机会的窗口"分类归纳为七项，并指出这七扇窗是任何一家公司都可以进行的、可靠的创新来源。德鲁克认为，对于大企业来说，创新是有意识的、有目的地寻求机会的结果，而这七扇窗的打开毫无疑问为所有企业的创新带来了这样的机会。

2. 创新的"机会之窗"

（1）创新七扇窗之意外事件

彼得·德鲁克认为，没有哪一种来源能比意外成功提供更多创新机遇了。它所提供的创新机遇风险最小，整个过程也最不艰辛，但是意外成功却几乎完全受到忽视。更糟糕的是，管理者往往主动将它拒之门外。

假如在企业的产品线中，有一种产品的表现要好过其他产品，完全出乎管理层预料，管理者正确的反应应该是什么呢？万豪公司的例子可以进行说明。

当万豪还只是一家餐饮连锁企业时，万豪的管理者注意到，他们在华盛顿特区的一家餐馆生意特别好。经过调查，他们了解到是因为这家餐馆对面是一座机场，当时航班不提供餐饮，很多乘客会到餐馆买些快餐带到飞机上。于是，万豪酒店开始联系与航空公司合作，航空餐饮由此诞生。

意外的成功可以提供创新机遇，意外失败同样是非常重要的创新机遇来源。福特的"埃德赛尔"（Edsel）经常被商学院的教授们当作新车型的典型失败案例援引，但大多数人并不了解，正是埃德赛尔的失败为福特公司日后的成功奠定了基础。

当此款汽车遭遇失败时，福特当时的管理层并没有把失败归咎于消费者，而是意识到汽车市场正在发生一些变化，认为市场细分不再是依不同收入人群划分，而是出现新的划分方式，即我们现在所称为的"生活方式"。福特在此认知分析调查的基础上，最终推出了"野马"（Mustang），一款使公司在市场上独树一帜且重新获得行业领先地位的车型。

需要注意的是，意外的失败不是掉以轻心所以失败了，而是经过周详计划并努力实践后还是失败了。这样的失败就值得重视，因为分析失败原因的过程，往往会发现事实的变化进而发现创新机遇的过程，也许是公司战略所依据的假设不再符合现实状况；也许是客户改变了他们的价值和认识……诸如此类的变化都可能带来创新的机遇并涉及其他创新来源，如随后我们要讲到的不协调及产业结构和市场结构发生改变等。

（2）创新七扇窗之不协调的事件

不协调是指现状与事实"理应如此"之间，或客观现实与个人主观想象之间的差异，这是创新机遇的一个征兆。这些不协调包括产业的经济现状之间的不协调，产业的现实与假设之间存在的不协调，某个产业所付出的努力与客户的价值和期望之间的不协调，程序的节奏或逻辑的内部不协调。

集装箱的首次出现也源于行业的假设与现实之间的不协调。20世纪50年代之前，航运业一直致力于降低航运途中的成本效率，争相购买更快的货船，雇用更好的船员，但成本仍居高不下，导致航运业一度濒临消亡。直到货运集装箱出现，航运总成本下降了60%，航运业才重新起死回生。

集装箱的发明者用简单的创新解决了现实和假设之间的不协调。航运业当时的重要假定是：效率来自更快的船和更努力的船员，而事实上，主要成本来自轮船在海港闲置、等待卸货再装货的过程中。当方向错了时，越努力就越失败——船开得越快，货装得越多，到港后要等待的时间就越长。

关于不协调的事件，德鲁克给出了四种情况：经济现状的不协调；现实和假设的不协调；所认定的客户的价值和客户实际的价值（追求的东西）之间的不协调；程序的节奏或逻辑的内部不协调。集装箱的例子就属于第二种情况。

（3）创新七扇窗之程序需求

实质上，流程需求这方面的创新是寻找现有流程中薄弱或缺失的环节。这种需求既不含糊也不笼统，而是非常具体的，因为肯定有"更好的方法"会受到使用者的欢迎。

比如，巴西阿苏尔航空公司，它以机票低廉而著称，但却没有更多的巴西人愿意搭乘其航班。经过研究发现，原因在于乘客还需要从家里乘出租车到机场，而这可能要占到机票的40%~50%，同时又没什么公交系统或者火车线路可以完成这样一个行程的支持。

换言之，"从家到机场"是顾客流程的一部分，但却没有得到有效的满足。于是，阿苏尔航空决定为乘客提供到机场的免费大巴。如今，每天有3万名乘客预定阿苏尔航空的机场大巴车，阿苏尔航空也成为巴西成长最快的航空公司。

基于程序的创新是从工作或任务出发的，而基于不协调的创新往往是因为形势所迫。尽管在不协调的四种现象中，有一种也是与程序有关的，但德鲁克单独把程序需求作为一个来源提出来，是因为它与不协调是基于两种不同的感知（发现）途径，需要创新者对一项具体工作或任务进行研究，而不是对行业所在环境进行研究。

(4）创新七扇窗之行业和市场变化

行业和市场结构会发生变化，这通常是由于客户的偏好、口味和价值在改变。另外特定行业的快速增长也是行业结构变化的可靠指标。

在过去的十几年里，影像行业出现了革命性的技术创新和市场转向，柯达作为全球最大的影像公司，未能赶上潮流，一步步陷入生死存亡的绝境。而事实上，早在1975年，柯达就发明了第一台数码相机，管理层们知道胶卷总有一天会消失，但是不知道什么时候会发生。结果，当市场结构真正变化时，一切都来不及了。这家百年企业的市值蒸发超过90%，不得不于2012年在美国申请破产保护。

历史悠久的公司往往会保护自己已经拥有的，且不会对新手的挑战进行反击。当市场或行业结构发生变化，传统的行业领先企业会一次又一次地忽略快速增长的细分市场。就好像历史上所有的古代帝国、公司和个人，一旦创造出一件美好的事物，机制或身体内部就会产生一种免疫功能，自动保护它免遭破坏。但与此同时，新的创新机遇也隐藏在其中，虽然其很少符合传统的市场方式、界定方式和服务方式。

（5）创新七扇窗之人口结构的变化

在创新机遇的外部来源中，人口结构，通常被定义为人口数量、人口规模、年龄结构、人口组合、就业情况、受教育状况以及收入情况。相比于其他来源，人口结构的变化是最可靠的一个来源。

（6）创新七扇窗之认知上的变化

意料之外的成功和失败都可能意味着认知和观念的转变。认知的改变并不能改变现实，但是它能够改变事实的意义，而且非常迅速。从把计算机看作是一种威胁或者只有大企业才会使用的工具，转变为看作是可以用来计算所得税的工具，这个变化只花费了两年的时间。

美国汽车工业时代，亨利·福特根据消费者的反馈，制造出了至今仍占据汽车销量排行榜首位的T型车。但很可惜，他的后人慢慢忘记了什么是消费者。一直到20世纪90年代中期丰田猛攻美国市场的时候，底特律还天真地以为买车的都是男人，他们更喜欢马达轰鸣的声音。而丰田早已根据消费者的观念转变，生产乘坐舒适度更高，噪声更小的家用轿车了。

（7）创新七扇窗之新知识

在德鲁克看来，在所有创新的来源中，新知识的利用所需要的时间最长。而且，新技术变成进入市场的产品也需要很长的时间。

新知识创新从来不是基于一个因素，而是几种不同知识的汇合。一个典型的案例是喷气式发动机，这一发明早在1930年就取得了专利，但直到1941年才进行首次军事实验，而首架商业喷气式飞机直到1952年才诞生。波音公司最终研发出波音707客机是在1958年，也就是喷气发动机取得专利的28年之后。因为新飞机的研发不仅需要发动机，还需要空气动力学、新材料以及航空燃料等多方面技术的汇合。

在这七个创新机遇来源中，前四个来源存在于组织的内部，后三项存在于组织的外部。由于后三个项发生在组织外部，除非它们以前四个来源的形式反映出来并被业内人员感知，否则常常受到忽视，被认为离组织太远。但事实上，后三项来源更带有根本性，是直接可以被利用来创新的。

创新与风险从来就是结伴而行，但是如果企业通过挖掘已经发生的事件进行创新，包括本企业、市场、知识、社会和人口等方面发生的事情，那么这种创新的风险就比没有挖掘这些机会的创新活动小多了。七扇窗在风险程度、困难度、复杂程度以及创新的潜力上也存在着不同，而且在一段时期内，其中一项可能会比另外一项表现得更为突出。但总体来说，这些构成了所有创新机遇的大部分来源。对于任何一扇窗外风景的变化，企业都可以把它看作是一个征兆，是只需少许努力就能发生变化的可靠信号，推动企业创新行为的发生，并提高创新成功的概率。

值得注意的是，这七个创新机遇的来源界限相当模糊，彼此之间有相当大的重叠部分。当然，相邻的模糊也同时带来福利，一旦对窗户的边界进行新的探索，之前的边界就会重新扩展，有些来源可能就会重叠，新的组合演变为另一些变化和风景，这就提供了进入可能空间的钥匙。七个机遇如同七扇位于同一建筑物不同方向的窗，你可以把它们想象成公司办公大楼的不同窗口，每扇窗外所展现的某些景致，也可以从临近窗口看到，但每扇窗口中心所呈现的景色却截然不同，甚至是别有洞天。如果你不停地打开每一扇创新之窗，最终就可以看到全景创新世界。

1.2.3 创新思维如何诱发创新

我们知道创新思维是实现创新的基础，但是对于个人而言，通过产生创新思维来实现创新是有条件的，这主要包含了个人的先前经验与知识储备，这两者是直接影响个人认知的关键因素。当个人具备了上述信息基础条件时，个人才可以、可能进一步通过思维的"创造性"，来实现创新。

1. 创新思维的信息基础

第一，先前经验。

*Inc.*500 企业创建者的调查显示，43% 的被调查者是在相同产业内企业工作期间，获得他们的新企业创意的。也就是说，在某个行业工作，个人更可能识别出未被满足的利基市场。个人也更可能建立起产业内的社会关系网络，从而启动引发机会的洞见。

第二，知识储备。

不同的创业者，拥有的知识储备是不同的。一般而言，拥有某个领域更多知识的人，倾向于比其他人对该领域内的机会更加敏锐。例如，一位计算机工程师，一般情况下就应该比一位律师对计算机产业内的机会和需求更敏锐。

总之，个人的先前经验与知识储备将直接影响到个人对于创新的认知过程。一个貌似有理的观点认为：机会识别可能是一项先天技能或一种认识过程，创业者似乎拥有"第六感"，这使得他们能够看到别人错过的机会。然而，这种所谓的"第六感"实际上就是

"创业敏锐"（entrepreneurial alertness）——定义为不必周密调查便可觉察事物的能力。多数创业者自己也认为其比他人更"敏锐"，然而，创业敏锐实际上是一种习得性技能，其产生的前提与基础就是"先前经验"与"知识储备"。

2. 创造性

创造性（creativity）是产生新奇或有用创意的过程。在多数情况下，机会识别是一个创造的过程。对个人而言，创造过程可以分成五个阶段（见图1-12）。

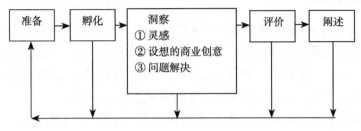

图1-12　创造性的发展过程

准备：准备是指创业者带入机会识别过程的背景、经验和知识。正如运动员必须练习才能变得优秀一样，创业者需要经验以识别机会。研究显示，50%～90%的初创企业创意来自于个人的先前工作经验。

孵化：孵化是个人仔细考虑创意或思考问题的阶段；这也是对事情进行深思熟虑的时期。值得注意的是，有时候，孵化是有意识的行为；有时候，它又是无意识的。

洞察：洞察是识别闪现，此时问题的解决办法被发现或创意得以产生。有时，它被称为"灵感体验"。在商务环境中，这是创业者识别机会的时刻。

评价：评价是创造过程中仔细审查创意并分析其可行性的阶段。这是创造过程中特别具有挑战的阶段，因为它要求创业者对创意的可行性采取一种公正的看法。

阐述：阐述是创造性创意变为最终形式的过程。详细情节已经构思出来，创意变为有价值的东西，比如新产品、服务或商业模式等。对于新创企业或团队而言，这是撰写商业计划书的时候——此时，创新思维的过程与结果将以文字的形式呈现出来。

总之，当个人具备了某一领域一定的先前经验与知识储备时，个人才可以与可能进一步通过思维的"创造性"来产生实现创新（从思维创意到具体形式）。从这个角度看，创新思维是实现创新的基础；但是，同时我们也应该注意，创新思维对于创新的影响还远不止于此，因为创新的高级阶段应该是创业，而创新思维又在多个方面对创业产生重大的影响，有时甚至是决定性的。

1.3　创新思维与创业

彼得·德鲁克在《创新与企业家精神》（1985）中指出：创新是创业的特定工具，是发掘不同产品与服务变化机会的方法。他的这一观点中的"创新"，实际上很大程度上指的就是"创新思维",即通过思维的创新来识别与把握创新的"机会之窗"。

我们认为,能够通过思维的创新来识别与把握创新"机会之窗"并进行商业实践(一般情况下是指开办公司)的人就是创业者,创业者是创业行为的主体。创新思维是创业者识别创业机会的工具,是创新形成的基础,是其创业的起点,对创新转化为创业起决定性作用,同时对于新创企业的管理也有重要的影响。

1.3.1 创业者与创业

"创业者"(entrepreneur)这个词源于法语"entre"(表示"中间")与"perndre"(表示"承担")。这个词最初表示买卖双方之间承担风险的人,或承担创建新企业风险的人。创业者和发明家不同。实际上,创业者是一些个体,他们独立或者作为组织的一部分行动,他们发现创业机会,并敢于冒风险开发创新来追逐这一机会。

"创业"(entrepreneurship)是个人或组织识别并追求创业机会的一个过程,而这些机会还不受个人或组织当前拥有的资源的直接限制。"创业机会"(entrepreneurial opportunities)是指市场需要新商品或新服务来满足某种需求的情形。当市场和生产要素中存在不完全竞争,并且这些不完全竞争的信息在个人间不对称传播时,企业机会就以各种形式出现。创业的本质是认识和开发创业机会。作为一个过程,创业在已有产品(商品或服务)或生产方法的创造性毁灭中产生,并且以新产品和新生产方法进行替代。

需要特别注意的是,创业者并不能完全等同于发明家。熊彼特在《经济发展理论》中提到三种类型的创新行为。"发明"(invention)是创造或发展新产品或新流程的行为。"创新"(innovation)开始于对发明的开发,是使发明成为商业化产品的过程。"模仿"(imitation)是同类企业接受同类产品或服务的创新的行为,模仿通常会使产品或流程标准化,且基于模仿的产品通常以更低的价格面市,但缺乏个性。总之,发明家创造新事物,而创业者聚集并整合所有必需资源(金钱、人力、商业模式、战略和风险忍耐力),以便将发明转化为可以赢利的企业。

📁 案例

瓦特与蒸汽机

与大众的认识正好相反,工业革命的缔造者——詹姆斯·瓦特并不是第一个发明蒸汽机的人。早在 1698 年,蒸汽机的专利就已经被人注册了。但是,瓦特对已有蒸汽机的技术改进做了巨大贡献,他引入分区的设计思想,不但极大地降低了能源的浪费,还极大地提升了蒸汽机的效率和效果。值得注意的是,瓦特虽然在 1769 年获得了关键的专利,但是他并没有将蒸汽机开发成为一个商业创新。

直到 1775 年,瓦特与马修·博尔顿(Matthew Boulton)成了合伙人,瓦特的蒸汽机才在商业领域开始成功。瓦特拥有技术精巧的装置,而博尔顿拥有资本和商业知识。到 1800 年,他们的公司一共装配了 1 500 台蒸汽机。

图 1-13　瓦特（左图）与他发明的实用蒸汽机的复原模型（右图）

实际上，这并不是一个简单技术创新案例。瓦特与马修·博尔顿的 Boulton & Walt 公司代表了一种早期的"系统整合"商业模式创新。Boulton & Walt 公司宣传不生产蒸汽机，其只是为客户提供动力。它要求客户从很多供应商那里购买需要的组装部件，这有效地降低了他们的工作资本与存货成本。同时，Boulton & Walt 公司也不从蒸汽机的销售中获利，他们提供的新机器可以为客户的工厂降低原煤的采购成本，在连续的 25 年中，Boulton & Walt 公司收取由新机器为客户节约原煤成本的 1/3 作为收益。这使得两位创始人获得了惊人的财富，瓦特的名字成了物理计量单位，他还被誉为工业革命的缔造者。

1.3.2　创新思维与创业

如上文所述，创新思维的发展与成熟表现出明显的阶段性。创新思维的出现阶段基本上对应于创业机会的识别阶段。创新思维的酝酿与顿悟过程则基本上对应于创新的产生阶段。创新思维的验证则直接决定了创新能否实现向创业的最终转化。验证的结果一方面决定了创业的可行性，另一方面，又从技术性质、资源约束等方面决定了新创企业的建设与发展重点。

首先，创新思维是创业者识别创业机会的工具。

创新的冲动来源于对现实的不满足，对已有结论的怀疑。创新思维的关键就在于人们进行创新性的思考，即多角度、多侧面、多方向地看待并处理事物和问题。因此，创新思维是人们发现问题的最基本的思维工具和方法；同时，发现问题又是创新思维准备阶段的关键，也是所有创新活动的起点。在发现问题后，创新者（此时尚不是"创业者"）应从各个方面充分地收集资料和信息，包括从他人的经验和教训之中，也包括从旧的问题和关系中发现新的信息。

其次，创新思维是创新形成的基础。

创新思维的酝酿阶段是一个相对漫长的过程。创新者根据自己发现的问题以及所收集的信息进行思考，做出各种可能的假想方案。在这一阶段，潜意识和显意识交替，发散思维和收敛思维同时作用，抽象和形象、归纳和概括、推理和判断等各种思维方式被能动使用。在这一阶段,创新者可能从开始时的亢奋转向平稳,也可能会将思维焦点转向其他问题,但是在其大脑里原有问题和思绪仍在,这种看似平衡的状态中正孕育着某种突破的到来。

创新思维的顿悟阶段,在各种创新方法的指引下,在突破性与新颖性潜意识的驱动下,灵感会"突然"降临,新观念、新思想和新发明由此产生。创新在"事物"(可以是思想、概念、方法,也可以是产品、实物等)的层面得以实现。

再次,创新思维是创业的起点,对创新转化为创业起决定性作用。

创新思维在完成顿悟后,其所产生的新思想、新概念、新产品、新发明等还需要进行科学验证。在这一阶段,人们应该通过观察、试验、分析等多种方法来证明新结果的可重复性、合理性、严谨性、严密性和科学性,还应该结合市场需求、商业竞争状态、供应商稳定性、销售渠道建设成本等经济与管理评估来确认其商业的可行性。如果结论是可行的,那么创新成果就具备了向创业转化的基础条件。如果结论是否定的,则创新又将回到酝酿阶段。

同时,对于创新思维成果的全面的经济与管理评估,将会给创新者提供其商业的可行性路径,包含可行条件下所需的相应资源(金融支持、技术保障、市场开拓等)清单,以及可行的商业模式(即如何应对相应市场状态所采取的有效资源组合与运营形式)建议等。这是创新者向创业者转化的关键,也是创新向创业转化的基础,是创新在"商业"层面得以实现的最重要条件。

1.3.3 创新思维与新创企业

从创新思维诱发创新,再从创新转化为创业行动,这一切的终点绝非是注册并创建一家新的企业——这恰恰是创业的真正开始。创新思维在这个新生组织的生存与发展过程中,依旧扮演着关键先生的角色。

1. 新创企业的性质

我们认为,创新者注册成立的新创企业不是一般大型企业的缩小版,它是一个正在寻找可升级、可重复和可盈利商业模式的临时组织。

作为一种未来可升级的新创企业,其往往是技术创新者的作品,他们在成立企业时认为自己的愿景会改变世界,同时为公司带来巨大的经济收益。在这种新创企业的发展早期阶段,其目标是寻找可重复和可升级的商业模式。它们往往聚集出现在全球技术中心,如硅谷、纽约、上海、深圳等地。虽然,这类企业在整个经济中所占的比例很小,但是它们往往具备巨大的投资回报与发展潜力(见图1-14)。

2. 新创企业的创建

熊彼特提出"创造性破坏"的过程,认为在不断寻找新的利润增长点的驱动下,企业将持续地寻找摧毁旧有规则并同时建立新规则的创新点。

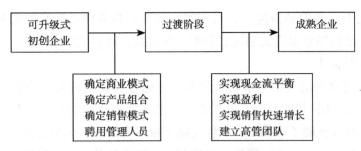

图 1-14　创新导向的可升级的新创企业

也就是说，在市场竞争条件下，企业家会努力应用技术创新，一项新产品/服务或者生产的新流程，去获得战略优势。在一段时间内，这家企业可能是唯一创新的企业，所以该企业家可以预期赚很多钱，熊彼特认为这就是"垄断利润"。但是其他的企业家无疑会发现它所做的并努力去模仿它，结果是其他的创新产品应运而生，大量新思想的涌入使得垄断利润逐渐削弱并直至最终达到平衡。在此处新的循环又将开始，最初创新的企业家或是其他人会寻找下一个重新制定游戏规则的创新点，于是又开始了新的创新循环。

熊彼特将创新看成是一个活动的序列：流程（见图1-15）。新创企业的成立是这一过程中一环。不论是将想法转变成现实的单个创业者，还是收入数以亿万计的正在投放的一系列新产品的大公司，都有一个相同的创新基本模型框架。

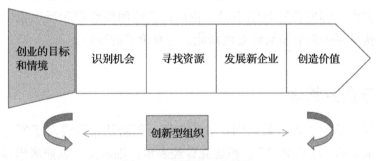

图 1-15　创新的五个阶段

第一，识别机会。

触发创新的因素各种各样，来源于不同的方面。它们可能是类似于坐在浴盆里的阿基米德那样获得聪明的想法，也可能是引入组织外部某些人的想法；它们也可能来源于对于社会状况的不确定或者一个促使世界更美好的渴望。

很明确的是，如果我们想获得触发创新的信号，我们就需要通过广泛接触来搜寻和审视我们的周围，同时也包括能够洞察未来的能力。

第二，寻找资源。

创新的困难在于它本身是一个高风险的商业活动，你不可能一开始就知道你决定要做的事情是否能够实现或者是否能够实施，但是你必须投入资源来启动这个过程。因此，这个阶段更多的是战略选择。想法是否与业务战略匹配？该想法是否完全建立在我们已有知识的基础之上？我们是否拥有推动该想法实现的技能和资源？如果我们没有那些资源——这是创业之初经常出现的情况，我们如何寻找并获得它们？

第三，发展新企业。

这一个阶段将这些潜在的想法转化为现实。这个实施阶段有一点像编织一种"知识画布"，逐步把各种知识集中起来，并慢慢编织成一幅成功的创新"画面"。

开始，这个画面充满了不确定性，但是随着成本的投入，画面将逐步变得清晰。我们必须投入时间、金钱、人力进行研发、市场调研、竞争者分析、开发原型、测试等来帮助我们更深入地理解该创新以及判断该创新是否可行。最后，该创新尝试实现，进入国内或国际市场。在早期，开发一个考虑到各个方面有效的商业计划是创业成功的关键要素。

在整个实施阶段，我们需要平衡与控制创新。平衡意味着围绕创新需要很高的项目管理技能。这个阶段意味着将不同人的各种知识集合起来，这对团队建设提出了很多要求。

最后，项目进入市场，创新将通过产品或服务的形式在用户中扩散。别人一定会产生类似或更好的想法，管理好这个阶段意味着我们必须提前想好人们的反应，并且跟上时代的潮流，做出新的创新与变革。

第四，创造价值。

尽管我们投入了很多精力来识别机会、寻找资源和创建新企业，但是并不能保证我们的努力就能够创造价值。一方面，我们要思考，如何通过管理这个流程来最大化我们的机会；另一方面，即使在项目结束时，我们也应该回头看看和反思我们学到了什么知识，我们能够获得哪些关于如何建立创新能力的有价值的知识。

1.4 创新与企业管理

创新并不仅仅是创业者与其新创企业的事情，创新从始至终对于所有的企业与经营组织都是至关重要的"生命之源"。德鲁克曾经表示：创新是"创业者借以产生创造财富的新资源或赋予现有资源扩大财富能力的方法"。无论是大公司、小公司还是初创企业，创业能力和由此产生的创新能力都至关重要。创新应该成为一个公司所有活动的固有组成部分。对于企业而言，创新的管理与管理的创新既是科学更是艺术。

1.4.1 创新对于企业发展的意义

1. 世界变得越来越快

在20世纪上半叶，一项技术从发明到商业成功往往需要几十年的时间。然而，进入20世纪下半叶以来，技术创新的周期越来越短。20世纪上半叶，电话走进50%的美国家庭用了长达60年的时间，而互联网进入美国家庭只用了5年。摩尔定律和吉尔德定律验证了技术创新周期加快的趋势，即"单位面积芯片的存储量每18个月增加一倍""主干网的宽带将每 6 个月增加一倍"(见表 1-1)。

表 1-1 历史上重大发明创新的历时

技术或产品	发明年份	创新年份	周期（年）
日光灯	1859	1938	79
罗盘指南针	1852	1908	56
拉链	1891	1918	27
电视	1919	1941	22
喷气发动机	1929	1943	14
复印机	1937	1950	13
蒸汽机	1764	1775	11
涡轮发动机	1934	1944	10
无线电报	1889	1897	8
三级真空管	1907	1914	7
DDT	1939	1942	3
氟利昂冷却剂	1930	1931	1

资料来源：许庆瑞，《研究、发展与技术创新管理》，高等教育出版社，2000 年。

2. 创新是企业发展的动力源泉

今天，企业生活在快速变革的环境中，面临着越来越高的不确定性，企业的生命周期在进一步缩短。10 年前的《财富》500 强中，将近 40% 的企业已经销声匿迹；而 30 年前的《财富》500 强中，60% 的企业已被收购或破产。1900 年入围道琼斯指数的 12 家企业，只有通用电气一家坚持到了今天。同时，我们仔细解读常青树型企业的长寿经，不难发现，百年企业的价值观和企业精神的核心只有一个词——创新。只有创新，才能使企业拥有生生不息的生命活力，不断地适应或者影响周围的环境，永葆企业青春。

著名创新管理专家乔·蒂德（Joe Tidd）教授指出，企业通过创新可以获取不同的战略优势，如表 1-2 所示。

表 1-2 企业创新类型与战略优势

创新类型	战略优势
新颖型	提供独一无二的新产品或服务
能力转移型	重塑竞争游戏规则
复杂型	提高技术学习壁垒和难度
稳健设计型	延长现有产品及工艺生命周期，减少总成本
持续渐进型	持续降低成本并改进性能

资料来源：乔·蒂德等著，陈劲等译，《创新管理——技术、市场与组织变革的集成》，清华大学出版社，2002 年。

世界著名咨询公司普华永道对 7 个国家 399 家企业的一项财务指标的分析发现，业绩高增长的企业往往具有较强创新性。随着知识经济时代的来临，越来越多的企业发现，仅有良好的生产效率、足够高的产品质量甚至高度的灵活性已不足以保持市场竞争优势。创新正日益成为企业生存与发展的不竭源泉和动力（见表 1-3）。

表 1-3 企业管理的演进模型

时间	市场需求	企业管理焦点	主导企业类型	管理特点
20世纪60~70年代	价格	生产效率（降低成本）	效率型企业	福特制（标准化、大批量）
20世纪80年代	价格+质量	效率+质量	质量型企业	全面质量管理
20世纪90年代	价格+质量+多品种+速度	效率+质量+灵活性+响应市场速度	灵活型企业	柔性生产线+零库存
20世纪90年代后期以来	价格+质量+多品种+速度+独特性	效率+质量+灵活性+响应市场速度+创新性	创新型企业	全面创新管理

资料来源：Kumpe, Bolwijn, Towards the Innovation Firm——Challenge for R&D Management, *Research Technology Management*, 1994,37(1), PP.38-44.

3. 信息时代来临

21世纪以来，在互联网技术的支持下，一种新的创业形式出现了，它的特征是产品本身和销售渠道全部是虚拟的。此类初创企业往往只需要数千美元和几周时间就能够成立运营，完全不像传统企业需要数百万甚至更多的投资和多年准备才能开始经营。因此，全球虚拟型初创企业的数量每年都在以惊人的速度增长。

更为重要的是，在信息技术的浪潮冲击下，曾经以实体店销售实体产品为特征的整个商业体系如今正大举转变为通过互联网销售。同时，以往通过实体店与实体方式销售的许多产品本身也虚拟化了，比如图书、唱片、影碟、电影等。

在过去的十几年中，适用于实体产品和实体渠道的传统经营规则和管理手段如今已经失效。企业越是接近网络/移动渠道和网络/移动产品，则其改变、测试、优化产品和解决方案的速度就越快。一个现实情况就是，现在基于互联网技术的新创企业，如果实现了产品与渠道的虚拟化，它们收集信息和做出响应的速度要比通过实体渠道销售实体产品的企业快100倍。这也就是为什么，像Facebook、Google等企业，过去十年的发展速度甚至超过了大多数工业企业在20世纪100年中的发展速度。

1.4.2 企业的内部创新

在企业中，大部分创新来自于研发的努力。积极申请专利能有效地保护公司创新成果。在21世纪的竞争格局中，特别是在全球竞争的企业中，常常使用其研发实验室来创造"能力破坏型"（competence-destroying）的新技术和新产品。通过这种创新来使得公司在行业中拥有长期竞争优势。

1. 渐进式与突破式创新

渐进式创新的本质是直线型的发展进化。渐进式创新的市场有明确的定位、为人熟知的产品特征、相对较低的利润空间、高效的生产技术，以及竞争主要基于价格。例如：过去几十年中传统的CRT电视机发展。

突破式创新通常创造出新知识并带来显著的技术突破。突破式创新本质上是革新与非线性的。例如：20世纪70～80年代个人电脑的快速发展。

2. 自发与引导性战略行为

企业内部发生的渐进式或突破式创新都是企业内部风险活动的结果（见图1-16），既可能源于个人的自发行为，也可能源于企业自身的刻意努力——**内部公司创业**（internal corporate venturing）。我们把前一种情况称为"自发战略行为"，后者称为"引导性战略行为"。一般情况下，很多突破式创新是起源于自发战略行为，而渐进式创新则大多来源于企业自身的引导性战略行为。

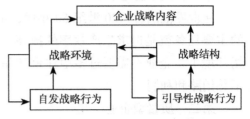

图1-16 企业内部风险活动

资料来源：Adapted from R.A.Burgelman, 1983, A model of the interaction of strategic behavior, corporate context, and the concept of strategy, *Academy of Management Review*: 8-65.

"自发战略行为"（autonomous strategic behavior）是一个自下而上的过程，在这个过程中，"产品倡议者"（product champion）追求新点子，通过企业官方来协调开发新产品或新服务，直至在市场上取得成功。"产品倡议者"是那些对新产品或服务有着创业远见的组织成员，他们会去寻求对这些新产品或新服务的商业化支持。一般来说，产品倡议者会利用其社会资本来发展公司中的非正式网络，当取得进展时，这些网络就会变得正式。

企业内部风险活动的第二种形式是引导性战略行为（induced strategic behavior），这是一种自上而下的过程，在这个过程中，创新产品是通过公司现有的战略和结构培育出来的，它是经过组织筛选与战略匹配后的结果，因此，本质上引导性战略行为由内部创新所产生，并与公司当前战略高度一致。

1.4.3 迈向创新型企业

根据美国学者Kumpe和Bolwijn的研究，几十年来，主流的企业发展模式经历了最初的效率型企业、质量型企业，到后来的灵活型企业，现在正在向创新型企业转变（见图1-17）。

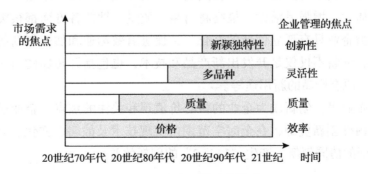

图1-17 企业发展模式的演进

资料来源：Kumpe, Bolwijn, Towards the Innovation Firm——Challenge for R&D Management, *Research Technology Management*, 1994,37(1), P: 38-44.

1. 企业管理创新的焦点变迁

第一，效率型企业。

从世界范围看，20 世纪 60 年代，最成功的企业大多采用效率型管理模式。这种企业的主要任务就是追求生产效率的提高，以生产出更多、更便宜的产品。在当时的卖方市场环境下，企业不需要过多地注重产品创新，只要把现有产品生产得更多、更便宜，就不愁销路和利润。

第二，质量型企业。

进入 20 世纪 70 年代，随着全球贸易壁垒的逐渐打破和产品的逐渐丰富，卖方市场逐渐向买方市场转变。企业开始引入全面质量管理手段，质量型企业成为 20 世纪 70 年代最成功的企业。这种企业以顾客为导向，将主要精力集中于质量的提高和必要的效率。

效率型企业向质量型企业的转变使研究与开发部门更注重在设计时考虑产品生产上的可行性和耐久性，并促进了与市场、销售等部门的密切联系。

第三，灵活型企业。

20 世纪 70 年代末 80 年代初，随着市场竞争的日益激烈，企业遇到了生产过剩、利润下降的情况。由于市场产品的日益丰富，顾客的眼光更为挑剔，更追求时尚和潮流，不再只注重价格和质量，能否最快地推出符合最新潮流的产品成为市场成功的主要因素。企业开始注重小批量、多品种以满足不同的需求，并且努力缩短产品开发和生产周期以尽快占领市场。

20 世纪 80 年代最成功的企业是灵活型企业。灵活型企业通过并行工程、项目管理、辅助制造和辅助设计部件的标准化、平台等方法来缩短开发时间。

第四，创新型企业。

20 世纪 90 年代以来，特别是进入 21 世纪以来，最成功的企业大多是通过同时降低成本、提高质量和增强灵活性来实现成功的。同时，为了与竞争对手拉开差距，抢占市场，许多企业把创新放在了突出的位置，从而成为创新型组织，快速创新正成为提高市场竞争力的关键。当然，高效、高质量、高灵活度仍然是创新型企业的基础。

创新型企业的典型特点是：企业在其所涉及的领域内持续不断地寻求突破，从而降低成本、提高质量、增强灵活性，最终将价格、质量和性能各方面都很突出的产品提供给市场，创新型企业具有孤立创新的文化，又促进有效沟通和加速创新的组织结构和激励机制。当然，创新不仅仅是开发出新产品和技术，也包括开拓新的市场、建立新的生产资料的来源、原有产品的新用途等。

在创新型企业里，创新成为企业的核心价值观和关注的焦点，企业通过整合包括全体员工在内的内外创新资源，在全时空范围内实现技术及战略、文化、制度、市场、组织与流程等方面的协同创新，产生"1+1>2"的创新效益。

2. 21 世纪初最具代表性的创新型企业

今天，信息技术日新月异地发展，已经逐渐开始重塑整个人类的社会生活形态，在互联网、汽车、物流、医疗、清洁能源甚至外太空探索等领域，都涌现出一批革命性的创新型公司。以下科技公司势必引领人类的科技文明进入到更高一层次，可能将使人类生活的方方面面发生深刻的变革。

第一，未来物流：Amazon 无人机运输，网购 30 分钟内收到包裹。

Amazon 正在研发"首要飞行"无人机送货服务。Amazon 的送货无人机将由全球定位系统导航，直飞到顾客家门口派送书籍、食品和其他小型商品。这一服务能够让顾客在网购 30 分钟内收到包裹，预计将在未来 4～5 年内投入运营。Amazon 的无人机一次最重可运送约合 2.27 公斤的货物，而当前 Amazon 运送商品的 86% 都在这个范围内，而单件商品将从公司 96 个大型仓库中的一个"物流中心"运出。2013 年 Amazon 正致力于安全测试这项业务，并为获得美国联邦航空管理局的批准而努力。可以预想到未来，现实世界将变得更为科幻，消费者网购上下单后，会有无人飞行器将包裹投递到窗前，彻底变革以人力为核心的物流方式。

第二，社交网络：Facebook Exchange，社交类应用商业化灯塔。

全球首屈一指的社交网络 Facebook 在整体上一直都被视为品牌广告的首选，而对于有直销需求的广告主看来，Facebook 广告不如其竞争对手 Google 的搜索关键词广告有用，原因是用户在 Google 搜索引擎上用关键字进行搜索时本身就表达了购买的意向，而 Facebook 用户不会显示出购买意向。

但 Facebook Exchange 改变了广告主的这种认知，通过 Facebook Exchange 服务，用户在访问 Facebook 之外的第三方网站时会被 cookie 标记，随后再回到 Facebook 网站上时，用户的 News Feed 中被显示与其网络浏览内容高度相关的 RTB 广告。这种根据 cookie 技术监测 Facebook 用户站内外的浏览行为，并加之大数据分析，能够描绘出相对准确的用户购买意愿，可以为广告主提供转化率更高的广告。Facebook Exchange 的出现为社会化营销指明了方向，也为所有类似的社交类产品提供了商业化参照。

第三，电动汽车：TESLA 电动车，零污染和车主终身受益的颠覆式出行工具。

位于美国硅谷的 TESLA 于 2003 年创立，通过可以载入史书的 Model S 和 Model X 车型向世界证明了电动汽车的广阔前景，破坏性地颠覆了传统"汽车"的种种桎梏。

TESLA 电动车首先是零排放的清洁能源汽车，加速全世界向电动出行的转变，减少了每个城市的碳排放量，有助于改变全球范围内石油主导交通的现状。其次 TESLA 电动车的电池和动力能够降低车辆的使用成本，对每一个车主而言不再面临繁杂的保养费用和 4S 店汽配零件费用，使得车主一次购买，终身受益。最后，TESLA 的驾驶体验完全有别于传统汽车，通过互联网化和可视化的触摸屏幕，驾驶员、汽车与环境以前所未有的方式联系在一起。此外，TESLA 还向行业公开分享电动车的技术，希望通过与其他汽车制造商合作，生产出更多质优价低的电动汽车。

TESLA 代表了最典型的硅谷精神，快速前进、持续创新、质疑传统、挑战习俗，正在催化汽车行业的变革！

第四，清洁能源：Solar City 众筹太阳能网络，人人为我，我为人人。

进入21世纪，世界各国对清洁能源的需求逐渐增长。在清洁能源，特别是太阳能领域的一个固有难题是太阳板的铺设往往需要大规模用地，而这些区域往往远离市镇，造成电力的输送成本较高，且经营风险巨大。

而美国的Solar City公司充分发挥了互联网上人人都是结点的网状拓扑结构的思维，在每家每户的房子上安装太阳能板，从而建设出一个众筹的清洁能源网络。每家每户只需每月付较少的租金即可享受太阳能的电力，从而降低对传统电力的消耗达到节省的目的。Solar City这种众筹方式的能源网络能够就近服务家庭，降低了输电成本，提高了运行效率。而多余的电能，Solar City则铺设成电动汽车的充电桩和充电网络，以便服务如Tesla这样的新型能源车辆。在未来，随着太阳能板安装量的提升，可以说有太阳的地方就会有Solar City。

第五，数字医疗：Dexcom颠覆式血糖仪，4亿糖尿病患者的福音和救世主。

智能设备、大数据分析与个人健康信息的结合将产生巨大的变革效应，数字化医疗服务将彻底颠覆传统的医疗。在人们的所有健康信息中，血液血糖信息是重中之重，而美国Dexcom智能血糖仪的出现，通过微创方式的人体内植入芯片的方式，实现了从时间间断的血糖测量到实时连续的血糖监控，是对血糖监测的破坏性创新。同时实时监测的数据可以上传到云端，通过智能手机就能远程读数，医生可以远程监控患者病情，父母可实时了解孩子在校的血糖情况，上班族可以了解家中父母的血糖波动。

特别对于糖尿病I型患者而言需要经常测量血糖水平，Dexcom降低了这类患者血糖过低或过高引发的昏迷和脏器损伤，可以说Dexcom血糖仪是全球4亿糖尿病患者和血糖病患者的福音和救世主！此外，通过云端收集到的海量血糖数据将形成新的医疗数据平台，这一平台对医疗的推进作用将大到无法想象！

第六，再造基因：Illumina基因测序，破解上帝密码，预测疾病拯救生命。

基因测序是一种新型基因检测技术，能够从人类的血液和唾液中分析测定该患者的基因全序列，预测罹患多种疾病的可能性，从而达到提前采取预防手段，拯救生命的目的。为人们所知的是，好莱坞影星安吉丽娜·朱莉通过基因测序，手术切除乳腺以降低患乳腺癌风险；苹果公司创始人乔布斯患癌时，也曾接受过全基因测序，用于安排合理疗程。

在所有基因测序创新公司中，位于美国圣迭戈的Illumina公司处于领先地位，既提供基础的测序技术设备，又通过大数据手段挖掘分析测序数据，将基因测序的成本降低到1000美元左右，这使得基因测序这项破解了上帝造人密码的技术，不再是富人的体检专利，能为许许多多疾病的诊断、预防和治疗带来医学进步。

第七，3D打印：3D Systems打印机，3D打印点缀生活。

3D打印是一种以数字模型文件为基础，运用粉末状金属或塑料等可黏合材料，通过逐层打印的方式来构造物体的技术。3D打印在鞋类、工业设计、建筑工程和施工、汽车、航空航天、医疗、教育、地理信息系统、土木工程、枪支等领域都有所应用。但3D Systems的打印机，则提供了最实用最简化的打印体验，彻底让3D打印技术进入了寻常百姓家。

3D Systems 公司的 Cube 3D 打印机售价只有 1299 美元，其外形美观、无须组装，使用简单的设计界面以便任何人可速成学会使用，这一产品得到了普通家庭的认可，因为可以打印从吉他到玩具等各类寻常产品并展现创意。可以想象的是，未来人们的普通生活，会被 3D 打印出的各种艺术品和玩具所装点。

第八，太空探索：SpaceX 可重复利用式火箭，叹为观止的科幻变为现实。

SpaceX 是美国一家太空探索技术公司和太空运输公司，致力于开发可重复利用的运载火箭，以降低卫星发射和地面到太空站的运输成本。2013 年 10 月，SpaceX 公司新研发的"蚱蜢"火箭在成功升空 744 米后，又准确地缓慢降落到发射台上，标志着人类首次制造出可重复利用的火箭。2014 年 5 月，SpaceX 再一次试飞了可重用火箭，火箭上升到 1 000 米后又成功地准确降落到发射台上。

在降低发射成本和提高太空服务的可靠性方面，SpaceX 已然走在世界前列，未来 SpaceX 的目标是使人类的生活实现"多行星化"，并成为太阳系中最受欢迎的空中运输公司。

本章小结

创新是重要的，它关系到企业乃至国家的生存与发展。创新思维是创新产生的思维动因。创新思维是可以后天培养与学习的，关键是要克服以往的"思维定式"。创业者是创业行为的主体。创新思维是创业者识别创业机会的工具，是创新形成的基础，是其创业的起点，对创新转化为创业起决定性作用，同时对于新创企业的管理也起着重要的影响。最后，无论大公司、小公司还是初创企业，创业能力和由此产生的创新能力都至关重要。创新应该成为一个公司所有活动的固有组成部分。现代企业的发展方向就是创新性企业。

思考题

1. 如何产生创新思维？
2. 创新管理与管理创新的关系是什么？
3. 简述一家你熟知的创新性企业，主要说说其创新能力体现在哪些方面？

Chapter 2
第 2 章

创新思维过程与模式

导读案例

米老鼠的诞生

美国的沃尔特·迪士尼（Walt Disney）曾一度从事美术设计，后来他失业了。原来他和妻子住在一间老鼠横行的公寓里。失业后，因付不起房租，夫妇俩被迫搬出了公寓。这真是连遭不测，他们不知该去哪里。一天，二人呆坐在公园的长椅上，正当他们一筹莫展时，突然从迪士尼的行李包中钻出一只小老鼠。望着老鼠机灵滑稽的面孔，夫妻俩感到非常有趣，心情一下子就变得愉快了，忘记了烦恼和苦闷。这时，迪士尼头脑中突然闪过一个念头，对妻子惊喜地大声说道："好了！我想到好主意了！世界上有很多人像我们一样穷困潦倒，他们肯定都很苦闷。我要把小老鼠可爱的面孔画成漫画，让千千万万的人从小老鼠的形象中得到安慰和愉快。"风行世界数十年之久的"米老鼠"就这样诞生了。在失业前，迪士尼一直住在公寓里，每天从早到晚都同老鼠生活在一起，却并没有产生这样的设想。而在穷途末路、面临绝境的时候出现了这样的灵感，原因何在？其实，"米老鼠"就是触发了灵感的产物。他说："米老鼠带给我的最大礼物，并非金钱和名誉，而是启示我陷入穷途末路时的构想是多么伟大！还有，它告诉我倒霉到极点时，正是捕捉灵感的绝好机会。"

案例点评： 在对问题已进行较长时间思考的执着探索过程中，需随时留心和警觉，在同某些相关与不相关的事物相接触时，有可能在头脑中突然闪现所思考问题的某种答案或启示。就像迪士尼夫妇由小老鼠触发灵感一样，许多意想不到的东西都可以成为触发灵感的媒介物。这一点常常使思考者喜出望外，兴奋异常。这个过程就是创新思维的过程，属于发现灵感思考法。

资料来源：改编自米老鼠百科 http://mic key mouse. baike. com。

创新名言

领袖与跟风者的区别就在于创新。

——乔布斯

好奇心和解放的思维是创新的源泉。

——周其凤,中国著名化学家、教育家

超越性是人类思维最基本的属性,也是思维能够产生创新的根本原因,要想深刻领会创新思维方法,首先要把握其原理性的东西;明白了创新思维原理,就能够找到许多的创新思维方法。

因此,本章我们将主要学习:创新思维概念、创新思维过程、创新思维方式与方法、创新思维模式。通过本章的学习,掌握创新过程及模式的基本概念,掌握创新思维的原理,厘清思维过程的几个阶段。

2.1 创新思维概述

人类通过创新思维应用而改变世界的例子数不胜数,比如我国东汉时期的蔡伦,发明了一种简易的文字记载方式,这种轻便而廉价的纸淘汰了沉重的竹简,打破了贵族阶层对知识的垄断,使得普通的劳动人民也能够接受教育,这项创新对中华文明的发展具有不可估量的意义。

同时,科学实验和生活经验都已经证明,我们的头脑并不像一块"白板",而是更像一块"调色板"。头脑把外界输入的各类信息经过调色处理之后,进而画出一幅幅色彩鲜艳的图画;这也是头脑能够产生创新思维的现实根据。每个人的头脑都拥有许多种调色笔,其中较为重要的几种是:实践目的、价值模式、知识储备等。

现在,我们就从理论的角度来阐述创新思维的概念与本质、特性。

2.1.1 创新、思维与创新思维

创新可以追溯到亚当与夏娃。传说当上帝创造亚当和夏娃以后,就告诉他们说:"园中的果子你们可以随意吃,只是分辨善恶树上的果子你们不可吃,因为你们吃后必死。"亚当、夏娃作为人类的代表,就有一种本能的天性,他们没有听上帝的话,偷吃了禁果,于是就有了我们现在的子孙后代。这个故事说明了什么呢?比如,教一个 4 岁多的小孩子弹琴,小孩子模仿了一会儿,根本不按老师教的做,在琴键上嗒嗒地敲来敲去,最后用胳膊肘去弹。这么小的孩子就这么叛逆,因为这种"叛逆"就是好奇,就是探索,这就是人的本能——好奇产生的创新。

那么,到底什么是创新呢?创新是当今世界出现频率非常高的一个词,同时,创新它又是一个非常古老的词。在英文中,创新 innovation 这个词起源于拉丁语。它原意有

三层含义：第一，更新；第二，创造新的东西；第三，改变。

什么是思维呢？思维最初是人脑借助于语言对客观事物的概括和间接的反应过程。思维以感知为基础又超越感知的界限。它探索与发现事物的内部本质联系和规律性，是认识过程的高级阶段[①]。狭义的思维定义，是指人脑对知识、信息进行加工与处理的活动。

案例

两个推销人员到一个岛屿上去推销鞋。一个推销员到了岛屿上之后，气得不得了，他发现这个岛屿上每个人都是赤脚的。他气馁了，没有穿鞋的，怎么推销鞋，这个岛屿上是没有穿鞋的习惯。马上发电报回去，鞋不要运来了，这个岛上没有销路的，每个人都不穿鞋，这是第一个推销员。第二个推销员来了，高兴得几乎昏过去了，不得了，这个岛屿上的鞋的销售市场太大了，每一个人都不穿鞋啊，要是一个人穿一双鞋，不得了。那要销出多少双鞋出去，马上打电报，快运鞋来，赶快空运。同样一个问题，你看，不同的思维得出的结论是不同的。

同时，人类在应对各种变化与挑战时，展现出的是逻辑思维与非逻辑思维的灵活组合，被称为"全脑组合"，我们称之为创新思考。基于此，我们认为："创新思维"是指以新颖独特的方法、视角去思考问题，提出与众不同的解决方案，从而产生新颖的、独到的、有社会意义的思维成果。可见创新思维是多种思维发展的结晶，是我们创业者的成功之路。

用创新的方法解决问题的思维过程，通过这种思维能突破常规思维的界限，以超常规甚至反常规来解决问题。

2.1.2 创新思维的本质与特性

1. 创新思维的本质

创新思维的本质是求新求异，具有前所未有的特征。在于将创新意识的感性愿望提升到理性的探索上，实现创新活动由感性认识到理性思考的飞跃。

2. 创新思维的特性

创新思维与一般思维相比，就是以新颖独创的方式来解决问题。不同于一般的思维活动，创新思维就是要打破常规，将已有的知识轨迹进行改组和重建，创造出新的思维成果。创新思维作为一种思维活动，既有一般思维的五个共同特点，又有不同于一般思维的独特之处。创新思维与一般思维共有的五个特性。

（1）联想性

联想是将表面看来互不相干的事物联系起来，从而达到创新的界域。联想性思维可以利用已有的经验创新，如我们常说的由此及彼、举一反三、触类旁通，也可以利用别

[①] 刘颖，苏巧玲. 医学心理学 [M]. 北京：中国华侨出版社，1997：27.

人的发明或创造进行创新。联想是创新者在创新思考时经常使用的方法，也比较容易见到成效。

能否主动地、有效地运用联想，与一个人的联想能力有关，然而在创新思考中若能有意识地运用这种方式则是有效利用联想的重要前提。任何事物之间都存在着一定的联系，这是人们能够采用联想的客观基础，因此联想的最主要方法是积极寻找事物之间的一一对应关系。

（2）求异性

创新思维在创新活动过程中，尤其在初期阶段，求异性特别明显。它要求关注客观事物的不同性与特殊性，关注现象与本质、形式与内容的不一致性。所谓求异性，使之在认识过程中这里与发掘客观事物之间的差异性、现象和本质的不一致性，已有知识与客观世界相比具有的局限性，就是克服人们头脑中某种自己设置的僵化的思维框架，按照某一新的方向来思索问题的过程．变通性需要借助横向类比、跨域转化、触类旁通，使发散思维沿着不同的方面和方向扩散，表现出极其丰富的多样性和多面性。

英国科学家何非认为："科学研究工作就是设法走到某事物的极端而观察它有无特别现象的工作。"创新也是如此。一般来说，人们对司空见惯的现象和已有的权威结论怀有盲从和迷信的心理，这种心理使人很难有所发现、有所创新。而求异性思维则不拘泥于常规，不轻信权威，以怀疑和批判的态度对待一切事物和现象。

（3）发散性

发散性思维是一种开放性思维，其过程是从某一点出发，任意发散，既无一定方向，也无一定范围。它主张打开大门，张开思维之网，冲破一切禁锢，尽力接受更多的信息。可以海阔天空地想，甚至可以想入非非。人的行动自由可能会受到各种条件的限制，但人的思维活动却有无限广阔的天地，是任何别的外界因素难以限制的。

发散性思维是创新思维的核心。发散性思维能够产生众多的可供选择的方案、办法及建议，能提出一些独出心裁、出乎意料的见解，使一些似乎无法解决的问题迎刃而解。

（4）逆向性

逆向性思维就是有意识地从常规思维的反方向去思考问题的思维方法。如果把传统观念、常规经验、权威言论当作金科玉律，常常会阻碍我们创新思维活动的展开。因此，面对新的问题或长期解决不了的问题，不要习惯于沿着前辈或自己长久形成的、固有的思路去思考问题，而应从相反的方向寻找解决问题的办法。

欧几里得几何学建立之后，从 5 世纪开始，就有人试图证明作为欧氏几何学基石之一的第五公理，但始终没有成功，人们对它似乎陷入了绝望。1826 年，罗巴切夫斯基运用与过去完全相反的思维方法，公开声明第五公理不可证明，并且采用了与第五公理完全相反的公理。从这个公理和其他公理出发，他终于建立了非欧几何学。非欧几何学的建立解放了人们的思想，扩大了人们的空间观念，使人类对空间的认识产生了一次革命性的飞跃。

（5）综合性

综合性思维是把对事物各个侧面、部分和属性的认识统一为一个整体，从而把握事物的本质和规律的一种思维方法。综合性思维不是把事物各个部分、侧面和属性的认识，随意地、主观地拼凑在一起，也不是机械地相加，而是按它们内在的、必然的、本质的联系把整个事物在思维中再现出来的思维方法。

案例

"阿波罗"登月计划

美国在1969年7月16日，实现了"阿波罗"登月计划，参加这项工程的科学家和工程师达42万多人，参加单位2万多个，历时11年，耗资300多亿美元，共用700多万个零件。美国"阿波罗"登月计划总指挥韦伯曾指出："'阿波罗'计划中没有一项新发明的技术，都是现成的技术，关键在于综合。"可见，"阿波罗"计划是充分运用综合性思维方法进行的最佳创新。

此外，创新思维还独有以下四个特性。

第一，新颖性。即思维的目标、方法、过程等方面都比较新颖。

第二，多向性。即从纵、横、逆三方面来思考问题。

第三，多元性。即善于从事物的多侧面、多环节、多因素、多层次、多角度来进行思考。

第四，开放性。即全息动态思维过程，它善于大量地、广泛地吸收外界各种信息，在与外界各种信息的交换和反馈中不断吸收新东西，以建立自己的思维模式，调整自己的思维方法，整合自己的思维成果。

2.2 创新思维过程

过程是指事物发展所经过的程序、阶段。任何事物的产生和发展都有一个过程。所谓创新思维过程是指运用自己的思维和实践能力酝酿和产生创新成果，并将其转化为现实生产力的一个不断往复的过程，它是人类进行科学研究、技术发明、艺术创作等的思维和实践活动。

2.2.1 创新思维的一般过程

任何事物的产生和发展都要一个过程。创新思维从字面上来看是由两个概念组成，一个是创新性，一个是思维性。各种创新成果的出现，都经过了一系列的发展，这一系列发展就是过程。因此，"创新思维过程"是指运用思维和时间去管理酝酿和产生创新成果，并将其转化为现实生产力的一个不断往复的过程，这是人类进行科学研究、技术发明、艺术创作等的实践活动。

一般来说，创新过程具有操作性、现实性和反复性的特点。同时，创新过程不但是一个思维过程，同时也是一个实践过程，仅有思维的过程只能是创意，实践过程是检验过程，完整的现实创新是思维和实践的过程相互交叉与统一的过程。因此，从这个角度来说，对创新过程的划分一般有两个出发点：一个是从心理学角度出发；另一个是从社会的时间和空间的实践角度出发。

同时从心理与社会实践角度看，创新思维过程表现为两种主要情况。一种是日常的创新，创新是常规思维的一部分，可以出现在任何需要思维的场合，不需要做出任何正式或非正式的努力就可以突然迸发。例如，那些天生具有创造性或受到刺激后具有创造性思维的人，常常不知不觉地运用创造性思维。还有一种特定的创造，通常基于明确的需要。在这种情况下，人要做出可以的努力，运用系统方法来阐述新想法，如企业管理创新、营销创新、制度创新都属于此类。

在上述的第一种情况下，创造性思维可能是一种灵感：如果摆脱束缚，你会具有创造性；如果相信直觉，你会具有创造性；如果学会使用右脑，你会具有创造性；如果改善精神状态，你也会产生一些创造性。在第二种情况中，人们需要通过运用缜密的工具来有助于高效、系统地产生创造性思维。那么，如何才能更加有效、合理地运用创新思维呢？

对此我们应该认识到，创新性既是一种过程，又是一种能力。对创新思维的理解首先就要认识创新思维是一个过程。这是指在问题情境中超越已有的经验，突破习惯的限制，形成崭新概念与物品的心理过程；随后，这种创新性会指导人们实践，形成不受成规限制，能灵活运用知识、经验解决问题的超常能力。

2.2.2 心理学角度的创新思维过程

人类的创新思维过程是个复杂的心理活动过程。心理学角度的创新思维过程是指从萌生创意到创新产品或服务点子的一段心智历程。创造性思维的过程由于创造性思维的复杂性，对于创造性思维的活动过程与活动阶段，很难做出精确的分析与研究。目前，不同的人对其阶段的划分及认识也极不一致。其中，英国心理学家华莱士认为：创新思维过程自产生、发展直至完善的每一项创造活动过程，均具有明晰的客观规律性。下面介绍几种有代表性的观点或理论。

1. 华莱士的"四阶段"理论

美国心理学家华莱士1926年出版了《思想的艺术》，他在该书中通过对许多创造发明家自述经验的研究，提出了创造性思维过程的四个阶段：准备、酝酿、启发和检验的理论（见图2-1）。

（1）准备阶段

这是提出课题、搜集各种材料、进行思考的过程，也就是有意识地努力的时期。要

图 2-1　创新思维过程的四阶段

想从事创造活动,首先要提出有价值的问题。创造性思维就是围绕这些问题展开的,而且这些问题决定着思维的方向。因此提出有意义、有价值的问题成为这个阶段的重要一环。再者,思维者有意识地收集资料、挑选信息或同时进行一些初步的反复试验,认识课题的特点,通过反复思考和尝试来努力解决问题。

(2)酝酿阶段

假如直接的解决办法不能立即得到,酝酿阶段随即来临。酝酿在其性质和持续时间上变化很大,它可能只需要几分钟,也可能要几天、几星期、几个月,甚至几年。在这个时期里,思维者不再蓄意解决问题,或者说已经暂时"放弃"了,在现象上看是有意识的努力一度中断的时期。但在这个时期,据华莱士讲"无意识的大脑活动"仍在继续,即大脑的潜在意识仍在不知不觉地对收集到的材料进行着筛选和重组。

日本创造心理学家高桥浩曾在谈到这一阶段的特点时说:"创造性思维也和造酒一样,需要有个酝酿期。在第一阶段中,经有意识的努力而得到的东西大都是勉勉强强、比常识稍胜一筹的东西,不能有大作用。到了下一步的酝酿期,和酿造名酒一样,新的思想方案才逐渐成熟起来。普通一般的人不能忍耐这个酝酿期,也没想到有经历这一个时期的必要,因而老是在第一阶段里徘徊。"

(3)启发阶段

这一阶段又称顿悟期或灵感期。这种"顿悟",并不是本人有意识地努力得来的。它的出现,大都是在疲倦极了、一度休息之后,或者是正当转而注意别的事情、完全忘神的时候。这种所谓"顿悟",主要并不是由语言表达出来的,而是通过视觉上的幻象表达出来的。这种顿悟一出现,就十分不同于别的许多经验,它是突然的、完整的、强烈的,以致会脱口喊出:"是这样的""哈!没错儿!"华莱士把这种经验称为"尤瑞卡经验"(Eureka experience)。如阿基米德终于寻到了希腊王向他提出的检验王冠含金量问题的解答时,从浴盆里跳出来,狂喜地在大街上边跑边喊,向世界大声宣告:"我已经找到它了!我已经找到它了!"

(4)检验阶段

并非所有的问题解决都会以这种突然的强烈的经验而告终,这种经验也可能是和问题的错误解决伴随产生。所以,这种灵感的成果还必须经历一个仔细琢磨、具体加工和验证的过程。这是对整个创造过程的反思,以使创造成果建立在科学的理论基础之上,并物化为能被他人所理解和接受的形式。这一阶段,又是在意识的支配下进行的。

2. 刘奎林的"序列链"理论

刘奎林在华莱士"四阶段"理论的基础上,进一步就创造性思维中的灵感思维过程进行了研究,提出了"诱发灵感的机制序列链"理论。他认为这个序列链由五道程序组成,即"境域——启迪——跃迁——顿悟——验证"。

"境域"是指那种足可诱发灵感迸发的充分且必要的境界。以文学创作为例,这种境域如托尔斯泰所认为的,创造者入境后表现出来的那种潜思维与显思维随意交融,思意驰骋,神与物游的"忘我"境域，正是"创作的最高境界"。"启迪"是指机遇诱发灵感的偶然性信息。创造者的灵感孕育一经达到了饱和程度，只要有某一相关信息偶然启迪，顷刻间就可豁然开朗。"跃迁"是指灵感发生时的那种非逻辑质变方式，经过显意识与潜意识的交互作用，潜意识即进入一种跨越推理程序的、非连续的质变过程。潜意识的信息加工过程，一般来说，人们无法意识到在形态上或在能量上的中间循序过渡环节，它是灵感思维的一种高级质变方式。"顿悟"是指灵感在潜意识孕育成熟后，同显意识沟通时的瞬间表现。"验证"是指对灵感思维结果的真伪进行科学的分析和鉴定。以上五个程序，彼此间紧密联系，互相制约，从而形成一个以显意识去调动潜意识，诱发灵感发生的有机系统。

刘奎林的"序列链"理论，为我们阐明了灵感思维的全过程所需经历的五个阶段。灵感思维虽然与创造性思维不是同一概念，但灵感思维在创造性思维中占重要地位。我们从华莱士的"四阶段"理论中可以看到，其"酝酿""启发"的过程着重指的也是灵感思维的过程。刘奎林的"序列链"理论，则着重说明的是灵感思维的全过程。我们将二者结合起来理解，就会对创造性思维的过程有一个更全面、更深刻的认识。

3. 吉尔福特的"发散—辐合"理论

美国心理学家吉尔福特在对创造性思维的研究中，提出了发散思维（divergent thinking）和辐合思维（convergent thinking）的区分。吉尔福特认为，发散思维"是从给定的信息中产生信息，其着重点是从同一的来源中产生各种各样的为数众多的输出，很可能会发生转换作用。"吉尔福特提出的发散能力测验要求不止一个正确的答案，其评分的主要依据是反应的新颖和多样。例如，要求被试提出一块砖的多种用途或给一个短篇故事想标题。辐合思维是依据给定的零散信息得出一个有效的或合理的答案或结论。具体说，辐合思维是在发散思维所提供的大量事实基础上，经过分析和比较从中提出一个可能正确的答案或结论，然后经过检验、修改、再检验，甚至被推翻，再在此基础上集中，提出一个最佳的、有效的答案或结论。例如，就一篇短故事给受试者提供好几个题目，要求受试者从中选择出一个最佳的标题来。

在一个完整的思维活动中，发散思维和辐合思维是互为前提、交互进行的。一般而论，面对一个课题或解决一个问题，思维者总是先千方百计调集自己已有的知识经验，而每一个知识经验者是以往辐合思维的产物。我们说解决问题须以知识经验为前提，也就是须以辐合思维为前提。调集有关知识经验的过程，就是发散思维的过程，即通过联想和回忆，尽可能多地从不同角度寻求可能解决问题的假设、途径和方案。这是一个举一反三、触类旁通，尽量争取一题多解的过程。经过这样多角度地、灵活地、细致地思考，便最大可能地获得了解决问题的假设或途径，而这各种各样的假设或途径中即包含着在相对意义上最佳的、富有创造性的结果。当思维达到一定的发散程度后，便需要及时改变思维策略，由发散思维过渡到辐合思维。这是一个由多到一或众中挑一的聚合过程，它需要对所获得的各种材料进行反复地分析、比较、加工、整理，最终求得一个最佳的解决方案或途径。

由此可见，作为一个完整的创造性思维过程，既离不开发散思维，也离不开辐合思维，而且呈现出一种二者相互促进、相互转化、交互推进的思维程序，即"辐合思维→发散思维→辐合思维"的程序。无论科学创造或文艺创作，都是在经历这样一个思维过程之后才获得创造性成果的。

2.2.3 创新思维的新四阶段心理划分

从上文中的三种理论可以看出，华莱士和刘奎林的过程论主要是从认知的心理上揭示了包括显意识和潜意识在内的创造性思维的全过程，不过刘奎林是着重于灵感思维；而吉尔福特的过程论则是从"发散"和"辐合"这两种方式上说明了创造性思维的过程。可见，他们从不同的角度为我们从不同的侧面来揭示创造性思维的过程。根据上述这几种理论，本书将对创新思维做综合性的新四阶段划分。

1. 准备期——准备阶段

爱因斯坦曾说："提出一个问题，往往比解决一个问题更重要。"创意活动的准备阶段就是提出有价值的问题，创新思维围绕这些问题展开，并确立思维方向的过程。创新思维的准备阶段是一个外部信息输入环节，包括确认问题和收集材料。是一个发现问题、界定问题和设立目标的过程。创新思维从怀疑和不满开始，并从中发现问题和提出问题。

那么是什么问题呢？所谓问题，是指社会实践活动预期相关、理想效果或应有效果与实际效果之间的差距，有差距就有问题。毛泽东说过：什么叫问题，问题就是事物的矛盾。哪里有矛盾哪里就有问题。可见问题就是矛盾，因此正确地认识和发现矛盾，也就是能够正确地认识和发现问题，即怀疑或不满——形成问题——筛选出有价值的问题。我们以爱迪生发明电灯为例分析创新思维过程：不满，晚上天黑视线不好对照明不满意——问题，怎么才能使房间道路明亮——筛选有价值问题，照明工具问题。

因此，准备阶段作为创造性思维活动的第一阶段，主要是一个针对相应的问题来收集和整理资料，储存必要的知识和经验，准备必要的技术、设备及其他有关条件的阶段。因为，对于任何领域的创造，都必须首先对前人在这个领域内所积累的知识和经验有比较完全的了解，必须对必要的基础和专业知识进行深入学习（例如，爱迪生为发明电灯，所收集的有关资料反映竟写了 200 本笔记，总计达 4 万页之多），因此，就创造性思维的整个过程而言，准备阶段是它起点的第一步。

案例

爱因斯坦与相对论[一]

1905 年被称为"奇迹年"，爱因斯坦在这一年中提出了狭义相对论和光量子理论，然而两年时间过去了，他仍然还只是瑞士专利局的一名专利审查员。当时，整个物理学界

[一] 资料来源：爱因斯坦世纪：广义相对论背后的故事，2015 年 11 月 22 日，新浪科技。

还没能跟上他的天才智慧。

有一天,他坐在位于伯尔尼的办公室中,突然有了一个自己都为之"震惊"的想法。他回忆道:"如果一个人自由下落,他将不会感到自己的重量。"后来,他将此称为"我一生中最幸福的思想"。这个自由落体者的故事已然成了一个标志,甚至有一些版本真的认为,当时曾有一位油漆工从专利局附近的公寓楼顶坠落。与其他关于引力发现的绝妙故事(伽利略在比萨斜塔投掷物体以及牛顿被苹果砸中脑袋)一样,这些事迹都只是经过美化、杜撰的民间传闻罢了。爱因斯坦更愿意关注宏大的科学议题,而非"琐碎的生活",他不太可能因看到一个活生生的人从屋顶跌落而联想到引力理论,更不可能将此称为一生中最幸福的思想。

图 2-2　思考中的爱因斯坦

不久,爱因斯坦进一步完善了这个思想实验,他想象自由落体者处在一个密闭空间中,比如一部自由坠落的升降机。在这个密闭空间中,自由落体者会感到失重,并且他抛出的任何物体都会与他一起漂浮。他将无法通过实验来辨别,自己所处的密闭空间是正在以某一加速度做自由落体运动,还是正在外太空的无重力区域漂浮。

然后,爱因斯坦想象这个人仍在同一个密闭空间里,处于几乎没有重力的外太空中。此时有一个恒力将密闭空间以某一加速度向上拉升,他将会感到自己的脚被压到地板上。如果此时,他抛出一个物体,那么该物体也将会以加速运动落在地板上,就如同他站在地球上一样。他没有任何方法能够区分,自己是受到引力的作用,还是受到向上加速度的作用。

爱因斯坦称之为"等效原理"(the equivalence principle)。以局域效应来看,引力和加速度是等效的。因此,二者是同一种现象的不同表现形式,即可以同时对加速度和引力做出解释的某种"宇宙场"(cosmic field)。

接下来,爱因斯坦花费了8年时间,把这个自由落体者思想实验,改写成为物理学史上最美、最惊艳的理论。在此期间,爱因斯坦的个人生活也发生了巨大的改变,他与妻子的感情破裂,独自一人居住在德国柏林,他不再是瑞士专利局的一名职员,而是成了一名教授及普鲁士科学院(Prussian Academy of Sciences)的院士,不过后来,他开始渐渐疏远普鲁士科学院的同事,因为在那里,反犹太主义的浪潮正在不断高涨。2014年美国加州理工学院和普林斯顿大学共同决定,将爱因斯坦的文稿档案上传至互联网,让人们可以免费了解在这段时期中,爱因斯坦个人生活及对宇宙的观念的变化历程。当我们阅读档案,看到1907年年底爱因斯坦匆匆记下"一种基于相对论原理对加速度和引力的新思考"时,似乎可以感受到他当时的激动与兴奋。但当读到,"几天之后他以准备工作不正确、不严密、不清晰为由,拒绝了一家电力公司的交流电机专利申请",爱因斯坦的暴躁与厌倦也跃然纸上。

接下来的几年充满了戏剧性,因为一方面,爱因斯坦要争分夺秒地赶在竞争对手之前,找到描述广义相对论的数学表达式;另一方面,他又要与分居的妻子在财产及探视两个儿子的权利方面做抗争。而到了1915年,爱因斯坦终于达到了事业的巅峰,提出了广义相对论的完整理论形式,永远地改变了我们对整个宇宙的理解。

案例点评:准备阶段的工作范围应尽量大些,包括相关学科、跨学科的知识汲取、方法的借鉴;准备的实践应充分些。要去伪成真、去粗取精,对问题做多方面的试探借鉴,问题的本身也可以界定有无真正的价值。

2. 酝酿期——沉思阶段

酝酿阶段,又称沉思阶段或孕育阶段。继准备阶段之后灵感出现的孕育期,对前一阶段发现并界定的问题已经收集的资料、信息进行加工和处理,不断地从正反两面进行各种假设、构想、让各种知识、信息反复组合、交叉、撞击和糅合、渗透,创造性地加工,在不断地否定、选择,不断地提出各种新的假设、构想,从而推断出问题的关键所在,并提出解决问题的假想方案。经过反复的思考、酝酿,还会一次数次出现"思维中断"。这个阶段可以是几分钟或数日、数年的冬眠期。人们在紧张思考后主动搁置问题,做些其他的与想法无关的事情,如运动、睡觉、聊天、朗读、画画等,让其逐渐成熟,等待着灵感和突变思维出现。

这一阶段主要对前一阶段所获得的各种资料、知识进行消化和吸收,从而明确问题的关键所在,并提出解决问题的各种假设与方案。在这个阶段中,有些问题虽然经过反复思考、酝酿,但仍未获得完满解决,思维常常出现"中断",想不下去的现象。这些问题仍会不时地出现在人们头脑中,甚至转化为潜意识,这样,就为第三步(顿悟阶段)打下基础。不少创造者在这一阶段往往表现为狂热或如痴如醉状态。我们所非常熟悉的"安培的黑板""陈景润对着电线杆说对不起"以及"黑格尔一次思考问题竟在同一地方站了一天一夜"等故事,都充分说明了处于这一思维阶段中的人,常常被认为是"某种程度上的狂人"。

案例

安培的"黑板"

19世纪初,法国有个著名的物理学家叫安培,他搞科学研究非常专心,被誉为"电学中的牛顿"。

有一天,安培在街上散步。街上的行人、车辆来来往往,很热闹。可是安培好像什么也没有看见,什么也没有听见,只顾低着头朝前走。原来,他正在思考一道数学题。

开始他在心算,用手指头在自己衣襟上划呀划的,后来觉得需要找个地方来计算一下才行。说来也巧,街道旁正好竖着一块"黑板",好像特地为他准备的。太好了!安培高兴地走过去从口袋里掏出粉笔,在"黑板"上演算起来。

算着算着,这块"黑板"动了起来,慢慢地向前移。安培忙说:"别动,别动,再等一会儿就得到结果了!"可是"黑板"还在向前移动,安培不由自主地跟着"黑板"走,继续聚精会神地演算着。

后来,那块"黑板"越走越快,安培觉得自己快追不上了。这时他才发现,那不是一块黑板,而是一辆马车车厢的后壁。

案例点评:创新思维是一种有节奏的思维活动,可以使人全身心投入达到忘我境界。

📥 案例

高尔顿在酝酿阶段是如何调节思维的[一]

英国科学家高尔顿兴趣广泛,他原来是学医的,但他对气象学、地理学、优生学、指纹学、创造心理学、数学都做过贡献。他往往是一个问题不能突破时,就暂时搁下了,研究另一个感兴趣的问题,有时还会转到第三个问题,在适当的时候,又回转过来考虑第一个问题,这样交错穿插,他的创新成果非常多。若用头脑休息的方法:一为静中养知,在舒适恬静的地方以澄清自己的心境,或松弛身心,听音乐、看电影、泡温泉等;二是从事不剧烈的运动,如散步、游泳、旅游、干自己嗜好的事等。

案例点评:创新思维是一种有节奏的思维活动,动静相宜,有行有止,忙闲相宜。

3. 豁朗期——顿悟阶段

"山重水复疑无路,柳暗花明又一村。"你是否曾经有过这样的经历:苦苦思索一个问题的答案时,忽然恍然大悟,"灵感"不期而至。这就是人类智慧的火花——顿悟,也就是豁然开朗期。

顿悟阶段有人曾把这一阶段称为狭义的创造阶段或"真正的创新阶段"。由于经过前一阶段的充分酝酿,在长时间的思考后,思维常常会进入"豁然开朗"的境地,从而使问题得到突然解决。这种现象心理学上称为"顿悟"或"灵感"。灵感的出现无疑对问题的解决十分有利,然而,灵感是在上一阶段的长期思考或过量思考的基础上才会产生的,没有苦苦的"过量思考",灵感是绝不会到来的。

📥 案例

关于顿悟的神奇故事[二]

1949年,美国蒙大拿州的夏天干燥酷热。8月5日下午,一处偏僻的松树林遭遇雷击起火。一个由15人组成的空降消防队被派遣到当地执行灭火任务,负责人名叫瓦格·道奇。当消防员乘坐运输机离开米苏拉市时,他们得到的消息是火势并不大,只在曼恩峡谷有几亩的燃烧地带。

曼恩峡谷长约5公里,是一处地质过渡带,大平原与洛基山脉在这里交会。火是从

[一] 资料来源:杨乃定. 创造学教程 [M]. 西安:西北工业大学出版社,2004.

[二] 资料来源:360doc 个人图书馆。

峡谷一侧的树林中产生的，消防员们到达时，火势已经失控。道奇带领队伍沿峡谷另一侧下坡，向有水的地方前进。此时，一缕微风正将火焰吹向远离他们的地方。

突然间，风向调转了，道奇看到火向峡谷迅速蔓延，烧着了这一侧的草丛。他和队员们离坡顶只有半公里远。猛烈的风开始向上刮，咆哮着穿过整个峡谷，形成一堵高15米、长90米的火墙。大约几秒，火就穿过草丛，以每分钟210米的速度向消防员们扑来。道奇向队员们高喊撤退。所有人都丢弃了装备，沿着峡谷峭壁往上爬，想要到达山顶。

几分钟后，道奇向身后瞟了一眼，发现火距他们已经不到50米远了。他意识到自己不可能比火跑得更快——峡谷非常陡峭。于是，道奇不再向上攀爬。这个决定表面看起来无异于自杀，但在感到绝望的瞬间，他为自己设计好了逃生的计划：他划了一根火柴，点燃了前面的草，火快速沿长满草的斜坡延伸。接着，道奇进入到他烧过的空地中，这样，他就被一个燃烧过的缓冲地区围住了。他用水壶里的水浸湿了手帕，紧咬在嘴里，卧倒在仍有余烬的土地上。他闭上眼睛，努力吸入附在地表上的薄层氧气，等待着火焰从他身上越过。经历了惊心动魄的几分钟后，道奇从灰烬中站了起来，几乎没有受伤，而其余14名消防员均在火灾中丧生。

道奇从来都没有解释清楚自己为何能想到这样的逃生方法。他神奇的幸存成为了关于顿悟的传奇故事之一，就像阿基米德看到浴缸里的水高喊"我找到了"，或者牛顿看到树上掉下苹果接着就研究出了引力理论。

案例点评：顿悟与灵感成形阶段，众多的信息和资料撞击出一个大胆的念头：避火不如过火，隔断防火自救。这样的故事有一些共同的本质特征，心理学家和神经系统科学家用它们来定义"顿悟"：首先是"绝境"——在惊人的突破到来之前，需要有心智的困顿。认识到了问题的解决办法。这就是顿悟的另一个重要特征"深信不疑"。道奇曾用好几分钟努力逃跑，尽管他自己都觉得那是无用功。接着，当顿悟到来时，道奇根本没有时间思考他的计划能否奏效，他只是知道必须这样行动。

这说明"常规的分析推理"和"顿悟"用的是同一套思维系统或者程序。从心理学的角度看，顿悟和创造性思维并不是无中生有的凭空臆想，而是在面临新问题时，创造性地重新构造问题情景，并实现认识上的突破和飞跃。

4. 验证期——表现阶段

验证期这一阶段又叫作表现阶段，验证就是从理论上验证，从行为上去修正，对假设的新观点、新设想完全不做修改的情况是不多的，也就是把前面所提出的假设、方案；通过理论推导或者实际操作来检验它们的正确性、合理性和可靠、可行性，从而付诸实践，通过检验，很可能会把原来的假设方案全部否定，也有可能部分地修改或补充，甚至也能因为可行性、重复性差等原因被否定。因此，创造性思维常常不可能一举就获得完满的成功。

案例

需要一把剪刀

据说篮球运动刚诞生的时候,篮板上钉的是真正的篮子。每当球投进的时候,就有一个专门的人踩在梯子上去把球拿出来。为此,比赛不得不断断续续地进行,缺少激烈紧张的气氛。为了让比赛更顺畅地进行,人们想了很多取球方法,都不太理想。有位发明家甚至制造了一种机器,在下面一拉就能把球弹出来,不过这种方法仍没能让篮球比赛紧张激烈起来。终于有一天,一位父亲带着他的儿子来看球赛。小男孩看到大人们一次次不辞劳苦地取球,不由大感不解:为什么不把篮筐的底去掉呢?一语惊醒梦中人,大人们如梦初醒,于是才有了今天我们看到的篮网样式。去掉篮筐的底,就这么简单,但那么多有识之士都没有想到。听来让人费解,然而这个简单的"难题"困扰了人们多年。可见,无形的思维定式就像那个结实的篮子禁锢了我们的头脑,使得我们的思维就像篮球被"囚禁"在了篮筐里。于是,我们盲目地去搬梯子、去制造机器……

案例点评:生活中许多时候,我们就需要这样一把剪刀,去剪掉那些缠绕我们的"篮筐",生活原本并没有那么复杂。

案例

哈利的马戏票营销

美国宣传奇才哈利十五六岁时,在一家马戏团做童工,负责在马戏场内叫卖小食品。但每次看的人不多,买东西吃的人更少,尤其是饮料。有一天,哈利的脑瓜里诞生了一个想法:向每一个买票的人赠送一包花生,借以吸引观众。老板不同意这个"荒唐的想法"。哈利用自己微薄的工资作担保,恳求老板让他试一试。于是,马戏团演出场地外就多了一个声音:"来看马戏,买一张票送一包好吃的花生!"在哈利不停地叫喊声中,观众比往常多了几倍。观众们进场后,小哈利就开始叫卖起饮料。而绝大多数观众在吃完花生后觉得口干时都会买上一杯,一场马戏下来,营业额比以往增加了十几倍。

案例点评:营销奇才哈利按照连锁效应创新马戏票和饮料营销手段。

2.2.4 创新思维阶段论的其他心理学说

关于创新思维的阶段划分,理论界还存在的三段、四段、五段、六段、七段等观点。

1. 创新思维的三段理论

这是德国的心理学家赫尔姆霍茨,他将创造过程分为三阶段,如图 2-3 所示。

图 2-3 赫尔姆霍茨创新过程三阶段

2. 五阶段模式

苏联创造心理学家鲁克提出"五阶段"模式，如图 2-4 所示。

图 2-4　鲁克创新过程五阶段模式

3. 七阶段理论

美国创造学家奥斯本把创造分为七个阶段，如图 2-5 所示。

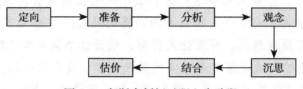

图 2-5　奥斯本创新过程七个阶段

即强调某个问题——收集有关资料——有关资料分析——有关资料分类——用观念进行各种各样的组合——松弛促使启迪——把部分结合起来——判断所得到的思想成果。

2.2.5　时间和空间角度的创新过程

心理学角度的创新过程更侧重于从心理层面、思维层面分析创新的过程。如果从时间和空间角度出发，可以将创新分为四个阶段：明确问题阶段、确定方案阶段、实施方案阶段、回顾总结阶段，如图 2-6 所示。

1. 明确问题

第一，提出问题；

第二，寻找资源；

第三，弄清问题。

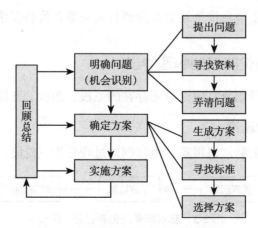

图 2-6　创造过程的时间和空间划分

2. 确定方案

首先，分析两种因素，即帮助性因素和阻碍性因素。

第二，潜在问题分析。

第三，制定实施清单。

第四，规定方案标准。

3. 实施方案

第一，物质上的准备。

第二，心理上的准备：

① 要有激情；② 激发勇气；③ 迅速开始；④ 丢开借口；⑤ 抗住非议；⑥ 坚持不懈。

教育家伯利兹曾说："喜欢变化的是新生儿。"在实践中，我们还会遇到各种意想不到的问题和新情况，可能导致我们计划无法顺利实施，返回到某个阶段，比如回到查找资料或是选择方案阶段，对这些新问题进行分析和探讨，然后按照前面的步骤中心走过，找到适应新情况的计划。

例如：美籍俄罗斯作曲家、指挥家和钢琴家，西方现代派音乐的重要人物斯特拉文斯基第一次演出他的芭蕾舞剧《春之祭》时，迎接他的是一群骚乱的观众；当开普勒用椭圆而不是正圆计算天体的轨道时，他受到了教会和权威势力的严重指责；当早期的微型电子计算机的创始者于1970年要把他们的设想出售给一些大公司时，这些大公司纷纷对他们的设想嗤之以鼻。

案例

王义夫的奥运之路

翻开奥林匹克的百年长卷，亦可发现坚持的亮点，早在1984年洛杉矶奥运会上，许海峰为中国夺得了首枚奥运金牌时，24岁的王义夫就站在了领奖台上。此后，国家队的成员更换了一批又一批，可王义夫始终坚持在赛场上，他誓要夺下一枚奥运金牌。1992年巴塞罗那奥运会，王义夫如愿以偿，夺得十米气手枪金牌。32岁，他本应功成身退，但质疑声使他留在了赛场上——他要证明自己。终于，在经历了1996、2000年的两次失利后，王义夫圆梦雅典，用实际行动使奥论的哗然变成掌声。此时，他已44岁，是坚持让他受挫折而不辍，终于成功。

案例点评：质疑是一种动力，也是一种精神，促使人改变。

4. 回顾总结阶段

（1）验证结果

第一，使用常识检验。

第二，回顾全过程。解决问题的整个过程中，回顾解题过程是系统化解题过程和总结解题经验的最关键阶段。良好的回顾总结习惯不仅增加了解决问题的经验，而且会快速提高解决类似问题的速度，减少因之而浪费的时间。

（2）利用导出结论

第一，应用结论；第二，导出新问题。在解决一个问题以后，并不意味着结束。这个结论的出现，很多时候会影响到我们已有的一些结论和未知的某些结论。

2.2.6 创造性解决问题的系统模型

为了让思维更加开阔，需要清晰理解解决问题的思维流程，深入了解问题，从源头出发，将之分解，并运用创造性的工具和方法，提出更多的创造性解法，从而步步紧逼、各个击破。本模型从问题出发，从另一个方向来寻找与众不同的解决方法。创造性解决问题的系统模型包括辨识问题、设定目标、确定手段、解法最优化、制作和验证、获得认可和共识等6个步骤（见图2-7）。

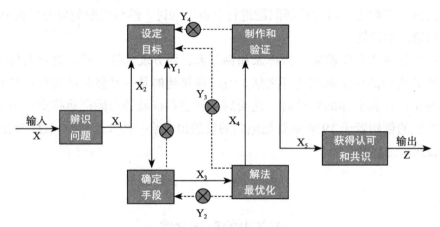

图 2-7　创造性解决问题的系统模型

图2-7中虚线表述反馈，实线表述该阶段的输入或输出。符号意义如下：

X——问题情境；

X_1——特定问题的最佳定义及有实际价值的解法概念；

X_2——可以接受解法的边界条件或目标集；

X_3——客观上的最佳解法；

X_4——对应用对象（主观上）的最优解法；

X_5——满足客观和主观要求，并得到证实的工作模型（成果）；

Y_1——验证所获得的手段是否满足目标要求；

Y_2——若客观上确定的最佳解法不能满足对象需求，则应从技术上修改现有解法。直到满足需求为止；

Y_3——评价最优解法实现预定目标的可能性；

Y_4——验证最优解法转化成的"硬件"是否能实现目标；

Z——可为他人所用的创造成果。

下面分阶段详细介绍。

1. 调研及辨识问题

什么是问题？是什么问题？在问题的调研阶段，界定问题就是要明确是什么样的问题，问题的实质和内容，也就是明确创新对象"是什么"，使创新具有针对性，达到有的放矢，对症下药。只有正确的辨别和明确问题性质后，创新才有实质价值。界定问题是对问题的明确过程和把握过程。

（1）发现与提出问题

发现和提出一个有价值的问题有时比解决问题更为重要。科学是极富创造性的，其最基本态度之一就是质疑，亚里士多德说："思维是从疑问和惊奇开始的。"而这种疑问与惊奇则与生产、生活中人的需求直接相关。

现代管理需求理论认为，人的"实际需要"既包括创新主体的要求或欲望，也包括市场客体的要求或欲望，是通过满足而产生的生活中遇到的问题。所以，需求就是用来解决痛点的。痛点（pain point），顾名思义是痛苦的点，当用户在使用产品或服务的时候抱怨、不满、让人感到痛苦的接触点（touch point）。痛点描述的是还没有被满足的点，需求描述的是痛点被消除后的假想状态，或是可以消除痛点的特征（feature）。它们往往是对应的。例如痛点可以这样理解：大多数人都想要达到某一期望，而这个期望还没被达到，所以就感觉很不爽。比如很多人外出旅游都担心是否会有合适的地方入住，那么订房问题就慢慢地会困扰着很多人，这时就急需解决。由此可见，痛点来源于需求，并与需求相辅相成。需求是痛点的源泉，痛点是需求发展到某一阶段的必然结果。

（2）质疑意识

质疑意识（观念）的产生，是一种主动的质疑行为，是通过主体的疑问而产生的创新问题。创新思维是从怀疑和不满开始的，并从中发现问题和提出问题。创新就是需要具备怀疑精神。

质疑意识（观念）是指创新主体在原有事物的条件下，通过"为什么"（可否或假设）的提问综合应用多种思维改变原有条件而产生的新事物（新观念、新方法）的思维。也就是说质疑思维方法是在原有事物的基础上进行的"假设性"提问，所以这种方法又叫作设问法。

质疑的过程是积极思维的过程，是提出问题、发现问题的过程，因此，质疑中蕴含着创新的萌芽，是创新的起点。创新能力的培养可以从质疑开始。质疑可以改变学习中的被动地位，使人变得积极、主动，激起探求新知识的欲望，迸发出创造的思维火花。为了提高人的质疑质量，应该训练质疑的方法，要鼓励提出富有创意的问题。

（3）假设意识

假设意识（观念）产生的是一种既有主动又有被动的行为，是通过主体的假设观点产生的创新问题。连接结论和理由的内在逻辑就是假设。假设是一种没有明确表述的、在推理中得到认同的观点。

假设有如下这些特点：① 隐藏的或没有清楚表述的（在多数情况下）；② 作者承认的；③ 影响对结论的判断；④ 具有潜在的欺骗性。

案例赏析

有一名高中生，他的邻居大叔在外打工时摔伤了腿，拄着拐杖回家休养。每天看到大叔艰难地上楼、艰难地下蹲。使该同学产生了要为大叔减轻痛苦的强烈愿望。他经过分析发现，只要拐杖能随着人动作的需要变化长度，让拐杖什么时候都能起到作用，就能帮助用拐杖的人方便地完成上楼、下蹲等动作。经过多次的试验、改进，最后终于完成了便捷伸缩拐杖这项产品的发明。

案例点评：发现问题、提出问题是解决问题的一半，拐杖的不自如是问题，解决的办法就是伸缩自如。我们需要增强问题意识、质疑意识和训练提出问题能力以及解决问题的能力。

2. 确定目标

确定目标首先要界定问题。问题界定阶段包括了解研究需求、明确需要解决的问题、确定解决目标的三个主要步骤，这个阶段的重点是问题，回答五个问题。

第一，基本需要是什么。人们从所处的问题情境中意识到问题，这是第一步，即要有问题意识。它是整个创造性思维活动的开始，它要求人们对周围世界中实践依据需要解决的问题非常敏感，并具有敏锐的观察能力。第二步是进一步辨认和确认需要，并概括出基本需要。

第二，基本问题是什么。首先提出不同的问题定义，其次判断每个问题是否满足基本需要，最后确定最好的问题，给出基本问题的定义。

第三，是否值得解决。根据现有的技术手段，形成初步的解法概念，讨论所获得的解法有何意义，推测对所确定的解法若完全实施可能引起的问题和结果，考察别人是否提出过这个构想，是否成功，结果怎样，以此来决定基本问题是否值得解决。

第四，是否可能解决。考虑与成功有关的已知和未知因素，在现有技术水平和资源基础上，评估问题解决的可能性。

第五，是否应当解决。粗略估计所需时间和资源，初步确定解决此问题可利用的资源，进行成本—收益核算，以此决定是否应该解决该问题。

明确了创新的上述五个问题，才能进入下一个环节，即确定解决问题的目标。调研、辨识问题的成果是根据需求提出的特定问题及有实现价值的解法概念，它将作为设定目标阶段的输入。该阶段的目的是：为成功解决问题规定必要的约束条件。确定目标是在调研问题、辨识问题成果的基础上，先设定总目标，再逐级分解总目标，建立目标集。该目标集是衡量具体解法是否能解决基本问题的标准，此阶段的输出是一个目标集或者"技术说明书"。

案例

郭敬明成功创业文化产业链

郭敬明,这个伴随着80后长大的名字,如今他的小说影响着90后,并开始被00后所喜爱,我们在这里不评判他的文学水平、导演水平,以及身高,单以一个创业者的身份来看,他是极其成功的。

郭敬明大学时期便开始创业,虽然他常年霸占着"中国作家收入排行榜"榜首,但是他在商业上的成功甚至让他的作家身份也黯然失色。如果你只是觉得这个大男孩只会把玩一些小女生喜欢的华而不实的文字,那么你就太小看他了,郭敬明绝对有着惊人的商业嗅觉。郭敬明在大学时便成立"岛"工作室,出版一系列针对自己小说受众的杂志与期刊,而后成立柯艾文化传播有限公司,逐渐建立起自己的商业版图,这与徐静蕾兵败网站形成了鲜明的对比,也许是郭敬明吸收了徐静蕾的教训。

以今天各个期刊纷纷转型产业链服务来看,郭敬明早在2005年就察觉了这一点,从那时起他就为刊物读者提供"立体服务",例如推出音乐小说《迷藏》,推出小说主题的写真集,拍摄《梦里花落知多少》偶像剧,在青春读物的基础上打造了一条属于自己受众的文化消费产业链,开始深耕产业布局。而今,郭敬明已经用自己的小说《小时代》拍出了电影,第一部便直奔5亿的票房……

知乎上有人这么描述郭敬明:"其实中国的年轻人并没有什么本质的变化。对于大学和社会的幻想,对于爱情和成功的畅想,对于华服美食的渴望,是每一代中学生的必由之路。真正重要的其实仍是郭敬明本人。他或许是中国这20年来唯一一个认真去满足上述需求的作者。"真正伟大的创业者是干什么的?满足大众的需求。

案例点评:创业项目的选择其实如同创新问题的选择一样,非常重要。郭敬明发现学生精神需求的问题点,创办偶像文化产品,打造文化消费产业链,获得成功。郭敬明解决问题的流程:辨识问题——实际需求——基本需要——解决方案——营销推广。

3. 确定解法

确定使解题者基本满意的解决问题的最佳方法,输入的是解法必须达到的具体目标,输出的是所提出的最佳解法。所谓最佳解法是指最有可能实现预定目标且客观上优化的解法。确定方法有四个基本步骤:

第一,进行方法预选、比较;
第二,对获得的方法进行评价;
第三,进行详细研究;
第四,根据预定的目标评估解法实现目标的可能性。

可能性大的解法方可进入下一阶段。当然有些问题是不确定能否解决的,若这个阶段没有成功,解题过程必须终结。此外,在解法数量上最好保留两个以上的解法,以便一个解法失败,还有"次佳"解法可以依靠。

> **案例**
>
> **华罗庚的优选法**
>
> 所谓优选法，是华罗庚运用黄金分割法发明的一种可以尽可能减少做试验次数，尽快地找到最优方案的方法。比如要试制一种新型材料，需要加入某种原料增强其强度，这就有加入多少的问题，加多了不行，加少了也不行，只有完全合适才可以。比如我们估出每吨加入量在 1～1 000 克之间，这样我们就可以借用黄金分割规律来简化试验次数，而不必从 1 克到 1 000 克做 1 000 次实验。

4. 解法最优化

具体解法的"细枝末节"可能对对象是至关重要的，因此，在解题过程中需要专门考虑对象问题的阶段，我们称为"解法最优化"阶段。它的目的是：从对象的角度使提出的具体解法最优化。

该阶段从三个方面考虑：一是需要优化的具体解法；二是需要优化的指标；三是最终用户。概括起来，最优化有两种类型：技术上最优化和对用户是最优的。技术上的最优化，其最终目的在于提出对象能够接受的具体解法，因此，该阶段的最优化应是针对对象而言的。

解法最优化阶段，输入为"最佳的"解法，输出的是"最优的"具体解法。在此阶段，若解法不能满足对象需求，需返回上一阶段，对解法进行修改，并验证解法是否能实现预定目标。

5. 制作和验证

制作和验证阶段是将上阶段的成果——创造性想法变成实际有用的"硬件"，构建成一个实际的模型并实现其性能，从而把抽象的思想变成现实。

制作和实验阶段的目的是为我们提出的新设想做出的实际模型，表明设想是可以变成现实的，利用模型获取事实资料。事实资料主要包括模型运行的性能，能否实行预定目标，会出现什么样的技术和非技术问题，实践制造和运行的费用等。这些资料事实完善模型的重要依据。该阶段输入的是一个经过优化的抽象模型，包括示意图、设计图、方案、计划等，这是前四个阶段的全部创造性思维的成果。输出的是一个经过证实的、可行的实际模型及有关其性能、特性和相关事实的资料。

总之，在制作和验证阶段，通过实际"硬件"，可以发现我们的创造性设想是否正确。例如，某复员退伍军人创新课堂上设想的手机伸缩耳机线，经过验证，已经有相似产品面世，且与新手机匹配出售，市场前景不乐观。

6. 说服他人

创新计划中建造和实验一个新装置是一个好的开端，还必须把它"推销"给他人，这一新创造才可以产生有益的社会影响，否则，其创造性贡献的价值是不会实现的，即创造性过程的最后阶段，使我们称为"说服他人"的积极活动。其目的是让他人接受和实际应用我们的新创造。该阶段的工作依次是：

第一，分析和总结已获得的创造性成果；

第二，指导期望的行动目标；

第三，识别要被说服的他人；

第四，了解关键的人和团队；

第五，制定说服策略；

第六，贯彻到底。

说服他人阶段的输出为：有益于社会的新创造被应用。例如大学生开办外卖宿舍上楼送到学生手上的服务，就普遍意义来说，导向的是外出求学的大学生饭来张口的便捷，缺乏普遍的积极意义，不是有益社会的创新服务。

2.2.7 创新思维过程理论的小结

综上所述，创新及创新思维过程的各种学说，可以帮助我们厘清创新思维的过程。首先我们应该认识到创新过程与创新思维过程是有区别的又是有联系的，创新过程中创新和解决问题之间是一个互动的过程，互动的过程中需要创新思维。

思维的过程总是从对事物的分析开始的。所谓分析，就是通过思想上把客观事物分解为若干部分，分析各个部分的特征和作用。思维是人类认知世界的一种复杂的精神活动。这种认知过程和感觉、知觉相比，具有很强的自觉性和主观性，是基于客观事物和主观经验对事物进行认知的过程。思维和感觉、知觉一样，是人脑对客观事物的反映。但一般来说，感觉和知觉是对事物的直接反映，而思维是对客观事物概括的基础上，在表象（组成形象的基本单元，可以理解为像素）的概括和经验基础上对事物进行认识的过程。创新思维，就是指人们在创造具有独创性成果的过程中，对事物的认识活动（见表2-1）。

表 2-1 创新过程学说比较分析

类别	内容	区别
从心理学角度	准备阶段、酝酿阶段、顿悟阶段、验证阶段	主观
从时间和空间角度	确定问题阶段、确定方案阶段、实行方案阶段、回顾总结阶段	主客观
从创造性解决问题角度	界定问题阶段、设定目标阶段、确定方法阶段、解法最优阶段、制作和验证阶段、说服他人阶段	主客观

创新思维过程应如下图 2-8 所示，创新思维过程可以分为三个阶段：问题界定阶段，创新方案产生及评价阶段和宣传推广阶段。

图 2-8 创新思维过程图

第一阶段：问题界定阶段，问题的诊断及界定问题性质，也就是要回答以下几个问题。

① 问题是什么？
② 问题的核心？
③ 问题的要害？
④ 问题的影响程度？
⑤ 问题的重要程度？

界定问题时充分注意问题的相对性和变化性，选准创意问题：选准作为创新对象的问题，明确创意需要及能够解决的问题。创新是从怀疑和不满开始的，并从中发现问题和提出问题。正确地发现问题并提出问题是第一步。

第二阶段：创新方案产生及评价阶段，找问题、设定目标、确定方案。创新思维问题解决方法，寻找因果关系，在找到问题的基础上，设定目标，根据设定的具体目标来确定方案。产生的方案并不一定是最合算的方案，或者说最优方案，但可以将方案投入实践，检验方案的可行性。

第三阶段：宣传推广阶段，最终的可行方案≠创新结果，因此要让用户认知，说服他人，吸引投资者和消费者，使创新成果具有积极社会意义的实际价值。

案例

"孔"值万金

美国一家制糖公司，每次向南美洲运方糖时都因方糖受潮而遭受巨大的损失。结果有人考虑，既然方糖用蜡密封还会受潮，不如用小针戳一个小孔使之通风，经实验，果然取得意想不到的效果，他申请了专利。据媒体报道，该专利的转让费高达 100 万美元。

日本一位 K 先生，听说戳小孔也算发明，于是也用针东戳西戳埋头研究，希望也能戳出个发明来。结果，他发现在打火机的火芯盖上钻个小孔，可以使打火机灌一次油后使用由原来的 10 天变成 50 天。发明终于被他"戳"出来了。

这个案例就是创新思维的过程，稍加改变就是发明创造，从防潮问题、气孔问题的界定——戳孔方案的产生和评价——创新——创新效果。

2.3 创新思维的模式

案例

爱因斯坦误入"歧途"

一次，爱因斯坦问他的导师闵可夫斯基："一个人，比如我吧，究竟怎样才能在科学领域、在人生道路上，留下自己的闪光足迹，做出自己的杰出贡献呢？"闵可夫斯基表示要好好想一想日后予以解答。三天后，闵可夫斯基拉起爱因斯坦就朝一处建筑工地走去，而且径直踏上了建筑工人们刚刚铺平的水泥地面。在建筑工人们的呵斥声中，爱因斯坦被弄得一头雾水，不解地问闵可夫斯基："老师，您这不是领我误入'歧途'吗？""对、对，正是这样！"闵可夫斯基说："看到了吧？只有尚未凝固的水泥路面，才能留下深深的脚印。那些凝固很久的老路面，那些被无数人、无数脚步走过的地方，你别想再踩出脚印来……"听到这里，爱因斯坦沉思良久，意味深长地点了点头。从此，一种非常强烈的创新和开拓意识，开始主导着爱因斯坦的思维和行动。用他自己的话说就是，"我从来不记忆和思考词典、手册里的东西，我的脑袋只用来记忆和思考那些还没载入书本的东西。"爱因斯坦为人类做出了卓越的贡献，在科学史册上留下了深深的闪光足迹。

案例点评：那段尚未凝固的水泥路面，启发了爱因斯坦的创新和探索精神。其实，在人类社会和现实生活的各个领域，都有各式各样的"尚未凝固的水泥路面"，等待着人们踩出新的脚印。

2.3.1　模式、思维模式与创新思维模式

1. 模式

模式是事物的标准样式。《魏书·源子恭传》："故尚书令、任城王臣澄按故司空臣冲所造明堂样，并连表诏答、两京模式，奏求营起。"宋张邦基《墨庄漫录》卷八："闻先生之艺久矣，愿见笔法，以为模式。"由此释义，模式是某种事物的标准形式或使人可以照着做的标准样式（有一定的唯一性，即只能是一种）。因而，我们认为：模式是指主体行为的一般方式，是理论和实践之间的中介环节，即解决问题的方法论，把解决某类问题的方法总结归纳到理论高度的就是模式。

2. 思维模式

思维的模式类型是创新思维研究中的一个重点，众多研究者对此提出了多种分类方法和结果，但多数划分没有按照同一标准进行，实用性较弱，如某网络百科就分了 28 类：归纳思维、演绎思维、批判思维、集中思维、侧向思维、求异思维、求证思维、逆向思维、横向思维、递进思维、想象思维、分解思维、对比思维、推理思维、交叉思维、转化思维、跳跃思维、直觉思维、平行思维、渗透思维、统摄思维、幻想思维、灵感思维、组合思维、辩证思维、综合思维、核心思维、虚拟思维。

3. 创新思维的模式

实际上，好奇心和想象力是创新思维的深层基础，英文有一个词叫作 Mindset，中文翻译成思维模式、心智模式或心态。好奇心和想象力是思维模式、心智模式、心态中的一种。斯坦福大学心理学家德韦克写过一本书，英文标题是 *Mindset: The New Psychology of Success*，有中译本翻译的标题是《看见成长的自己》，完全没有翻译 Mindset 这个关键

词。其实，Mindset 这个词很重要，它不仅是一种能力，更是一种价值取向。创新思维就是一种永不满足于现状，总想与众不同的渴望。我们可以通过下面四则名人思维模式例子（见表 2-2），从不同角度说明具有创造性人的心智模式特征，了解创新思维模式的特征。

表 2-2 思维模式比较表

姓名	思维模式	理论	特征
爱因斯坦	简化思维	相信世界是可以被简洁的理论描述，像以最适当的方式来画出一幅简化的和易领悟的世界图像	推动他创造性的动力并非来自深思熟虑的意向或计划，而是来自激情
乔布斯	求异思维	我要与你不同	非同凡响
马斯克	灵感思维	"物理学第一原理"：从量子力学中受到启发，发现在量子层面的物理规律与我们在宏观层面的物理学直觉往往是相反的，但是正确的，即不能跟着在通常世界中形成的直觉走	追究最原始假设
蒂尔	逆向思维	《从 0 到 1》的作者，要想别人没有思考过的维度，要思考别人还没有想到的领域	更多集中于技术创新

表 2-2 中的"简化思维""求异思维""灵感思维""逆向思维"，都是具有创造力的思维模式及心智模式。它们不完全相同，也不应该相同，它们绝不仅仅是思维技能或技巧，而是一种心态，一种习惯。心智模式可以在感悟中塑造。同好奇心和想象力类似，改变心智模式和思维方式需要在一种宽松、宽容的环境和氛围，自己"悟"出来，让人才自己"冒"出来。

2.3.2 常见创新思维模式

我们以创新思维的路径为划分标准，将创新思维分为 8 种模式类型：逆向思维、形象思维、灵感思维、逻辑思维、发散思维、收敛思维、系统思维、辩证思维。

案例

拿破仑常规思路下象棋

拿破仑在滑铁卢战役失败之后，被终身流放到圣赫勒拿岛。他在岛上过着十分孤独和寂寞的生活。后来，拿破仑的一位密友，秘密赠给他一副象棋。这位赫赫有名的囚犯对那副精致而珍贵的象棋爱不释手，常常一个人默默地下象棋，无可奈何地打发着孤独和寂寞的时光，直至慢慢地死去。拿破仑死后，那副象棋多次高价转手拍卖。有一天，一位该象棋的持有者偶然发现，象棋中的一个棋子底部是可以打开的。当这个人打开这个棋子的底部后，不禁惊呆了，里面竟密密麻麻地写着如何从圣赫勒拿岛逃生的详细计划。可是，拿破仑没有从象棋中领悟到朋友的良苦用心和象棋中的奥秘。拿破仑大概做梦也不会想到，自己最后竟然死在常规思维的陷阱里。如果他能用南征北战时兵不厌诈的思维方法来思考一下象棋可能蕴涵的其他功能，上帝很可能会再一次地向他祝贺与微笑。

案例点评：常规思维也称惯性思维，拿破仑犯了惯性思维的错误，失去了一次逃生机会。

1. 逆向思维

（1）概念

逆向思维也叫求异思维，它是对司空见惯的似乎已成定论的事物或观点反过来思考的一种思维方式。敢于"反其道而思之"，让思维向对立面的方向发展，从问题的相反面深入地进行探索，树立新思想，创立新形象。逆向思维是一种比较特殊的思维方式，它的思维取向总是与常人的思维取向相反，比如人弃我取，人进我退，人动我静，人刚我柔，等等。例如，在"司马光砸缸"的故事中，有人落水，常规的思维模式是"救人离水"，而司马光面对紧急险情，运用了逆向思维，果断地用石头把缸砸破，"让水离人"，救了小伙伴性命，司马光砸缸的故事就是让水离人，与救人离水的思维是反向的。

图 2-9 司马光砸缸

当然，这个世界上不存在绝对的逆向思维模式，当一种公认的逆向思维模式被大多数人掌握并应用时，它也就变成了正向思维模式。同时，逆向思维并不是主张人们在思考时违逆常规，不受限制地胡思乱想，而是训练一种小概率思维模式，即在思维活动中关注小概率可能性的思维。逆向思维是发现问题、分析问题和解决问题的重要手段，有助于克服思维定式的局限性，是决策思维的重要方式。

（2）特性

第一，反向性：反向性是逆向思维的重要特点，也是逆向思维的出发点，逆向思维离开了它也就不存在。

第二，异常性：逆向思维总是采取特殊的方式来解决问题，这是它的异常性。

第三，"悖论"：反向性和异常性的存在，使得逆向思维在实践中常给人"悖论"的特性。牛顿的物理学、相对论和量子力学，其中就包含了对立物共存和互相作用的逆向思维观念。

（3）类别

第一，反向思维：通常对普遍接受的信念或做法进行质疑，然后察看它的反面是什么。如果对立面是有道理的，那么就朝对立面方向进行。

在如下情况下，可以进行反向思维：一是考虑要做某种相反的事情；二是考虑用其对立面来取得某物；三是如果意识到别人是错的，而你是正确的，但你仍然认为对方错误的观点中也有值得肯定的地方。

第二，雅努斯式思维：在人的大脑里构想或引入事物的正反两个方面，并使它们同时并存于大脑里，考虑它们之间的关系，相似之处、正与反、相互作用等，然后创造出新事物。这种双面思维相当艰难，因为它要求保持两个对立面并存在你的大脑中，这是一种大脑技能。

第三，黑格尔式思维：采取一种观念，容纳它的反面，然后试着把两者融合成第三种观念，即变成一种独立的新观念。这种辩证的过程需要三个连续的步骤：论题、反题以及合题。

（4）方法

第一，怀疑法：有一种敢于怀疑的精神，打破习惯，反过来想一下，这种精神越强烈越好。习惯性做法并不总是对的，对一切事物都报有怀疑之心是逆向思维所需要的。

第二，对立互补法：以把握思维对象的对立统一为目标。要求人们在处理问题时既要看到事物之间的差异，也要看到事物之间因差异的存在而带来的互补性。

第三，悖论法：就是对一个概念、一个假设或一种学说，积极主动从正反两方面进行思考，以求找出其中的悖论之处。

第四，批判法：对言论、行为进行分辨、评断、剖析，以见正理。以批判法来进行逆向思维仍然需要以一般性的思维技能为基础，比如比较、分类、分析、综合、抽象和概括等。

第五，反事实法：在心理上对已经发生了的事件进行否定并表征其原本可能出现而实际未出现的结果的心理活动，是人类意识的一个重要特征。这就是反事实思维。主要有加法式、减法式、替代式三种类型。

案例

推特的兴起

特朗普吸人眼球的是推特新闻。推特的兴起是一种颠覆式创新，它与传统博客不一样的地方，是博客对字数没有限制，博主可以随便写；但推特限制你只能写140字。推特与脸谱网不一样，脸谱网是封闭的人际关系，用户之间相互要认识，是双向的；那推特就是开放的，不认识也可以，是单向的。正因为"逆向思维和操作"，跟博客和脸谱网不一样，推特才可能做大。

2. 形象思维

（1）概念

形象思维是指以具体的形象或图像为思维内容的思维形态，是人的一种本能思维，人一出生就会无师自通地以形象思维方式考虑问题。形象思维内在的逻辑机制是形象观念间的类属关系。抽象思维是以一般的属性表现着个别的事物，而形象思维则要通过独具个性的特殊形象来表现事物的本质。因此说，形象观念作为形象思维逻辑起点，其内涵就是蕴含在具体形象中的某类事物的本质。

形象思维就是依据生活中的各种现象加以选择、分析、综合，然后加以艺术塑造的思维方式，在形象思维的过程中始终不脱离具体形象，并包含着创造者的强烈情感。形象思维是文学、艺术创作过程中所运用的主要思维活动和思维方式。高尔基说过，文学创作"主要是用形象来思维，是艺术的思维"。鲁迅先生所创造的许多栩栩如生的艺术典型，如阿Q、祥林嫂、润土等，都是根据现实生活中的各种人物和事件进行选择、分析，并综合概括，给予艺术加工而创造出来的。形象思维在科技发明中也是经常运用的一种思维方式。如法国化学家凯库勒对于苯环的创造，就是在睡梦中看到一条银蛇起舞，受到启发获得成功的。又如现代创造出的各种千姿百态、栩栩如生的盆景也都是形象思维的结果。

（2）作用

形象思维是反映和认识世界的重要思维形式，是培养人、教育人的有力工具，在科学研究中，科学家除了使用抽象思维以外，也经常使用形象思维。在企业经营中，高度发达的形象思维，是企业家在激烈而又复杂的市场竞争中取胜不可缺少的重要条件。高层管理者离开了形象信息，离开了形象思维，他所得到信息就可能只是间接的、过时的甚至不确切的，因此也就难以做出迅速的、正确的决策。

（3）特性

主要有：形象性、想象性、直接性、敏捷性、创造性、思维结果的可描述性、情感性等。

（4）方法

第一，模仿法：以某种模仿原型为参照，在此基础之上加以变化产生新事物的方法。很多发明创造都建立在对前人或自然界的模仿的基础上，如模仿鸟发明了飞机，模仿鱼发明了潜水艇，模仿蝙蝠发明了雷达。

第二，想象法：在脑中抛开某事物的实际情况，而构成深刻反映该事物本质的简单化、理想化的形象。直接想象是现代科学研究中广泛运用的进行思想实验的主要手段。

第三，组合法：从两种或两种以上事物或产品中抽取合适的要素重新组合，构成新事物或新产品的创造技法。常见的组合技法一般有同物组合、异物组合、主体附加组合、重组组合四种。

第四，移植法：将一个领域中的原理、方法、结构、材料、用途等移植到另一个领域中去，从而产生新事物的方法。主要有原理移植、方法移植、功能移植、结构移植等类型。

如有人提出的"相似论"，也是科学理论思维的范畴；有人见鸟有翅膀能飞，就根据鸟的翅膀、鸟身体的几何结构与空气动力和飞行功能等相似原理发明了飞机，有的又称

"仿生学"。

3. 灵感思维

（1）内涵

灵感直觉思维活动本质上就是一种潜意识与显意识之间相互作用、相互贯通的理性思维认识的整体性创造过程。灵感直觉思维作为高级复杂的创造性思维理性活动形式，它不是一种简单逻辑或非逻辑的单向思维运动，而是逻辑性与非逻辑性相统一的理性思维整体过程。

（2）特点

第一，突发性和模糊性：由于没有在显意识领域单纯地遵循常规逻辑过程所形成，所以灵感直觉思维产生的程序、规则以及思维的要素与过程等都不是被自我意识能清晰地意识到的，而是模糊不清、"只可意会不可言传"的。

第二，独创性：独创性是定义灵感思维的必要特征。不具有独创性，就不能叫灵感思维。

第三，非自觉性：其他的思维活动，都是一种自觉的思维活动，灵感直觉思维的突出性，必然带来它的非自觉性。

第四，思维活动的意象性：在灵感直觉思维活动过程中，潜意识领域或显意识领域总伴有思维意象运动的存在。没有意象的暗示与启迪就没有思维的顿悟。

第五，思维高度灵活的互补综合性：思维高度灵活的综合互补性是其思维的重要特征，如潜意识与显意识的互补综合，逻辑与非逻辑的互补综合，抽象与形象的互补综合，等等。

（3）方法

第一，久思而至：指思维主体在长期思考毫无头绪的情况下，暂将课题搁置，转而进行与该研究无关的活动。恰好是在这个"不思索"的过程中，无意中找到答案或线索，完成久思未决的研究项目。

第二，梦中惊成：梦是以被动的想象和意念表现出来的思维主体对客体现实的特殊反映，是大脑皮层整体抑制状态中，少数神经细胞兴奋进行随机活动而形成的戏剧性结果。并不是所有人的梦都具有创造性的内容。梦中惊成，同样只留给那些"有准备的科学头脑"。

第三，自由遐想：科学上的自由遐想是研究者自觉放弃僵化的、保守的思维习惯，围绕科研主题，依照一定的随机程序对自身内存的大量信息进行自由组合与任意拼接。经过数次乃至数月、数年的意境驰骋和间或地逻辑推理，完成一项或一系列课题的研究。

第四，急中生智：利用此种方法的例子，在社会活动中数不胜数。即情急之中做出了一些行为，结果证明，这种行为是正确的。

第五，另辟蹊径：思维主体在科学研究过程中，课题内容与兴奋中心都没有发生变化，但寻解定势却由于研究者灵机一动而转移到与原来解题思路相异的方向。

第六，原型启示：在触发因素与研究对象的构造或外形几乎完全一致的情况下，已经有充分准备的研究者一旦接触到这些事物，就能产生联想，直接从客观原型推导出新发明的设计构型。

第七，触类旁通：人们偶然从其他领域的既有事实中受到启发，进行类比、联想、辩证升华而获得成功。他山之石，可以攻玉。触类旁通往往需要思维主体具有更深刻的洞察能力，能把表面上看起来完全不相干的两件事情沟通起来，进行内在功能或机制上的类比分析。

第八，豁然开朗：这种顿悟的诱因来自外界的思想点化。主要是通过语言表达的一些明示或隐喻获得。豁然开朗这种方法中的思想点化，一般来说要有这样几个条件：一是"有求"，二是"存心"，三是"善点"，四是"巧破"。

第九，见微知著：从别人不觉得稀奇的平常小事上，敏锐地发现新生事物的苗头，并且深究下去，直到做出一定创建为止。见微知著必须独具慧眼，也就是用眼睛看的同时，配合敏捷的思维。

第十，妙手偶得：由灵感而得到的创新成果与预想目标不一致，属意外所得。许多研究者把这种意外所得看作是"天赐良机"，也有的称之为"正打歪着"或"歪打正着"。

4. 逻辑思维

（1）概念

逻辑思维是指符合某种人为制定的思维规则和思维形式的思维方式，我们所说的逻辑思维主要指遵循传统形式逻辑规则的思维方式，常称它为"抽象思维"或"闭上眼睛的思维"。

逻辑思维是人脑的一种理性活动，思维主体把感性认识阶段获得的对于事物认识的信息材料抽象成概念，运用概念进行判断，并按一定逻辑关系进行推理，从而产生新的认识。逻辑思维具有规范、严密、确定和可重复的特点。

（2）特征

概念的特征：内涵和外延。

判断的特征：一是判断必须对事物有所断定；二是判断总有真假。

推理的特征：演绎推理的逻辑特征是：如果前提真，那么结论一定真，是必然性推理；非演绎推理的逻辑特征是：虽然前提是真的，但不能保证结论是真的，是或然性推理。

（3）方法

第一，定义是揭示概念内涵的逻辑方式。用简洁的语词揭示概念反映的对象特有属性和本质属性。定义的基本方法是"种差"加最邻近的"属"概念。定义的规则：一是定义概念与被定义概念的外延相同；二是定义不能用否定形式；三是定义不能用比喻；四是不能循环定义。

第二，划分是明确概念全部外延的逻辑方法，是将"属"概念按一定标准分为若干种概念。划分的逻辑规则，一是子项外延之和等于母项的外延；二是一个划分过程只能有一个标准；三是划分出的子项必须全部列出；四是划分必须按属种关系分层逐级进行，不可以越级。

📥 案例赏析

滑坡谬误

如果你买日本货，日本公司就会盈利；如果日本公司盈利，那么日本公司就会发展壮大；如果日本公司发展壮大，那日本国力就会成为世界第一；如果日本国力成为世界第一，那么日本就会侵略中国。所以如果你买日本货，你就是在帮助日本侵略中国。

你不好好学习就进不了好的大学，进不了好的大学就找不到好的工作，找不到好的工作就挣不了钱，挣不了钱就找不到老婆，找不到老婆就得打一辈子光棍……（以下滑坡可以无限延伸）

你今天向我借10块钱，明天又会向我借100块，接下来就会借一千块、一万块、一百万，那我岂不要破产？

案例点评：认为如果A发生了，那么Z也一定会发生，但是你完全无法给出任何证据来证明A的发生一定会造成极端事物Z的发生，所以这是一种诉诸恐惧的谬误，也影响了人们讨论A时候的客观性。

📥 案例赏析

诱导性问题

例如：

甲：你还在抽烟吗？

乙：没有。

甲：看吧！你果然抽过烟！

甲的问题已预设乙抽过烟，乙无论回答"是"或"否"，皆无异于承认以前抽过烟。如果乙根本没抽过烟，最安全的做法是回答"我从未抽过烟"或干脆不回答。

"你不打老婆了吗？"

若正面回答，等同承认有老婆，且以前曾经打过老婆。

"为什么私人企业总是比公营企业有效率？"

若正面回答，等同承认"私人企业总是比公营企业有效率"是事实。

案例点评：在提出问题的时候加入了诱导的成分，使得对方只能按着你的意思来回答，从而破坏理性的讨论。

5. 发散思维

（1）概念

发散思维是指大脑在思维时呈现的一种扩散状态的思维模式，比较常见，它表现为思维视野广阔，思维呈现出多维发散状。发散思维又称辐射思维、放射思维、扩散思维或求异思维,是指大脑在思维时呈现的一种扩散状态的思维模式,它表现为思维视野广阔,思维呈现出多维发散状,如"一题多解""一事多用""一物多用"等方式,最终产生多种可能的答案而不是唯一解,因此容易产生有创见的新颖观念。在尽可能多的有价值的解题方案基础上紧随其后的收敛思维才能发挥作用。在创新思维的技巧性方法中,有许多都与发散思维密切相关。不少心理学家认为,发散思维是创造性思维的最主要特点,是测定创造力的主要标志之一。

案例

村上幸雄的曲别针

1987年,在广西壮族自治区南宁市召开了我国"创造学会"第一次研讨会。会议期间一位来自日本的村上幸雄先生拿出一把曲别针,让大家说说它的用途。大家说出来二十几种,然后问他能说出多少种,村上幸雄轻轻地伸出了三个手指。有人问:"是三十种吗?"他摇摇头,"是三百种吗?"他仍然摇摇头,他说:"是三千种。"大家都异常惊讶。此时,坐在台下的一位先生,他是中国魔球理论的创始人、著名的许国泰先生,他给村上幸雄写了个条子说:"幸雄先生,对于曲别针的用途我可以说出三千种、三万种。"幸雄十分震惊,大家也都不十分相信。许先生说:幸雄所说曲别针的用途我可以简单地用四个字加以概括,即钩、挂、别、联。我认为远远不止这些。接着他把曲别针分解为铁质、重量、长度、截面、弹性、韧性、硬度、银白色等十个要素,用一条直线连起来形成信息的栏轴,然后把要动用的曲别针的各种要素用直线连成信息标的竖轴。再把两条轴相交垂直延伸,形成一个信息反应场,将两条轴上的信息依次"相乘",达到信息交合?于是曲别针的用途就无穷无尽了。例如可加硫酸可制氢气,可加工成弹簧,做成外文字母,做成数学符号进行四则运算等。

案例点评:这是典型的发散思维,一种扩散状态的思维模式,它表现为思维视野广阔,思维呈现出多维发散状,如"一题多解""一事多用""一物多用"等方式,最终产生多种可能的答案而不是唯一解。

(2)特性

第一,流畅性:就是观念的自由发挥。指在尽可能短的时间内生成并表达出尽可能多的思维观念以及较快地适应、消化新的思维观念。机智与流畅性密切相关。流畅性反映的是发散思维的速度和数量特征。

第二,变通性:就是克服人们头脑中某种自己设置的僵化的思维框架,按照某一新的方向来思索问题的过程。变通性需要借助横向类比、跨域转化、触类旁通,使发散思维沿着不同的方面和方向扩散,表现出极其丰富的多样性和多面性。

第三,独特性:指人们在发散思维中做出不同寻常的异于他人的新奇反应的能力。独特性是发散思维的最高目标。

第四，多感官性：发散性思维不仅运用视觉思维和听觉思维，而且也充分利用其他感官接收信息并进行加工。发散思维还与情感有密切关系。如果思维者能够想办法激发兴趣，产生激情，把信息情绪化，赋予信息以感情色彩，会提高发散思维的速度与效果。

（3）方法

第一，一般方法。

材料发散法——以某个物品尽可能多的"材料"为发散点，设想它的多种用途。

功能发散法——从某事物的功能出发，构想出获得该功能的各种可能性。

结构发散法——以某事物的结构为发散点，设想出利用该结构的各种可能性。

形态发散法——以事物的形态为发散点，设想出利用某种形态的各种可能性。

组合发散法——以某事物为发散点，尽可能多地把它与别的事物进行组合，形成新事物。

方法发散法——以某种方法为发散点，设想出利用方法的各种可能性。

因果发散法——以某个事物发展的结果为发散点，推测出造成该结果的各种原因，或者由原因推测出可能产生的各种结果。

第二，假设推测法。假设的问题不论是任意选取的，还是有所限定的，所涉及的都应当是与事实相反的情况，是暂时不可能的或是现实不存在的事物对象和状态。由假设推测法得出的观念可能大多是不切实际的、荒谬的、不可行的，这并不重要，重要的是有些观念在经过转换后，可以成为合理的有用的思想。

第三，集体发散思维。发散思维不仅需要用上我们自己的全部大脑，有时候还需要用上我们身边的无限资源，集思广益。集体发散思维可以采取不同的形式，比如我们常常戏称的"诸葛亮会"。

6. 收敛思维

收敛思维又称"聚合思维""求同思维"等，是指在解决问题的过程中，利用已有的知识和经验，把众多的信息和可能性引导到条理化的逻辑序列中去，最终得出一个合乎逻辑规范的结论。收敛思维的特点是几种思维一个方向，使思维条理化、简明化、逻辑化、规律化。收敛思维与发散思维就像硬币的两面，是对立的统一。它的特征包括：封闭性、连续性、求实性和聚焦发。收敛思维按形式可分为：目标确定法、求同思维法、求异思维法。

案例

亚伯拉罕·林肯与阿姆斯特朗案件

亚伯拉罕·林肯是美国的第十六位总统，他曾接手过著名的阿姆斯特朗案件。原告坚称看见阿姆斯特朗躲在大树后面向被害人开枪射击，林肯作为被告律师围绕夜晚辨认问题反复向原告提问，逼迫其承认当天夜晚11点钟月光很亮这一事实，然而事实上当晚是上弦月，在11点钟时已经没有月亮了。林肯完美的应用收敛思维解决了这一案件。

7. 系统思维

（1）概念

系统是一个概念，反映了人们对事物的一种认识论，即系统是由两个或两个以上的元素相结合的有机整体，系统的整体不等于其局部的简单相加。这一概念揭示了客观世界的某种本质属性，有无限丰富的内涵和外延，其内容就是系统论或系统学。系统论作为一种普遍的方法论是迄今为止人类所掌握的最高级思维模式。

系统思维是指以系统论为基本思维模式的思维形态，它不同于创造思维或形象思维等本能思维形态。系统思维能极大地简化人们对事物的认知，给我们带来整体观。

按照历史时期来划分，可以把系统思维方式的演变区分为四个不同的发展阶段：古代整体系统思维方式——近代机械系统思维方式——辩证系统思维方式——现代复杂系统思维方式。

（2）方法

第一，整体法：是在分析和处理问题的过程中，始终从整体来考虑，把整体放在第一位，而不是让任何部分的东西凌驾于整体之上。整体法要求把思考问题的方向对准全局和整体、从全局和整体出发。如果在应该运用整体思维进行思维的时候，不用整体思维法，那么无论在宏观或是微观方面，都会受到损害。

第二，结构法：进行系统思维时，注意系统内部结构的合理性。系统由各部分组成，部分与部分之间的组合是否合理，对系统有很大影响。这就是系统中的结构问题。好的结构是指组成系统的各部分间组织合理，是有机的联系。

第三，要素法：每一个系统都由各种各样的因素构成，其中相对具有重要意义的因素称之为构成要素。要使整个系统正常运转并发挥最好的作用或处于最佳状态，必须对各要素考察周全，充分发挥各要素的作用。

第四，功能法：是指为了使一个系统呈现出最佳态势，从大局出发来调整或是改变系统内部各部分的功能与作用。在此过程中，可能是使所有部分都向更好的方面改变，从而使系统状态更佳，也可能为了求得系统的全局利益，以降低系统某部分的功能为代价。

8. 辩证思维

（1）概念

辩证思维是指以变化发展视角认识事物的思维方式，通常被认为是与逻辑思维相对立的一种思维方式。在逻辑思维中，事物一般是"非此即彼""非真即假"，而在辩证思维中，事物可以在同一时间里"亦此亦彼""亦真亦假"而无碍思维活动的正常进行。辩证思维模式要求观察问题和分析问题时，以动态发展的眼光来看问题。

辩证思维是唯物辩证法在思维中的运用，唯物辩证法的范畴、观点、规律完全适用于辩证思维。辩证思维是客观辩证法在思维中的反映，联系、发展的观点也是辩证思维的基本观点。对立统一规律、质量互变规律和否定之否定规律是唯物辩证法的基本规律，也是辩证思维的基本规律,即对立统一思维法、质量互变思维法和否定之否定思维法。

(2)方法

第一,联系:就是运用普遍联系的观点来考察思维对象的一种观点方法,是从空间上来考察思维对象的横向联系的一种观点。

第二,发展:就是运用辩证思维的发展观来考察思维对象的一种观点方法,是从时间上来考察思维对象的过去、现在和将来的纵向发展过程的一种观点方式。

第三,全面:就是运用全面的观点去考察思维对象的一种观点方法,即从时空整体上全面地考察思维对象的横向联系和纵向发展过程。换言之,就是对思维对象作多方面、多角度、多侧面、多方位的考察的一种观点方法。

案例赏析

学会感激你的对手

在日本北海道,出产一种沙丁鱼,味道珍奇无比,许多渔民都以捕捞沙丁鱼为生。可是沙丁鱼的生命十分脆弱,只要一离开深海区,用不到半天就会死亡。渔民们想尽一切办法,都不能使捕捞到的沙丁鱼上岸后"鲜活"。

奇怪的是有一位老渔民天天捕捞沙丁鱼,返回岸上后,他的沙丁鱼总是活蹦乱跳的。由于鲜活的沙丁鱼价格要比死亡的沙丁鱼高出一倍以上,所以没几年工夫,老渔民便成了远近闻名的富翁。而周围的渔民们尽管操持着同样的营生,却只能勉强维持温饱。

老渔民在临终前,把秘诀传给了儿子。原来,老渔民使沙丁鱼不死的秘诀,仅仅是在船舱的沙丁鱼中,放进几条叫鲶鱼的杂鱼。要知道沙丁鱼与鲶鱼是死对头。几条势单力薄的鲶鱼遇到很多对手,便惊慌地在沙丁鱼堆里四处逃窜,这样一来,反倒把一船舱死气沉沉的沙丁鱼全给激活了。

案例点评:老渔民简单的一招,出于人们习惯思维之外,鲶鱼的存在意外地激活了沙丁鱼。自然界存在的这种现象,在人与人之间何尝不是如此呢?有人说:要成功,需要朋友,要取得巨大的成功,需要敌人!你要想永远是一条鲜活的"沙丁鱼",正需要鲶鱼这样的对手呢!

本章小结

创新"innovation"一词起源于拉丁语。它原意有三层含义,第一,更新;第二,创造新的东西;第三,改变。思维最初是人脑借助于语言对客观事物的概括和间接的反应过程。思维以感知为基础又超越感知的界限。它探索与发现事物的内部本质联系和规律性,是认识过程的高级阶段。创新思维的本质是求新求异,具有前所未有的特征。在于将创新意识的感性愿望提升到理性的探索上,实现创新活动由感性认识到理性思考的飞跃。

"创新思维过程"是指运用思维和时间去管理酝酿和产生创新成果,并将其转化为现实生产力的一个不断往复的过程,这是人类进行科学研究、技术发明、艺术创作等的实践活动。创造性思维的过程由于创造性思维的复杂性,对于创造性思维的活动过程与活动阶段,很难做出精确的分析与研究。目前,不同的人对其阶段的划分及认识也极不一致。其中,英国心理学家华莱士认为:创新思维过程自产生、发展直至完善的每一项创造活动过程,均具有明晰的客观规律性。

本书以创新思维的路径为划分标准,将创新思维分为8种模式类型:发散思维、逆向思维、联想思维、简化思维、转化思维、形象思维、整体思维、收敛思维。

课后习题

1. 思维测试题

请认真阅读下列题目,并根据你自身的情况做出肯定(打√)或否定(打×)的回答。做完题目计算得分,根据得分对应的等级检查你的创新思维等级。

1. 在做事、观察事物和听人说话时,我总能专心致志。( )
2. 我说话、写文章时经常使用类比的方法。( )
3. 我能全神贯注地读书、写字和绘画。( )
4. 完成了某项工作后,我总有一种兴奋感。( )
5. 我不喜欢权威人士,常向他们提出挑战。( )
6. 我很喜欢寻找事件的各种原因,甚至养成了习惯。( )
7. 我能够细致地观察事物。( )
8. 我能够从他人的谈话中发现问题。( )
9. 在进行带有创造性的工作时,我经常忘记时间。( )
10. 我总能主动发现一些问题,并能找出和问题有关的各种关系。( )
11. 除了日常生活,我平时差不多都在研究和学习。( )
12. 我总是对周围的事物抱有好奇心。( )
13. 对某一问题有所发现时,我的精神总能感到异常兴奋。( )
14. 我通常能预测到事物的结果,并能对其进行有效验证。( )
15. 即使遇到再大的困难和挫折,我也不会气馁。( )
16. 我经常思考事物以锻炼观察力和提出问题的能力。( )
17. 我具备很敏锐的观察力和提出问题的能力。( )
18. 在学校中,我有自己选的研究方向和课题,并能采取自己独到的研究方法。( )
19. 遇到问题时,我经常能从多方面、多角度来探索解决它的可能性,而不是固定在一种思路是或局限在某一方面。( )
20. 总有些新的设想在我的脑子里涌现,即使在玩游戏时也常能产生新的设想。( )

2. 思考题

发现问题就等于解决了问题的一半。分析"共享单车的停放"现象，找到根本问题所在并提出对策方案。

逆向思维与反向思维有何异同？

辩证思维与逻辑思维有何异同？

3. 请你谈谈下面这个案例的创新过程

自媒体的梦想

"本来是给身边几个女性朋友玩的东西，没想到一玩就玩成了创业。"苏娟在一家知名的 IT 媒体做过记者，还做过奇虎 360 战略投资人，在朋友眼里是一个时尚睿智达人，闺密们遇到情感或工作上的问题，甚至穿衣打扮问题都喜欢向她请教。问得多了，她索性在微信上策划了一个名为"她生活"的媒体，供朋友们看着玩。没想到，玩着玩着就玩出了商机。

她的这个自媒体从 2013 年年初开始上线，仅仅 3 个月就聚集了 1 万多名粉丝。苏娟敏锐地嗅到了"她生活"的价值，果断辞掉工作，开始微信创业。

"她生活"的内容也完全以闺蜜的姿态出现在用户面前。"拆解大叔，培训女纸；走进闺密梳妆台，教你变美；心理专家坐诊答疑……""她生活"每天都以一至两个不同的主题向读者提供专业的内容，一周会推出 10 余个主题。

在提供专业内容的同时，建立在微信平台上的"她生活"还能与读者实现互动问答，"她蜜"和"她她"，以及"她蜜"之间交流着消费、情感、心理、八卦等"女性刚需"话题。从单向到双向互动，建立在微信平台上的"她生活"已经和传统媒体有了质的区别，更像一个社区。

截至 2013 年底，只有两位全职编辑的"她生活"粉丝数量已经超过 30 万。

"微信实现了我的梦想。我以前所在的杂志，最高峰时期的发行量也没超过 10 万份，还不到一年我就有了 30 万的粉丝数量，这让我感到自己存在的价值。"曾经做过媒体的苏娟仍有着很深的媒体情结。

Chapter 3
第 3 章

创新思维能力开发与培养

导读案例

1. 尤伯罗斯与美国洛杉矶奥运会

1984 年第二十三届奥运会在美国洛杉矶举行。此次奥运会之前,历届奥运会都是个赔本的买卖因而乏人问津。由于备受纳税人的指责,所以其在欧美国家进行融资常常遇到极大困难。

在洛杉矶获得奥运会的举办权时,1976 年蒙特利尔奥运会刚刚落下帷幕,这次的经历使得加拿大人因奥运会背上了巨大的债务包袱,直到 2005 年才终于还清。

尤伯罗斯开创性地提出了大胆改革:允许企业成为奥运会赞助商并可以使用奥运会的相关标识进行全球品牌营销和推广活动。这一举措使得奥运会市场化、商业化,"以奥运养奥运",开创了奥运史上前所未有的市场化运作模式,极大地解决了一直困扰着奥运会的融资困难问题。使得洛杉矶奥运会大获成功并成为首届盈利的奥运会;使得一直以来比较冷门的奥运会成为举世瞩目的盛会。围绕奥运会的举办权,各国展开了激烈竞争。洛杉矶奥运会也成了现代奥运会的分水岭,掀开了奥运会持续辉煌的新纪元。尤伯罗斯的成功模式对现代奥运会产生了巨大影响,时至今日,引入赞助商仍然是奥运会主要筹措资金的方式。他在无政府补助的情况下,通过门票、电视转播(美国广播公司 ABC 以 2.25 亿美元的价格买下了电视转播权)、广告、企业赞助、利用大学宿舍、招募无薪志愿者等方式增加收入,降低成本,使得奥运会最终盈利 2.5 亿美元,扭转了之前奥运会始终亏损,导致没有城市愿意申办的窘境。尤伯罗斯本人因此获得国际奥委会颁发的奥林匹克金质勋章。

案例评点:尤伯罗斯运用了许多行之有效的新观念,这些新观念很大程度归功于"水平思维法",这种创新思维方法的创始人就是被誉为改变人类思维方式的缔造者、举世公认的"创新思维之父"——爱德华·德·波诺博士。在一次演讲交流中,德·波诺发现身边总有一个人在殷勤地照顾他,帮他做这做那,终于他忍不住询问那人,那人告诉自己他叫尤伯罗斯,就是 1984 年洛杉矶奥运会的上映策划人。随后尤伯罗斯说了一句:"我的成功就是 1975 年听了您的一次 90 分钟的演讲。"他将自己的创意归因于德·波诺"水平思维法"。所谓水平思维法是指摆脱某种事物的固有模式，从多角度多侧面去观察和思考同一件事情，善于捕捉偶然发生的构想，从而产生意料不到的"创意"。正是这 90 分钟的演讲让尤伯罗斯打破了奥运会运作的思维瓶颈，获得了巨大成功。

2. 响声得到启发

法国著名医生雷内克瓦带着女儿在公园玩。女儿要求爸爸跟她玩跷跷板，玩了一会儿，雷内克尔觉得有点累，就将半边脸贴在跷跷板的一端，假装睡着了。

突然，他听见一声清脆的响声，原来是女儿用小木棒在敲跷跷板的另一端。这一现象，立即使雷内克尔联想到自己在医疗中遇到的问题：在给患者听诊时，他是将耳朵贴近患者的部位，这种方法不科学也不方便，于是通过跷跷板的启发，他思考是否可以通过某样东西，使病人身体各部位的声响让医生能清脆听见呢？于是就诞生了世界第一个听诊器。

案例点评：医生雷内克瓦利用小木棒敲击跷跷板发出声响的现象。通过自己的思考和分析，运用在医学领域而成功发明听诊器，这是典型的学习创新过程，也正是依靠他的学习创新能力，他也获得了巨大的成功。生活中的点点滴滴都是我们学习的对象，因为它们很可能是创新的来源，需要我们在生活中处处留心、时时留意。我们要通过学习把他们打造成一把钥匙，打开创新的大门。

3. 众鸟击落美国飞机

美国东部时间 2009 年 1 月 15 日下午，全美航空公司一架载有 155 人的客机，从纽约拉瓜迪亚机场起飞约 5 分钟后，在空中飞行时与一群鸟相撞，双引擎全部受损，两个发动机"瞬间死亡"。机长沉着应对，驾驶飞机在哈德逊河上成功实现了航空史上第一次大客机水面紧急迫降，机上乘客、机组人员全部生还。

在接受媒体访问时，机长切斯利·舒伦伯格说："飞鸟从上到下，从左到右布满整面挡风玻璃……巨大的撞击声，就像飞机被暴雨或者冰雹击打着，我仿佛正经历我有生以来最可怕的暴风雨。"他立刻意识到问题的严重性，特别是当飞机引擎部位传来羽毛烧焦味时，利用自己几十年的飞行经验，切斯利冷静分析当时形势，与地面控制中心商量可能的解决办法，并最终决定把飞机降落在水面上。他知道接触水面时机翼要呈水平，机头微微翘起，这样才可能存活。之后飞机成功降落，切斯利让飞机以最低速度接近水面，避免引擎首先接触水面，进而避免巨大压力导致飞机解体。在成功降落后，切斯利向乘客宣布，"我们好像撞到了一只大鸟，可能是只鹰。"

案例点评：在那一紧张的情况下，机长为何能如此镇静和冷静，并且出色的地控制局面呢？这是侥幸还是天生的本领呢？当然不是，这是他在无数次训练之后在头脑中所形成的固定化的应急思维习惯。可以说，每个人的思维天生是有一定的差异性的，有些人即使没有很高的思维水平，但经过系统的训练，也是可以提高的。

本章将讲述创新思维能力的培养问题，主要包含：创新思维能力概述、创新能力开发与培养、创新人格概述及养成训练。通过本章的学习，学生应该掌握创新思维能力的基本概念及要素，掌握创新思维能力开发及养成的原则、方法及途径，掌握创新人格的辨识及养成方法。

3.1 创新思维能力

创新能力是指主体在创新活动中表现出来的创新思维能力与创新智力化能力和创新人格化能力的内在整合体。其中，创新思维能力是主体创新和创新能力发展的核心和关键，表现在：流畅性、敏锐性、变通性、独创性、精密性。创新智力化能力是主体创新和创新能力发展的基础和手段，表现在：传导性、基础性、中介性。创新人格化能力是创新能力发展的方向和动力，表现在：驱动性、方向性、维持性、调控性、补偿性、评价性、先导性。

3.1.1 创新思维能力概述

我们从《孟子》"人皆可以为尧舜"(《告子章句下》)的论述中可以看到，人人都可以有所作为。因此，创新思维作为一种能力，是一种可以后天训练培养的普遍能力。

因此，创新思维能力不是与生俱有的，不是神秘的所谓"天才人物"独有的能力，而是正常人后天培养锻炼出来的一种普遍能力。孟子说"人人皆尧舜"，这是原汁原味的创新能力普遍性的朴素认识。人的先天生理素质（智商、体质等），不能决定创造力的高低，后天的学历、职业、财富也不能体现创造力的发展程度。

那么什么是创新思维能力呢？创新思维能力亦称创造力，它是指个人或群体在一定的环境下运用已知的信息，发现新问题，并对问题寻求答案，以及产生出某种新颖而独特、有社会价值或个人价值的物质或精神产品的能力。简言之，就是发现新问题，创意新设想，创造新事物的能力。创新思维能力是人类的一种高级思维，这种思维能力通过训练可以加以提高。

人的创造性或创造力从哪里来？用一个简单的假说，就是**创造力 = 知识 × 好奇心和想象力**，其中好奇心和想象力是创新思维和创新能力形成的更深层的因素。

3.1.2 创新思维能力的本质特征

1. 创新思维的本质

从宏观角度看，创新思维能力具有六大本质。

第一，创新思维具有强烈的自我超越性。创新思维的一个很突出的特点是敢于自我否定，勤于自我否定，具有极强烈的超越性。自我超越是创新思维无穷的生命力的搏动，它以自我超越者战胜他者，从而将现代科技革命向前推动了一大步。

第二，创新思维充分展露了自身软性的特质。思维创造性活动的"脚本"从来都是"软"的。然而千百年来，它却一直表现为硬邦邦实物的存在，表现为蒸汽机、电动机、自动生产线。只有到了今天，思维创新才首先表现为知识、信息、软件等软硬方面的组合。创新思维展露了自身的软性,是思想发展史上划时代的事情。它将使思维的无限潜能充分展现出来。人类社会的软性财富和无形资产也将随之剧增。今天,全世界国民生产总值的近 70% 是知识或信息产业促成的,发达国家如美国总资产有 60% 是无形资产,人类社会财富的特性已被改变。

第三,创新思维覆盖的时空越来越少,创新的生命短得惊人。在现代科技的核心领域计算机天地里,创新思维更新周期多则一年半载,少则一两个月。在人类历史的舞台上,一个创新思维能覆盖几十年、几百年时空的历史已经一去不复返了,今日还是绚丽多姿智慧之花的创新思维,转眼即成明日黄花,它不得不让位于更新的创新思维。

第四,创新思维产业化。多少世纪以来,创新思维只伴着勤于思考者孤单的形影前进,创新思维往往要在科学家的圣殿里徘徊很长时间才能走向社会。今天思维创新生产知识、生产信息,知识和信息的生产不仅构成了大规模的产业,而且形成了打破国界的互相竞争的产业群落。这些产业将善于思维的头脑,集中在一个屋檐下创新知识或信息,使思维创新在人类发展史上第一次规模化、产业化。

第五,思维工具在创新思维中发挥了前所未有的作用。过去的思维工具其作用都无法与知识经济思维工具的作用相提并论。自 1942 年第一台计算机问世以来,其对社会生产率的影响,已经到了令人瞠目结舌的地步。1998 年美国问世的万亿次并行高性能计算机,峰值达到 3.9 万亿 / 秒。2015 年,中国"天河二号"以每秒 33.86 千万亿次浮点运算,比第 2 名美国"泰坦"快近一倍的速度,连续第 6 年获得全球超级计算机冠军。

第六,创新思维对提高生产力的作用前所未有地增大。创新思维价值的大小,视其对社会发展的功能而定。纵观世界 500 强企业,可以发现,它的基本特征是"在竞争中壮大",并且都有一套立足长远、稳健的经营战略。除此之外,最为重要的是这些企业十分注重从技术、业务、服务、管理等方面进行的全面创新。随着经济全球化发展,市场竞争更加激烈,以"世界 500 强"企业为代表的世界顶尖企业,不论在企业管理、技术创新还是服务创新方面,都有借鉴之处。

案例

索尼创造需求

索尼公司成立只有半个多世纪,但是他的创新意识和创新能力与众不同。20 世纪 50 年代,录音机非常笨重,为满足人民一边走路一边听录音机的要求,索尼发明了随身听,它一上市立刻得到了世界的认可,引导一种新的生活方式。随着宽带网络时代的到来,面对很多新兴企业的挑战,索尼公司设计了"索尼梦想世界",通过将现实世界与网络世界结合,为消费者提供了包括电子产品、游戏产品、音乐产品、影视产品及网络服务全方位的服务,让人们拥有"便捷娱乐"的全新生活方式。

2. 创新思维的特征

从微观上来看,创新思维的个体具有如下特性。

第一，综合独特性，是指创新者多角度地综合考量。观察创新人物的能力构成时，会发现没有一个是单一的，都是几种能力的综合，这种综合是独特的，具有鲜明的个性色彩。

第二，结构优化性。创新人物在能力构成上，呈现出明显的结构优化特征，而这种结构是一种深层或深度的有机结合，能发挥出意想不到创新功能。

案例

孙正义

作为创新人物典型的孙正义读大学时就有250多项发明，这说明他有极强的创新意识。他通过改造日本的旧游戏机，放到大家的休息室、饭厅，此一项就赚了100万美元，反映了他出色的商业能力。后来他又把36亿日元投给一家一点利润都没有的互联网企业，几年后，他的总资产已达1.17万亿日元。他说"他的公司是这个星球上从互联网经济上拿到最大份额的公司"，这说明他的预测能力极强，统观孙正义各种创业轨迹，正是他身上的感悟预测能力、深刻的分析能力、准确的判断能力、果敢执行能力、综合协调能力、全面驾驭能力的深度有机结合以及最大效能的充分发挥，使其走上了辉煌的创新人生之路。

第三，普遍性。创新思维能力不是与生俱有的，不是神秘的所谓"天才人物"的禀赋，而是正常人后天培养锻炼出来的一种普遍能力。人的先天生理素质不能决定创造力的高度，后天获得的种种附加因素如学历、职业、财富也不能体现创造力的发展程度。学生、工人、农民、科学家，每一个都可以成为新事物的创造者，人人都有创造力。孟子"人人皆尧舜"的说法，是对创新思维能力普遍性的一种朴素认识。近代研究表明，创新思维能力是人脑的功能，主要蕴藏在人的大脑右半球。人脑的左右半球分工不同，右半球承担这形象思维、直观思维、空间想象能力及艺术表现能力；左半球是记忆、语言、计算、排列、分类、逻辑思维的指挥中心。首先由右半球提出一个看起来不和逻辑的创造性设想；其次，由左半球将其转化为语言和逻辑表达、表现出来；最后完成一个创新过程。每一个健全人体内都蕴藏着与生俱来的生理、心理和思维素质，只要人人具有创新意识，方法得当，人人皆可发挥创造力。

案例

北京村民自制风电车，最高时速140公里；下岗工人孙璐明发明纸上烧烤，创造了"百度烤肉"；大学生自制空调过酷暑，湖南郴州湘南学院大三学生李世龙拆了个烂冰箱，自制了一台帐篷空调，成本不到200元。不但超静音，而且一个晚上耗电不超过半度。

案例点评：人人皆有创意，人人皆可创新。

第四，潜在性与可开发性。人人皆有创新思维能力，而每个人的创造力都是大致相同的，即便有区别也没有数量级的区别。人脑的潜力相当大，正常人平均有总数达140亿个的脑细胞，其中经常处于活动状态的只占总数的8%左右，90%以上的脑细胞则处于相对静止或睡眠状态。创造力如果不去挖掘，它永远都是潜力，创新思维开发程度决定创造力的提升程度。在不断训练、不断挖掘、不断开发下，创新思维能力得以提升，发挥越来越大的作用。

第五，独创性或新颖性。创造性思维贵在创新，或者在思路的选择上，或者在思考的技巧上，或者在思维的结论上，具有"前无古人"的独到之处，具有一定范围内的首创性、开拓性，一位希望事业有成或生活有意义或做一个称职领导的人，就要在前人、常人没有涉足，不敢前往的领域"开垦"出自己的一片天地，就要站在前人、常人的肩上再前进一步，而不要在前人、常人已有的成就面前踏步或仿效，不要被司空见惯的事务所迷惑。因此，具有创造性思维的人，对事物必须具有浓厚的创新兴趣，在实际活动中善于超出思维常规，对"完善"的事物、平稳有序发展的事物进行重新认识，以求新的发现，这种发现就是一种独创、一种新的见解、新的发明和新的突破。

第六，艺术性和非拟化。创造性思维活动是一种开放的、灵活多变的思维活动，它的发生伴随有"想象""直觉""灵感"之类的非逻辑。非规范思维活动，如"思想""灵感""直觉"等往往因人而异、因时而异、因问题和对象而异，所以创造性思维活动具有极大的特殊性、随机性和技巧性，他人不可以完全模仿、模拟。创造性思维活动的上述特点同艺术活动有相似之处，艺术活动就是每个人充分发挥自己才能，包括利用直觉、灵感、想象等非理性的思维，艺术活动的表面现象和过程可以模仿，如凡·高的名画《向日葵》，人们都可以去画"向日葵"，且大小、颜色都可以模仿甚至临摹。

案例

小菜一碟成大业

胡小平，一个只有初中文化的安徽农民。在城市打工时，他发现居民家庭对各种小菜需求量很大，后来又发现城市商场很少有各种小菜（这就是认识事物的创新思维方式），原因是进小菜很麻烦、利小。于是他大胆创新设想，把人们爱吃的小菜进行包装，进行统一配送。在南京成功注册"小菜一碟"品牌，并在南京建集散地（创新实践），并组建了专业小菜配送公司，结果一炮打响，年销售额竟然超过1500万元，这个小菜一碟还小吗？"小菜一碟"（解决了居民食用小菜的需要和不便问题）使胡小平获得了成功。

3.1.3 创新思维能力的构成

创新能力是一种综合能力，是人的思维功能、有限的心理素质和社会实践能力的有机整合和集中表现。我们观察创新人物的能力构成时，会发现没有一个是单一的，都是多种能力的综合，且具有鲜明的个性色彩。一般而言，影响创新思维能力的形成的因素有：

1. 知识与技能

创新思维的基础和原材料来源于知识、技能的累积，而知识、技能、经验、思维方式在创新思维的构成要素中，为创造力提供了基础，专业知识及创造学知识、思维方式直接影响创造力的高低。

2. 智能因素

创新思维能力中的智能因素分为三类：一类是一般智能，即观察力、注意力、记忆力、思维能力、想象力，它体现了人们检索、处理意见综合运用信息，对事物做简介、概括反应的能力，是人们从事一起活动都必需的能力，也就是所谓的智商。二类是创造性的思维能力，主要指发散思维能力，如创造性的想象能力、逻辑加工能力、思维调控能力、直觉思维能力、推理能力、灵感思维及捕捉机遇的能力等，它体现出人民在进行创造性思维时的心理活动水平，是创造力的实质和核心。三类是特殊智能，指在某种专业活动中表现出来的并保证这种专业活动获得高效率的能力，如音乐能力、绘画能力、体育能力、操作能力等。

3. 非智力因素

非智力因素主要包含两种因素。一种是创新意识，指对于与创新有关的信息及创新活动、方法、过程本身的综合觉察与认识，也可以简单地理解为创新的欲望，包括动机、兴趣、好奇心、求知欲、探究性、主动性、对问题的敏感性等。培养创新意识，可以激发创新动机，产生创新兴趣，提高创新热情，形成创新习惯。从某种意义上看，创新意识比创新方法更重要，尤其在创新的初期，因为创新意识能使人们自觉地关注问题，从而发现问题。创新的欲望决定了创新过程的发动，任何一个人如果他不去想创新，纵然再有才能，也不可能成功。另一种是创新人格因素，指创新过程中的创新动机、创新兴趣、创新热情、创新意志，开放的心理状态，包括怀疑精神、冒险精神、挑战精神、献身精神、使命感、责任感、事业心、自信心、热情、勇气、意志、毅力、恒心等。在创新活动中，创新热情往往是成功的关键。研究表明：知识与技能是创新获得的元器件，智力因素是创新获得的操作系统，非智力因素是创新获得的动力和保障系统。非智力因素以动机作用为核心对创新获得起着极其重要的作用。

3.1.4 创新能力公式与创新思维能力测试⊖

1. 创新能力公式

一个可以量化的创新能力的公式：

⊖ 本节中测试方式的资料来源：李士，甘华鸣.创新能力训练和测验［M］.合肥：中国科学技术大学出版社，2008.

$$\text{创新能力} = K \times \text{创造性} \times \text{知识量}^{\ominus}$$

公式中，K 是一个常量，亦可视为个体的潜在创造力；创造性，主要包括创新中的创新人格、创新思维及其所掌握的创新原理和方法的总和。

该公式还可以表示为：

$$\text{创新能力} = K \times (\text{创造人格} + \text{创造性思维} + \text{创新方法} + \cdots) \times \text{知识量}^{\ominus}$$

上述公式表明：知识量、创新思维能力与创新能力成正比。

2. 创新思维能力的测试

下面是 10 句描述，如果符合你的情况，则回答"是"，不符合则回答"否"，拿不准则回答"不确定"（评分见表 3-1）。

① 你认为那些使用古怪和生僻词语的作家，纯粹是为了炫耀。（　　）
② 无论什么问题，要让你产生兴趣，总比让别人产生兴趣要困难得多。（　　）
③ 对那些经常做没把握事情的人，你不看好他们。（　　）
④ 你常常凭直觉来判断问题的正确与错误。（　　）
⑤ 你善于分析问题，但不擅长对分析结果进行综合提炼。（　　）
⑥ 你的审美能力较强。（　　）
⑦ 你的兴趣在于不断提出新的建议，而不在于说服别人去接受建议。（　　）
⑧ 你喜欢那些一门心思埋头苦干的人。（　　）
⑨ 你不喜欢提那些显得无知的问题。（　　）
⑩ 你做事总是有的放矢，不盲目行事。（　　）

表 3-1　创新思维能力评分标准

题号	"是"评分	"不是"评分	"否"评分	题号	"是"评分	"不是"评分	"否"评分
1	-1	0	2	6	3	0	-1
2	0	1	4	7	2	1	0
3	0	1	2	8	0	1	2
4	4	0	-2	9	0	1	3
5	-1	0	2	10	0	1	2

评价：

第一，得分 22 分以上，则说明被测试者有较高的创新思维能力，适合从事环境较为自由、没有太多约束、对创新性有较高要求的职位，如美编、装潢设计、工程设计、软件编程人员等。

第二，得分 11～21 分，则说明被测试者善于在创造性与习惯做法之间找到均衡，具有一定的创新意识，适合从事管理工作，也适合从事其他许多与人打交道的工作，如市场营销。

⊖⊖ [美] W. H. 纽曼, E. 萨默著. 管理过程：概念、行为和实践 [M]. 李柱流, 等译. 北京：中国社会科学出版社, 1995：318-324.

第三，得分 10 分以下，则说明被测试者缺乏创新思维能力，属于循规蹈矩的人，做事总是有板有眼，一丝不苟，适合从事对纪律性要求较高的职位，如会计、质量监督员等职位。

3. 创造力测试

下面是 20 个问题，根据实际情况作答。如符合你的情况，请在（　）里打"√"，不符合的则打"×"。

① 听别人说话时，你总能专心倾听。（　）
② 完成了上级布置的某项工作，你总有一种兴奋感。（　）
③ 你观察事物向来很精细。（　）
④ 你在说话以及写文章时经常采用类比的方法。（　）
⑤ 你总能全神贯注地读书、书写或者绘画。（　）
⑥ 你从来不迷信权威。（　）
⑦ 你对事物的各种原因喜欢寻根问底。（　）
⑧ 你平时喜欢学习或琢磨问题。（　）
⑨ 你经常思考事物的新答案和新结果。（　）
⑩ 你能够经常从别人的谈话中发现问题。（　）
⑪ 当从事创造性的工作时，你经常忘记时间。（　）
⑫ 你能够主动发现问题，以及和问题有关的各种联系。（　）
⑬ 你总是对周围的事物保持好奇心。（　）
⑭ 你经常能够预测事情的结果，并正确地验证这一结果。（　）
⑮ 你总是有些新设想在脑子里涌现。（　）
⑯ 你有很敏感的观察力和提出问题的能力。（　）
⑰ 当遇到困难和挫折时，你从不气馁。（　）
⑱ 在工作上遇到困难时，你常能找到自己独特的方法去解决。（　）
⑲ 在解决问题过程中找到新发现时，你总会感到十分兴奋。（　）
⑳ 当遇到问题时，你能从多角度多途径探索解决它的可能性。（　）

评价：如果 20 道题答案都是打"√"的，则证明创造力很强；如果有 16 道题答案是打"√"的，则证明创造力良好，如果有 10～15 道题是打"√"的，则证明创造力一般，如果低于 10 道题答案是打"√"的，则说明创造力较差。

4. 工作创意测试（肯定 0 分，否定 1 分）

① 你在接到任务时，是否会问一大堆关于如何完成任务的问题？（　）
② 在你完成任务的过程中，你是否不善于思考，而习惯于找他人帮忙，或者不断问别人有关完成任务的问题。（　）
③ 在任务完成得不好时，你是否会找一大堆理由来证明任务太难？（　）
④ 对待多数人认为很难的任务，你是否有勇气和信心主动承担。（　）

⑤ 当别人说不可能时，你是否就放弃？　　　　　　　　　　　　　（　　）
⑥ 你完成任务的方法是否与他人不一样。　　　　　　　　　　　　（　　）
⑦ 在你完成任务时，领导针对任务问一些相关的信息，你是否总能答上来？（　　）
⑧ 你是否能够立即行动，并且工作质量总能让领导满意？　　　　　（　　）
⑨ 工作完成得好与不好，你是否很在意？　　　　　　　　　　　　（　　）
⑩ 对于做好了的工作，你是否很有条理地分析成功的原因和不足。　（　　）

评价：创新思维如果受试者能够得 10 分，就很棒了；能够得 7～9 分则过得去；如果低于 7 分就不尽如人意了；如果低于 5 分，受试者就需要培养创新意识了。

3.2 创新能力的开发与培养

创新能力是可以通过后天学习与训练来进行开发与培养的。目前，国内外对于创新能力开发与培养已经进行了大量卓有成效的研究工作，基本形成了具有理论性、操作性、前瞻性和现实性的理论体系。

3.2.1 创新能力的来源与障碍

创新能力开发涉及环境改善、动力供给、制度激励等方面，创新能力培养涉及人才战略和人才自身创新知识的学习、创新意识的形成、创新思维的拓展、创新方法的选择、创新实践的操作等方面。下面，我们将从创新能力的来源、影响因素及基本原理这三个方面对创新能力的培养与开发做一个总体概述。

1. 创新能力的来源

根据马克思主义认识论的基本原理，创新能力的来源是社会实践，即创新需要继承已有的基础、传统和成功的经验，这是其成功的前提，求实是从实际出发求实效，这是创新的本质要求。

具体到了实践层面来说，创新能力则出现于"意外"的机遇，新知识的产生，现实生活中的不协调现象，工作任务的需要，人文情况的变化，知觉和观念的变化等。

一般来说，常规思维是纵向、线性、收敛和刚性的思维方式，而创新思维是多向、发散性的，思维方式是辩证的。在中国古代，诸子百家中的兵家（孙子）与纵横家（鬼谷子）就很重视谋略思维。关于谋略的产生，人们通常认为，中、下略是常规思维的结果，上略是创造性思维的结果。因此，要以中略和下略作为设谋的起点。常规思维为正，创造性思维为奇，设谋要经历参正变奇和参奇再变的过程。只有具备了创造性思维，才有可能进行开创性的工作。

2. 影响创新能力的思想障碍

人的自我思想障碍与过度地依赖于常规思维，是创新思维形成的大敌，主要表现在四个方面。

第一，自我意识障碍：

自我意识上的障碍，主要是不能客观、公正地估计自己，自卑或自负。

① 认为自己没有创造力；

② 认为自己没受过某种专业训练，等等。

第二，情感障碍：

① 不敢冒险、害怕失败。如高创造性企业的开发失败率；

② 在情感上容不得"混乱"。如能否把洗衣机和小狗联系在一起；

③ 不会幽默，不会放松，不敢有游戏心。想象力、氛围和心态调整不好。

第三，认知障碍：

① 感知不敏锐。如塑料袋的多种形状、材质、用途等；

② 功能固定，自我限制。如大头针能用来做什么？

③ 过分遵守规则或人云亦云、崇拜权威。主要有三个表现：一是唯书，对书本、理论和文件的教条主义态度；二是唯上，唯上级和领导的马首是瞻；三是，因循守旧。

第四，动机障碍：

① 对创造不感兴趣，满足于做好常规工作。

② 只求了解，不求理解，没有深层探讨的驱动力。

③ 缺乏危机感。

3. 影响创新能力的主观因素

① 缺乏创新意识和创新欲望。进入大学后给自己将来的奋斗目标定位不够准确，往往仅满足于毕业后能找个好工作或是考取研究生，这在一定程度上影响了大学生创新意识和创新欲望的激发。

② 缺乏创新兴趣。当代青少年学生的兴趣往往随着时间、环境、心情而变化，对创新感兴趣的不多，更缺乏创新所需要的深度和广度，这对青少年创新能力的培养是很不利的。

③ 思维惯常定势。在长期的思维实践中，每个人都会形成自己所惯用的、格式化的思维模式，当面临外界事物或现实问题的时候，就会不假思索地把它们纳入特定的思维框架，并沿着特定的思维路径对它们进行思考和处理，这就是思维的惯常定势。它具有两个基本特点，一是它的形式化结构，二是它的强大惯性。正如法国生物学家贝尔纳所说："妨碍人们学习的最大障碍，并不是未知的东西，而是已知的东西。"

案例赏析

毛毛虫现象

法国心理学家约翰·法伯曾经做过一个著名的实验——"毛毛虫实验"：把许多毛毛虫放在一个花盆的边缘上，使其首尾相接，围成一圈，在花盆周围不远的地方，撒了一些毛毛虫喜欢吃的松叶。毛毛虫开始一条跟着一条，绕着花盆的边缘一圈一圈地走，一小时过去了，一天过去了，又一天过去了，这些毛毛虫还是夜以继日地绕着花盆的边缘在转圈，一连走了七天七夜，它们最终因为饥饿和精疲力竭而相继死去。约翰•法伯在做这个实验前曾经设想：毛毛虫会很快厌倦这种毫无意义的绕圈而转向它们比较爱吃的食物，遗憾的是毛毛虫并没有这样做。后来，科学家把这种喜欢跟着前面的路线走的习惯称为"跟随者"的习惯，把因跟随而导致失败的现象称为"毛毛虫效应"。

案例点评：毛毛虫习惯于固守原有的本能、习惯、先例和经验，而无法破除尾随习惯转向去觅食。后来，科学家把这种喜欢跟着前面的路线走的习惯称之为"跟随者"的习惯，把因跟随而导致失败的现象称为"毛毛虫效应"。导致这种悲剧的原因就在于毛毛虫习惯于固守原有的本能、习惯、先例和经验，毛毛虫付出了生命，却没有任何成果。其实，如果有一个毛毛虫能够破除尾随习惯而转向去觅食，就完全可以避免悲剧的发生。

无论在工作、生活还是学习中，我们经常会犯毛毛虫似的错误，一是思维存在惰性，二是思维定式，三是缺乏创新的思想，四是缺乏可行性目标。只有勇于突破才能成功。

④ 对科学的崇尚意识与参与行为之间存在较大反差。不可否认，部分青少年是具有创新动机的。他们对创新有一定的认识，也希望在学习和实践过程中产生新思想与新理论，但他们对科学的崇尚意识和参与行为之间却存在着很大反差。一方面他们在认识上追求创新，体现出了比较积极主动的精神状态；而另一方面，他们在行动上却迟迟不能落实，主动作用发挥不够，投身实践的勇气和能力欠缺。

3.2.2 创新能力培养与开发的原理

创新能力培养与开发的基本原理是指人类在创新活动中带有普遍性的、最基本的规律。具体包括：形成原理、普遍性原理和可开发性原理，培养和开发原理有压力原理、激励原理以及调节原理。这些基本理论的核心思想认为：

第一，人人皆有创造力，创造力在人群中呈现正态分布。

第二，人的创造力可以提高。通过开发，如克服心理障碍的方法，使原本压抑的创造潜力发挥出来；通过训练，学习前人总结的创造方法以改善解决问题的技巧和策略；通过环境和氛围的营造，激发人的创造力。

1. 创新能力形成的基本原理

创新能力形成的第一原理：遗传素质是形成人类创新能力的生理基础和必要的物质前提。它潜在决定着个体创新能力未来发展的类型、速度和水平。

创新能力形成的第二原理：环境是人的创新能力形成和提高的重要条件。环境优劣影响着个体创新能力发展的速度和水平。有许多不适合生产力发展的生产关系、专制体制需要变革。社会环境也很重要。

创新能力形成的第三原理：实践是人创新能力形成的最基本途径。实践也是检验创新能力水平和创新活动成果的尺度标准。如：袁隆平与杂交水稻。

创新能力形成的第四原理：创新思维是人的创新能力形成的核心与关键。创新思维的一般规律是：先发散而后集中，最后解决问题。

2. 创新的普遍性基本原理

创新的普遍性基本原理是指创新能力是人人都可具有的一种能力，有三层意思。

第一，创新人人可为。创新人人可为意指：创新能力并非只是少数人才具有的一种能力，而是人人都具有的，可以经过启发、教育、培训得到提升的一种潜在能力。

第二，创新时时可为。创新时时可为意指：在人的一生中，创新和创新能力是伴随着生命的存在而存在的，只不过不同的人表现不同，有的人少年早慧，在很小的时候就由于留心观察，勤于思考而有所成绩；也有的人大器晚成，到很大年纪时才有新感悟、有所创新。

第三，创新处处可为。创新处处可为意指：创新在各个领域各个行业乃至所有的方方面面，都无一例外地存在着，它涵盖了当今社会各行各业的所有工作和职业。

3. 创新的可开发性基本原理

创新的可开发性原理是指创新能力是可以通过教育、培训、开发、激励和实践等培养出来并能得到不断提升的一种能力。这是因为，在一个正常具有秩序的社会里，人世间的一切成功、业绩、财富乃至惊人的成就，都是依靠人的创新能力才取得的。而人与人之间之所以在成功、业绩、财富乃至成就上存在着很大的差异，很大程度上是由于他们面对机会时，每个人表现出来的创新能力本身就存在很大的差异。

可见，创新能力并非与普通人无缘，创新也并非高不可攀。只要我们按照创新的理论去学、去想、去练、去干，努力做到持之以恒，任何人都能掌握创新知识，都能学会创新的思维方法，都能通过有意识地使用这些知识、方法和技能进行创新创意的实践，并创造性地解决学习、工作和生活中的疑难问题，从而不断获得并提升自己的创新能力。

创新能力具有潜在性，在我们每个人的头脑中，创新天生就有一颗智慧的种子，在社会压力、经济压力、工作（环境）的压力下，形成创新的动力。信息激励、心理激励、机制激励激发了人们创新创造力的开发。

创新能力开发原理具体概括如下。

① 压力原理。其压力主要为社会压力、经济压力、工作（环境）压力。社会压力主要指来自制度、政策和法律等社会方面的压力。经济压力是指每个人对社会的需求层次是不相同的，其中有着最基本的生存需求。因为工作（环境）的需要而不得不进行某项创新创造性活动，这就是工作压力。

📥 创新案例

打工打来的专利,桩头发明创新的过程[⊖]

昆明冶金高等专科学生陈世宜同学由于家庭贫困,父母为了供他上大学,就一起来到昆明打工。父母在昆明找到一份工作,就是生产桩头。他们当时生产桩头的办法是先将地填平整密实,然后再将平整密实的地面挖出一个锥型,将混凝土浇灌其中,经振动器振动密实,待其自然硬化后将桩头边上的泥土挖开取出桩头。就这样父母和他们的工友们一天能生产 50~60 颗,课余时间陈世宜也加入了他们的队伍,但是仅 3 天就支持不住了。那样做既费时又费力,当时陈世宜就在想,可不可以将钢板铸就成桩头模具,直接用模具生产,效率不就可以提高很多吗?陈世宜将想法告诉了父母,当时他父亲不但不支持还说:"要是能,早就有人做出来了,哪还轮得到你来讲。"陈世宜想到,在学校开设的创新教育课中,老师曾讲到了发明创造并不在于技术的难易程度,而是在于它是否比现有的技术更先进,是否能够解决生产生活中的实际问题。所以陈世宜就下决心一定要做出一套模具,让父母和工友们减轻劳动负担。

此后,陈世宜每天都利用在专业基础课中学习到的制图知识在图纸上设计,同时还利用废弃的塑料瓶制作模型。实践是检验真理的唯一标准,于是陈世宜用自己做的模型反复进行实验,在实验中又发现了许多新问题,就查资料、想办法来解决所遇到的各种问题。在这个过程中,陈世宜感到发明创造需要的是胆大心细的做事作风,要敢于挑战新的难度,接受新的事物,在实际操作之前,应多设计几个方案,研究方案的可行性,取其精华,舍其糟粕,最后得出一个较优的方案,这样还可以将其余方案作为后备方案。大约经过 1 个月的时间,陈世宜终于研究出来了一套较优的方案,他耐心地将自己的想法及设计好的模型详细地给父母及工友们讲解,并且做了演示。他父母和工友看了演示都觉得不错,于是他们找了一家模具加工厂,按照陈世宜的图纸生产了 3 个模具,第二天,他们仅仅使用 3 个模具就生产了 84 个桩头,而且工作量大大减轻,这个看似简单却很实用的发明——"混凝土桩头预制成型模具"获得了国家专利。

② 激励原理。主要有信息激励、心理激励和机制激励。

在当今信息社会,一个创造者要善于识别、寻找那些对自己创新创造活动有利的信息,多看、多听、多写、多想、多记、多参加各种学说活动,这样才有利于自己创新创造力的开发。

心理激励尤其是创新活动中的讨论和争论有利于人们创新创造力的开发。在 1903—1905 年的 3 年中,爱因斯坦经常同索洛文、贝索等年轻朋友在瑞士一家咖啡馆聚会并研讨学术问题。爱因斯坦关于狭义相对论的第一篇论文就是在这种讨论中孕育的。在他的划时代著作里,爱因斯坦没有引用任何文献,但却提到了贝索对他的启发。

机制激励是指建立一些有利于人们开发创新创造力的纪律、制度、条文、法规,以

⊖ 资料来源:夏昌祥,罗玲玲.快乐的大学生发明家创新案例集锦[M].北京:知识产权出版社.

鼓励人们创新创造力的开发。如李克强总理提出的"大众创业，万众创新"；我国《专利法》的再次修改以及各种创新奖励条文的出台，均有利于激发人们创新创造力的开发。

③ 调节原理。对于创造者来说，在某一个时期的创新创造活动应该有一个相对稳定的奋斗目标。在抓住创新创造过程中的各种机遇以后，需要经过反复比较，对原有的目标进行适当的动态调节。

案例赏析

德福雷斯特为发明高效率的检波器，苦苦研究了四五年，但这时却从英国传来弗莱明发明真空二极管的消息传来，像闪电一般照亮了他前行的道路。德福雷斯特再也坐不住了，他一路小跑穿街走巷，选购玻璃管，添置真空抽气机，为自制电子管寻找材料。一边跑还一边思考，等到材料凑齐，设计方案也基本构思成熟。他选择了一段白金丝制作灯丝，也在灯丝附近安装了一小块金属屏板，把玻壳抽成真空通电后，果然也"追寻"到电子的踪迹。

然而，多年孜孜以求的苦思，德福雷斯特不愿就此中止有趣的试验。他沉思了一会，突然抓起一根导线，弯成"Z"形，小心翼翼地把它安装到灯丝与金属屏板之间的位置。这根导线，或许他想用来同时接收灯丝发射的电子，或许还想派上其他什么用途。殊不知他装上的这根小小的导线，竟会影响到20世纪电子技术的发展进程。

德福雷斯特极其惊讶地发现，Z形导线装入真空管内之后，只要把一个微弱的变化电压加在它的身上，就能在金属屏板上接收到更大的变化电流，其变化的规律完全一致，德福雷斯特发现的正是电子管的"放大"作用。后来，他又把导线改用像栅栏形式的金属网，于是，他的电子管就有了三个"极"——丝极、屏极和栅级，其中那个栅极承担着控制放大电信号的任务。1907年，德福雷斯特向美国专利局申报了真空三极管（电子管）的发明专利。

3.2.3 创新能力培养与开发的方法

创新能力自我培养与开发的途径就是首先从创新思维能力入手，进行创新思维能力和创造力的训练和开发。

1. 创新思维能力的培养与开发

第一，激发人的好奇心和求知欲。

这是培养创造性思维能力的主要环节。影响人的创造力的强弱，起码有三种因素：一是创新意识，即创新的意图、愿望和动机；二是创造思维能力；三是各种创造方法和解题策略的掌握。激发好奇心和求知欲是培养创新意识、提高创造思维能力和掌握创造方法与策略的推动力。实验研究表明，一个好奇心强、求知欲旺盛的人，往往勤奋自信，善于钻研，勇于创新。因此，有人说："好奇心是学者的第一美德。"

第二，培养发散思维和聚合思维。

这是发展创造性思维能力的重要方面。在人的创造活动中，既要重视聚合思维的培养，更要重视发散思维的培养。当前，各级学校比较重视求同思维的培养而忽视求异思维的训练。如有的教师往往按照一张标准答卷给分，而学生也往往按照固有的一个答案回答问题。这样，无形之中使学生形成了一个固定的思维模式，严重影响了学生的观察力、好奇心、想象力及主动性的发展。通过这种办法培养出来的只能是知识积累型的学生。发散思维本身有不依常规，寻求变异，探索多种答案的特点。具有良好发散思维的人，一般对新事物都很敏感，而且具有回避老一套解决问题的强烈愿望。所以应重视对学生发散思维的培养。

第三，培养直觉思维和逻辑思维。

这是培养创造性思维不可缺少的环节。所谓直觉思维，是指未经逐步分析而迅速地对解决问题的途径和答案做出合理反映的思维。如猜测、预感、设想、顿悟等。著名科学家爱因斯坦就具有极强的直觉能力。他非常重视实验。大学时，他用大部分时间在实验室里操作，迷恋于获得的直接经验。这些经验使他从马赫、休谟等人的著作中吸取合理的思想，抛弃其唯心论、不可知论的错误观点，从而形成自己一整套相对论的体系。

一般来说，知识结构只是一种"间架"，其中存在着很多"缺口"。这些"缺口"对于非常熟悉这个问题的人，就是一个非常具有吸引力的因素，他不仅有熟悉之感，而且能够对它"心有灵犀一点通"。这是过去长期积累的知识和辛勤劳动逐渐在头脑中搭起的一座从已知到未知的桥梁。因此，在当前情境启发下，才会表现出一瞬间的直觉反应。但是直觉思维往往不完善、不明确，有时是错误的。要使直觉思维达到完善，逻辑思维可认为是它的一个必要的检验、修改和订正的完善过程。因此，应把两者结合起来培养，会更有助于创造性思维的发展。

2. 培养创造性思维的方向

创造性思维是人类的高级心理活动。创造性思维是政治家、教育家、科学家、艺术家等各种出类拔萃的人才所必须具备的基本素质。心理学认为：创造思维是指思维不仅能提示客观事物的本质及内在联系，而且能在此基础上产生新颖的、具有社会价值的前所未有的思维成果。

由于创造性思维是在一般思维的基础上发展起来的，它是后天培养与训练的结果。卓别林为此说过一句耐人寻味的话："和拉提琴或弹钢琴相似，思考也是需要每天练习的。"因此，我们可以运用心理上的"自我调解"，有意识地从几个方向培养自己的创造性思维。

第一，展开"幻想"的翅膀。

心理学家认为，人脑有四个功能部位：一是整合外部世界刺激形成感觉的感受区；二是将这些感觉收集整理起来的贮存区；三是评价收到的新信息的判断区；四是按新的方式将旧信息结合起来的想象区。只善于运用贮存区和判断区的功能，而不善于运用想象区功能的人就不善于创新。据心理学家研究，一般人只用了想象区的 15%，其余的还处于"冬眠"状态。开垦这块处女地就要从培养幻想入手。想象力是人类运用储存在大脑中的信息进行综合分析、推断和设想的思维能力。在思维过程中，如果没有想象的参与，思考就发生困难。特别是创造想象，它是由思维调节的。

爱因斯坦说过："想象力比知识更重要，因为知识是有限的，而想象力概括着世界的一切，推动着进步，并且是知识进化的源泉。"爱因斯坦的"狭义相对论"就是从他幼时幻想人跟着光线跑，并能努力赶上它开始的。世界上第一架飞机，就是从人们幻想造出飞鸟的翅膀而开始的。幻想不仅能引导我们发现新的事物，而且还能激发我们做出新的努力、探索，去进行创造性劳动。

青年人爱幻想，要珍惜自己的这一宝贵财富。幻想是构成创造性想象的准备阶段，今天还在你幻想中的东西，明天就可能出现在你创造性的构思中。

第二，培养发散思维。

所谓发散思维，是指倘若一个问题可能有多种答案，那就以这个问题为中心，思考的方向往外散发，找出适当的答案越多越好，而不是只找一个正确的答案。人在这种思维中，可左冲右突，在所适合的各种答案中充分表现出思维的创造性成分。1979 年诺贝尔物理学奖金获得者、美国科学家格拉肖说："涉猎多方面的学问可以开阔思路……对世界或人类社会的事物形象掌握得越多，越有助于抽象思维。"比如我们思考"砖头有多少种用途"。我们至少有以下各式各样的答案：造房子、砌院墙、铺路、刹住停在斜坡上的车辆、作锤子、压纸头、代尺画线、垫东西、搏斗的武器，如此等等。

案例

电灯的发明

经过了几千次的失败，爱迪生终于在 1879 年年末第一次展现出了电的光亮，而爱迪生发明电灯的初衷，只是为了解决光线不足的问题，用途也仅限于为了人们的工作和生活照明。又经过了几百上千人持续 100 多年的不断创新——改变形状造型；改变颜色、亮度；改变连接方式、结构等，现在灯泡的用途之广，恐怕是爱迪生所始料不及的。在我们的生活中，到处可见五彩缤纷、琳琅满目的灯泡，除了照明之外，人们那丰富的想象力，叫人叹为观止！

今天，电灯的用途千变万化，例如：

应用在装饰上——霓虹灯、景观灯、背景灯、彩珠灯、花灯等；

应用在管理上——红绿灯、警灯、指示灯等；

应用在通讯上——信号灯、转向灯等；

应用在医学上——理疗、消毒等；

应用在加热上——浴霸、红外取暖器等；

应用在武器上——探照灯、强光灯、杀虫灭蚊灯等；

应用在工程上——测距、准直、找平、找缝等；

应用在养殖上——孵化箱、改变动物生物中的调光灯等。

第三，发展直觉思维。

所谓直觉思维是指不经过一步一步分析而突如其来的领悟或理解。很多心理学家认为它是创造性思维活跃的一种表现，它即是发明创造的先导，也是百思不解之后突然获得的硕果，在创造发明的过程中具有重要的地位。物理学上的"阿基米德定律"是阿基米德在跳入澡缸的一瞬间，发现澡缸边缘溢出的水的体积跟他自己身体入水部分的体积一样大，从而悟出了著名的比重定律。又如，达尔文在观察到植物幼苗的顶端向太阳照射的方向弯曲现象时，就想到了它是幼苗的顶端因含有某种物质，在光照下跑向背光一侧的缘故。但在他有生之年未能证明这是一种什么物质。后来经过许多科学的反复研究，终于在 1933 年找到了这种物质——植物生长素。

直觉思维在学习过程中，有时表现为提出怪问题，有时表现为大胆的猜想，有时表现为一种应急性的回答，有时表现为解决一个问题，设想出多种新奇的方法、方案，等等。为了培养我们的创造性思维，当这些想象纷至沓来的时候，可千万别怠慢了他们。青年人感觉敏锐，记忆力好，想象极其活跃，在学习和工作中，在发现和解决问题时，可能会出现突如其来的新想法、新观念，要及时捕捉这种创造性思维的产物，要善于发展自己的直觉思维。

第四，培养思维的流畅性、灵活性和独创性。

流畅性、灵活性、独创性是创造力的三个因素。流畅性是针对刺激能很流畅地做出反应的能力。灵活性是指随机应变的能力。独创性是指对刺激做出不寻常的反应，具有新奇的成分。这三性是建立在广泛的知识的基础之上的。60 年代美国心理学家曾采用所谓急骤的联想或暴风雨式的联想方法来训练大学生们思维的流畅性。训练时，要求学生像夏天的暴风雨一样，迅速地抛出一些观念，不容迟疑，也不要考虑质量的好坏，或数量的多少，评价在结束后进行。速度愈快表示愈流畅，讲得越多表示流畅性越高。这种自由联想与迅速反应的训练，对于思维，无论是质量，还是流畅性，都有很大的帮助，可促进创造思维的发展。

第五，培养强烈的求知欲。

古希腊哲学家柏拉图和亚里士多德都说过，哲学的起源乃是人类对自然界和人类自己所有存在的惊奇。他们认为：积极的创造性思维，往往是在人们感到"惊奇"时，在情感上燃烧起来对这个问题追根究底的强烈探索兴趣时开始的。因此要激发自己创造性学习的欲望，首先就必须使自己具有强烈的求知欲。而人的欲求感总是在需要的基础上产生的。没有精神上的需要，就没有求知欲。要有意识地为自己出难题，或者去"啃"前人遗留下的不解之谜，激发自己的求知欲。青年人的求知欲最强，然而，若不加以有意识地发展智力，追求到科学上去，就会自然萎缩。求知欲会促使人去探索科学，去进行创造性思维，而只有在探索过程中，才会不断地激起好奇心和求知欲，使之不枯不竭，永为活水。一个人，只有当他学习的心理状态，总处于"跃跃欲试"阶段的时候，他才能使自己的学习过程变成一个积极主动"上下求索"的过程。这样的学习，就不仅能获得现有的知识和技能，而且还能进一步探索未知的新境界，发现未掌握的新知识，甚至创造前所未有的新见解、新事物。

3. 开发创新能力的方法

创新思维训练的基本原则包括两点：一是养成打断思维的习惯，二是通过学习开阔视野。具体说，创新能力的开发围绕以下四个方面进行。

第一，多学、活学知识和技能。

汲取多学科知识，学习永无止境，不能浅尝辄止。

牛顿说："我之所以比别人看得更远些，是因为我站在巨人的肩膀上。我不知道在别人看来，我是什么样的人；但在我自己看来，我不过就像是一个在海滨玩耍的小孩，为不时发现比寻常更为光滑的一块卵石或比寻常更为美丽的一片贝壳而沾沾自喜，而对于展现在我面前的浩瀚的真理海洋，却全然没有发现。"创新不是空想，知识和技能是创新的基础。至少有开启人头脑的功能，要充分发挥开启功能，关键在于我们所学的知识是否基础而灵活，能否举一反三。在同一种信息作用下，有人顿悟了，有人毫无感觉。这与吸收着原有的知识结构和观念状态有关。知识的优化需要掌握基础知识，哲学、语文、外语、数学、物理、计算机，专业知识、相关知识、软科学知识、经验知识等。创新除与专业知识密切相关外，还常常与专业以外其他知识的掌握和运用密切相关。因此，应以本专业的基础知识为核心，建立起创造发达的"游击区"，使专业知识与其他知识相互渗透，组成一个网络式整体结构。如欧几里得几何学的创立就是知识与知识的碰撞、融合产生的创新。

第二，树立创新意识，培养创新精神。

创新意识是指人们根据社会和个体生活发展的需要，引起创造前所未有的事物或观念的动机，并在创造活动中表现出的意象、愿望和设想，自觉或自发创造活动的一种心理准备状态。创新意识表现为一种内在的创新欲望，表现为在创新活动中有高度的热情、足够的自信心、独立思考和勇于探索的品质，是人类意识活动中一种积极的、富有成果性的表现形式，是人们进行创新活动的出发点和内在动力，是创新能力的前提。人的创新意识是在对创新活动认识的基础上形成的，是在创新获得过程培养起来的。"学贵有疑"，我们在学习过程中产生了问题，要勇于探究，把握好内在的创新欲望，自信心、独立思考和勇于探索的品质，培养自己创新的积极性、主动性，平时多锻炼自己，创新意识自然就培养起来了。

第三，训练创造性思维，学习创新技法。

创新有法可依，创新技法就是按照创新活动的范围划分工艺创新技法、能力创新技法，是创造学家总结出来的原理、技巧和方法。创新技法是非程序化的创造，它本身也是一种探索的活动，它有规律可循，但又不像自然科学规律那样可以用数学公式来表达，而是带有模糊性。人们在这种模糊规律的指导下，尝试着用某种方法去解决创新问题，在能熟练运用创新技法后，必然逐步产生经验，从而自如选择用哪种方法。

创新、创造、发明的关键是能够发现问题、提出问题。因此，代表性的创新技法有：设问法，"是什么""为什么""如何……"；此外，还有奥斯本检核表法、5W2H法、和田十二法、希望点列举法、缺点列举法、组合法、移植法、头脑风暴法及TRIZ理论等。

第四，参加创新实践。

创新能力是一种潜在的能力，它只有通过个人在一定环境和科学技术条件下的具体实践获得来显现。因此实践是人创新能力形成的根本途径。在改造世界的实践中，通过"尝试—纠错"式学习、边学习边创新。大学生在校期间可参加团中央举办的"青春在沃"挑战杯的创业计划、创业项目、创新发明以及国家教育部的"互联网+"竞赛，以及各专项竞赛活动，在创新工作室、创业孵化器里夯实创新实践能力。

3.2.4 经典创新训练技法：5W2H训练法

1. 基本步骤

① 对现有项目、工序、操作、产品，从七个角度提问，检查合理性；
② 对七个方面问题逐一解答，列出难点、疑问；
③ 分析研究，提出改进措施，确定方案。

2. 注意事项

① 5W2H法的七个问题紧密联系、相辅相成，应全面考虑、分析各方面的情况和因素，找出核心问题，提出改进措施；
② 也可根据实际情况，增加提问项目，扩展问题范围，使思考更深入；
③ 可把各项用表格列出，使问题、原因、措施一一对应，简洁明了。

3. 5W2H法创新案例：某省核电厂建设分析

📥 案例

某省拟建一座核电厂，能源部、财政部和发展计划委员会等有关部门就要针对核电厂的建设问题，拟定一份问题要点进行分析研究，并提出解决问题的方案。

① 要干什么？（What）在研究该省核电厂的建立问题时，就是用系统分析方法探讨在该省建设核电厂的可行性如何。

② 为什么在该省建立核电厂？（Why）因为该省自产能源很少，历来靠从外部调进原油和煤炭发电，调进能源受经济、交通运输等影响太大，同时也为了减少环境污染，在经济上取得更廉价的电力。

③ 何时建立为宜？（When）电力是工业的先行官，要发展经济首先要发展电力工业。当前世界屡发能源危机，因此，为保证经济的稳定与发展，建设核电厂是刻不容缓的

事情。

④ 何处建厂为宜？（Where）从避开地震、断裂带、海啸、流沙区而又有足够冷却水，远离人口密集的中心城市而又比较接近用电地区等方面来看，选址在该省南部沿海为宜。

⑤ 由何单位承建？（Who）由核工业部门及电力公司负责建设，并请工程顾问公司提供各种技术方面的咨询服务工作。

⑥ 如何进行？（How）工程进度应服从十年发电规划，具体技术细节还须由工程顾问公司做进一步调研后再提出。

⑦ 投入多少？（How much）按照国家能源局发布的核电厂建设项目建设预算编制办法做出预算。投入商业运行后，由国家发展改革委员会、财政部、国防科工委研究确定费用征收标准。

3.2.5 经典创新训练技法：和田十二训练法

1. 基本内容

"和田十二法"内容包括十二个"一"

加一加	减一减
扩一扩	缩一缩
变一变	改一改
联一联	仿一仿
代一代	搬一搬
反一反	定一定

2. 应用案例1："书，是用来种的！"中国瓜果书创意产业基地

中国瓜果书创意产业基地在充分吸收日本、美国创意设计的基础上，自主设计研发出来的瓜果书系列产品开创性地集合了时尚创意和园艺科学理论的本质。目前，国内瓜果书的设计和制作尚处于初期发展阶段，中国瓜果书的设计富有创意并体现了瓜果书的精髓。

瓜果书最早起源于日本，日本最早致力于农业高新技术产业化研发推广，瓜果书的设计和制作发轫于创意产业的勃兴和园艺科学理论的发展。在日本农产省和日本有机农业研究会的共同推进下，瓜果书应运而生。瓜果书，通俗讲来，就是一种"书本里能长出花花草草、瓜瓜果果的有机书"。但这个美丽的童话有着坚实的科学依据和基础。瓜果书，本质上是科学和设计的巧妙结晶；是结合了工业设计的先进理念和园艺科学的成熟技术，从而打造出的极具创新意识的工业产品。

瓜果书里边含有有机介质，营养介质以及迷你种子。在日本，各地商场和书店均有"瓜果书"出售，诸如"番茄书""黄瓜书""茄子书"等应有尽有。这些外貌似书本的产品表面包装有防水纸，其内塞有石绒、人造肥和种子等。人们购回后按照其内附赠的种植说明,只要每天浇水,便能长出手指粗细的黄瓜、弹丸似的番茄、拳头大的茄子等;一般情况下,一本"番茄书"经培育可长出150～200个迷你果,一本"黄瓜书"可结出50～70条袖珍瓜。这种时尚新颖的创意产品一度在日本成为最为畅销的工艺创意产品。

瓜果书在欧洲美国的发展日渐成熟,以美国为例,美国的瓜果书更加注重无土栽培技术在瓜果书中的应用,同时将瓜果书的外观设计加以多样化。瓜果书在美国发展的显著特征便突出反映在技术优势和产品外观设计多样化上。

3. 应用案例2:绷带变油管

日本有一支探险队,历尽千辛万苦来到南极。在队长的指挥下,大家齐心协力把一根根铁管连接起,准备铺设一条输油管道,然后把船上的汽油输到基地。眼看管道就要接通了,这时,大家突然发现输油管不够长!于是队员们四处寻找,可他们翻遍基地每个角落,都找不到一根管子。看着尚未接完的管道,大家不知所措。这时,有个聪明的队员突然灵机一动:"为什么我们不可以用冰来做管子呢?"

只见他从基地仓库里翻出很多医用绷带,然后把它们缠绕在一根铁管上,用水淋湿。待水微微结冰时,他把绷带"冰管"轻轻地从铁管上抽出来,然后再浇上些水。不久,一根绷带加冰做的管道就出现了。队员们如法炮制,最终成功地解决了这个难题。

案例点评:因地制宜会让许多事物有意想不到的用途。

3.3 创新人格

我们已经了解,创新能力是为了达到某一目标,综合运用所掌握的知识,通过分析解决问题,获得新颖、独创的,具有社会价值的精神和物质财富的能力。同时,创新能力是个体的一种创造力,它从来就不是孤立地存在于个体的心理活动中的,而是与每个人都具有的人格特征紧密相连的。古今中外科学发展史的实践证明,优秀的创新人格特征是创造力充分发挥的必备心理品质。一般来说,对科技发展和人类进步有突出贡献的科学家都具有优秀的人格特征,其中坚定的事业心、强烈的责任感、勇于探索,敢于创新的精神尤为重要。

3.3.1 创新人格的概念与内涵

创新人格是创新主体进行创新活动的重要能力基础。一个人的核心竞争力集中体现在具有优势的竞争能力上,而竞争能力由资源的整合能力、新知识的学习能力、技术的革新能力、人际的协调能力、环境的适应能力等方面得以综合体现,而这些能力正是创新人格的外化。创新人格不仅仅意味着思维的质疑性、独立性、原创性,还意味着行为的有恒性、敢为性、灵活性和自律性。具有创新人格的人在追求创新目标上的有恒性、在实施创新构想上的敢为性、在克服创新困难上的灵活性和在控制创新行为上的自律性,都为其提升竞争能力、凸显竞争优势,最终为形成创新能力提供了极好的基础。

1. 创新人格概念

人格（personality），又译为性格，指人类心理特征的整合、统一体，是一个相对稳定的结构状态。人格是一种具有自我意识和自我控制能力，具有感觉、情感、意志等机能的主体。它可以离开人的肉体，离开人所处的物质生活条件，而独立存在于人类的精神文化维度里。

创新人格是指具有创新活动倾向的各种心理品质的总和。它具有高度的自觉性和独立性，是一种个人品质与德行。创新人格是创新主体进行创新活动的心智基础。创新能力的形成，是以创新人格的培育为基础；创新能力的培养，是以创新人格养成为重要目标。创新人格，是创造性活动成功的关键，反映的是创新主体良好的思想面貌和精神状态。

2. 创新人格的特点与内涵

创新人格的特点表现为：具有强烈的好奇心、开放的心灵、独立的思维、独特的个性（核心是独立生存的自信心）、不进则退的进取心、百折不挠的坚韧心、胸怀社会的责任心。创新人格主要具有四个方面的内涵。

第一，创新动机：这是促使人们主动追求和参与创新活动的一种内部力量。创新动机有两种：有外部客观因素所激发而来的动机，叫作外部创新动机，它的动力作用小，维持时间短；由内部心理因素转化而来的动机，叫作内部创新动机，它的动力作用大，维持的时间长。在大学生创新活动中，这两种创新动机要有机结合。

第二，创新兴趣：这是人们积极关注或参与创新活动的一种心理倾向。创新兴趣有两种，终极的创新兴趣由创新活动本身所引起，即它对人有吸引力，参与者总感到津津有味、乐此不疲；间接的创新兴趣则是由创新活动的目的所引起的，即它的结果对人们或社会有莫大的好处，所以参与者就能克服困难，完成创新活动。在创新活动中，应善于将这两种创新兴趣统一加以利用。

第三，创新热情：这是人们积极追求和参与创新活动的一种比较强烈、稳定而深厚的情感。积极的创新热情指具有个人与社会价值的创新，它能使人们在创新活动中取得辉煌的成就。而消极的创新热情则指向毫无意义的创新（想发明永动机），它会成为人们前进道路上的绊脚石。我们应当养成积极的创新热情，从事有价值的真正的创新活动。

第四，创新意志：这是具有明确目的，克服一定困难，能够调控心理与行为，参与和坚定完成创新活动的一种心理倾向。要想开展创新活动、结出创新成果，必须具有坚定的创新意志，做到持之以恒、坚持到底。

案例赏析

幼儿园培养的诺贝尔奖获得者

1978年，全世界诺贝尔奖获得者在法国巴黎聚会。有记者问当年的诺贝尔物理学奖得主卡皮查："您在哪所大学、哪个实验室里学到了您认为是最主要的东西？"

出人意料的是，这位白发苍苍的老人回答道："是在幼儿园。"

记者愣住了，又问："您在幼儿园学到了些什么呢？"

老人如数家珍地说道："把自己的东西分一半给小伙伴们，不是自己的东西不要拿，东西要放整齐，吃饭前要洗手，做了错事要表示歉意。午饭后要休息，学习要多思考，要仔细观察大自然。从根本上说，我学到的全部东西就是这些。"

所有在场的人对这位诺贝尔奖获得者的回答报以热烈的掌声。

案例点评：俗话说，没有好习惯，成功不容易；有了好习惯，失败不容易。

什么是好习惯？可以把好习惯这三个字分开来理解：

好，就是优秀的，有利于自身成长、发展的，对社会、他人有利的。习，其繁体字是習，上面是羽毛，下面是小身体，表示初生的小鸟要不断地扇动翅膀，勤于练习，才能够飞翔在蓝天碧海上。惯，就是习得的惯性。

著名儿童教育家、心理学家陈鹤琴教授说：人类的动作十之八九是习惯，而这种习惯大部分是在幼年养成的。幼年时期，应当特别注重习惯的养成……习惯养得好终身受其福，习惯养得不好则终身受其害。

3.3.2 创新人格的功能

创新人格作为一种非智力因素，能以其独特的功能对学生起到激发创新欲望、强化创新意识、运用创新思维、树立创新精神、增强竞争意识等作用，主要表现在三个方面。

第一，动力功能：达尔文曾说："我从小就有弄懂和解释所看到的一切事物的强烈愿望，想把所有的事物都归结到几个共同的规律中去。"由此可见，人格中的积极因素，如强烈的创新动机、甘冒风险的强烈情感、坚韧不拔的奋斗意志、高尚坚定的人生信念，能使学生的认知能力得以提升，对创新活动产生强烈而持久的驱动作用，从而推动创新活动的开展和创新目标的实现。同时，强烈的好奇心、浓厚的兴趣和高涨的激情可以激发学生的想象力和创新思维得以充分发挥，从而推动创新过程的发展。

第二，选择功能：人格中的需要、兴趣、情感等因素与创新项目的选择、创新活动的开展等具有高相关性。创造之所以形成，大部分是基于需要的推动，只有当创新成为人们的内部需要时，他们才会产生积极肯定的情感体验，把创新活动坚持下去。

第三，价值导向功能：健康的价值观不仅可以激发学生的创新精神，还可以保证创新的正确方向。拥有健康人格的创新者，将追求经济利益作为更好地实现自己价值的一种途径，他们把物作为手段而不是目的来对待，通过充分利用物来开发自己的潜能，以实现人生的最大价值。

3.3.3 创造性人格测验

托兰斯创造思维测验（TTCT）是由美国明尼苏达大学的托兰斯（E.P.Torrance）等人于20世纪60年代编制而成，是目前应用最广泛的创造力测验，适用于各年龄阶段的人。

主要考察流畅性、灵活性、独创性、精确性这几个变量。

托兰斯测验由言语创造思维测验、图画创造思维测验以及声音和词的创造思维测验构成。这些测验均以游戏的形式组织、呈现，测验过程轻松愉快。其中，托兰斯在1965年编制了简便、易行、有效的创造性人格自陈量表《你属于哪一类人》，其中包括66个从50项有关研究中收集来的创造性人格特征。

下面是托兰斯创造性人格自陈量表中的一些例题。在完成该测验时，被试需根据与自己相符合的情况，在每项后面的括号里打上"√"或"×"。

① 办事情、观察事物或听人说话时能专心致志。（　　）
② 说话、作文时经常用类比的方法。（　　）
③ 能全神贯注地读书、书写和绘画。（　　）
④ 完成老师布置的作业后，总有一种兴奋感。（　　）
⑤ 敢于向权威挑战。（　　）
⑥ 习惯于寻找事物的各种原因。（　　）
⑦ 能仔细地观察事物。（　　）
⑧ 能从别人谈话中发现问题。（　　）
⑨ 在进行创造性思维活动时，经常忘记时间。（　　）
⑩ 能主动发现问题，并能找出与之有关的各种关系。（　　）
⑪ 除日常生活外，平时大部分时间都在读书学习。（　　）
⑫ 对周围事物总持有好奇心。（　　）
⑬ 对某一问题有新发现时，精神上总感到异常兴奋。（　　）
⑭ 通常能预测事物结果，并能正确地验证这一结果。（　　）
⑮ 即使遇到困难和挫折，也不气馁。（　　）
⑯ 经常思考事物的新答案和新结果。（　　）
⑰ 具有敏锐的观察力以及提出问题的能力。（　　）
⑱ 在学习中，有自己选定的独特研究课题，并能采取自己独有的发现方法和研究方法。（　　）
⑲ 遇到问题时，常能从多方面探索可能性，而不是固定在一种思路或局限在某一方面。（　　）
⑳ 总有新设想在脑子里涌现，即使在游玩时也能产生新设想。（　　）

评分标准：每项肯定回答记一分，最后总数加总，总分0~9分为创新性水平较低，10~13分为一般，14~17分较好，18~20分为优秀。

3.4 创新人格的培养与训练

我们认为：播种思想，收获行为；播种行为，收获习惯；播种习惯，收获人格；培养人格，收获命运。创新人格，收获成功。

3.4.1 创新人格培养的原则

人格教育作为有目的、有计划地发展和完善受教育者人格凭证的教育活动，本身是一项极其复杂而细致的工作，他的实施是一个相当巨大的系统工程，涉及多种变量，需要遵循必要的原则。实施的途径、方式、方法是多种多样的，其功效各有千秋，不能绝对化。因此，人格教育的关键莫过于对人格教育对策进行优化组合。为此，应遵循好以下原则。

第一，认知改善、情绪体验与行为训练相结合的原则。

人格特征既不是单纯的思想观念，又不是短促的行为方式，而是认知、情绪和行为紧密联系的综合体或心理—行为结构，要培养这种内在心理和外显行为表里一致的机构，不仅要从内在思想观念入手进行认知教育，而且要从外在行为方式入手进行行为训练，在行为训练过程中进行情绪体验，从而加深认知、改善认知，进而调节和控制自己的行为。在人格教育中，重视情感、意志这些把知转化为性的中间环节的培养。在现实生活中的特定情境中获知、育情、炼意、导行，实现知、情、意、行的和谐均衡健康发展，达到身心的统一、人与社会的协调。

第二，自我教育和终生教育的原则。

人格培养是一种终身的自我教育，只有通过自我教育才能不断地建构个体均衡的人格结构。人格教育特别强调培养受教育者自尊、自爱、自重和自我完善的精神，以及积极乐观的生活态度。因为只有这样，受教育者才会根据人类社会的进步发展，生存系统中要素的改变进行观念更新、知识更新、态度更新这些心理的自我调节与控制，更好地为社会的进步、科学的发展、民族的昌盛而奋斗。从根本上将，人格的发展史个人主动自觉的过程，其成效主要依赖于个体自我检索意识的强弱和所付出的努力。因此，人格教育必须坚持自我教育和终身教育的原则。

第三，人格要素的整合发展原则。

人格培养本身是一个人格整合的过程。随着个体社会化的进程，人格的各方面要素总是逐渐由不成熟发展到成熟。由最初的互不相关发展到和谐统一的状态。人格的整合永远不会停止，而且随着环境的变化不断发生着变化。对于青少年来说，经历了儿童期人格的发展已使其具备了一定水平。对其进行人格教育应该在重视发展各方面人格要素的同时，把重点放在人格要素的整合上。要在继承和发扬原有的人格品质的基础上进一步发展及改进那些新时代、新生活所需要的人格成分，补充已有人格成分的不足，抛弃那些已落后于社会发展需要的旧有人格成分，把新时期倡导的、传统文化中固有的有益成分，按照新时代、新生活的要求进行调整和融合，实现生理和心理的统一、思想与行为的统一，知识、能力、品德的协调。

3.4.2 创新人格自我培养的途径

我们以大学生为例，给出五项创新人格自我培养的途径。

第一，在日常生活中培养创新人格。

生活是无声的老师，人格是由无数个"日常小事"形成、发展的，创新人格的培养不是一蹴而就的。独立做好每件事，用好奇、敬畏的眼光看待周围的一切，动手去做，去改造生活，养成良好的生活习惯、科学的思维方式、健康的行为模式，良好的人格就形成了。

第二，在教育学习中培养创新人格。

教育与学习是一种有目的、有计划、系统性地培养人的活动，在完成常规学习任务同时，还以培养学生良好人格品质为目的，是人格培养的主要途径。学生在学习中可以培养广泛的兴趣、获得成就感、培养自信心、形成独立性、磨炼意志力等，为向创新人格的形成提供一个广阔的"练兵场"。

第三，在班级、团队活动中培养创新人格。

大学是一个充满朝气的场所，如班会、报告会、社团活动、各种比赛、文艺演出等活动，在这些活动中不仅可以开阔眼界、扩大交往、获得知识、培养能力，同时还可以培养、发展创新人格。

第四，在社会实践中培养创新人格。

人格教育不能仅仅局限于课堂教学和校内，其房屋还应延伸至校外，各种社会实践活动是人格教育的重要途径之一，如参观访问、社会调查、公益活动、业余兼职、实习实训，等等。在社会实践活动中，大学生有了充分展示自我的空间和发挥其主观能动性与创造性的平台，可以弥补第一课堂的不足，将理论与实践融为一体，推动理论知识的转化和拓展，在解决实际问题的同时，培养了大学生的创新人格。

第五，在游戏训练中培养创新人格。

大学生可以通过拓展训练、团体辅导活动、模拟游戏、角色扮演等途径进行创新人格的培养。这些游戏、训练以其新颖独特的形式、运用体验式的学习模式，强调"从做中学"，培训大学色的团队意识、良好的沟通交流、社交能力，可以发掘大学色的潜能、培养其自信心、创新精神和解决问题的能力。

3.4.3 创新人格自我培养的方法

1. 抓住兴趣和好奇心，培养创新意识

爱因斯坦说"想象力比知识更重要"。想象力和好奇心是创新的关键。抓住好奇心，就是抓住了生活、学习、社会中的许多新奇的思维和现象，并持续关注。具体可以从以下几个方面做起。

第一，关心、了解社会科技等周围事物的变化。

第二，学会发现问题。问题是一切发明与创新的起点，只有提出了问题，才能抓住制约事物发展的关键点。

第三，积极探究问题。带着问题进行观察、思考、寻求解决问题的方法。

2. 不断地收获成功，增强自信心

始终相信自己、想象自己的所欲，是创新者必备的创新素质，是实现创新理想的信息之源。大学生应当做到：

第一，创造各种机会，不断地体验成功。认真、投入地对待每一件事情，是取得成功的基础。积极参与大学生丰富多彩的活动，是收获成功的途径，不断提高各方面的能力，是不断成功的保障。

第二，为自己的成功，适时、合理地赋予价值。没有价值的行动，即使干得再出色，也不会产生真正的自我效能感和自信心。

3. 训练批判思维，培养独立性

第一，能够打破常规，突破思维定式。循规蹈矩、常识和惯性思维是阻碍创新的固有思维，应有怀疑精神，敢于突破思维定式。

第二，善于质疑，独立地提出问题、解决问题。正确地质疑、善于独立地提出问题和解决问题是批判性思维的外在表现。

第三，在生活、学习、心理等方面能够独立。养成生活上的独立习惯，是培养独立性最重要的途径，大学生生活和心理上的自理能力增强了，对创新人格的形成也是有帮助的。

4. 树立正确的价值观，增强责任心

培养学生的创新价值观，首先要消除学生对创新的神秘感，要确立人人都可以创新，都能创新的意识。其次学习伟人、名人及身边的创新者，学习他们的创业精神，树立正确的价值观。做到以下两个方面。

第一，转变观念，提高认识；

第二，以天下为己任，敢于创新。

5. 培养意志品质，提高对挫折的耐受力

创新活动是一个艰苦的过程，不仅要在思维上突破常规，在行为上不同寻常，而且还需要忍受问题明朗之前的漫长实践和"试误"，不能半途而废，要坚持到底，这一过程充满了艰辛和困苦。因此。创造者必须能够忍受痛苦和经受失败的考验。为此，要注意做好以下四点。

第一，培养意志应从养成克服较小困难的习惯开始，而随着时间的推移再去克服较大的困难。

第二，经常用榜样、名言、格言对照自己，检查自己。

第三，已做出的正确决定应严格贯彻执行。

第四，加强自我修养，提高自我认识。

6. 培育良好的竞争精神和善于合作的创新禀赋

创新人格的必备要素就是要树立强烈的竞争意识和善于合作的素养，置身于团队中，

同他人真诚合作、信任、荣辱与共，从而获得创新的帮助，获得安全感、平衡感和自信心，这是创新人格不可或缺的内在禀赋。

7. 避免不良人格的形成

创造力是人类的一种普遍的心理能力，是人类心理机能的最高表现，它需要个体各种心理机能的协调和完善，也就是说，它必须依赖人格的健全和完善才能得以实现。吉尔福特指出：尽管每个个体都具有巨大的创造潜能，但由于人格的不健全，会导致心理健康水平的下降，就失去了最佳的心理调节。因此，要培养良好的创造力，必须防止焦虑、妒忌、偏狭、违拗、冷漠等不良人格的形成。

3.4.4　创新人格团体训练方案1：霍兰德职业兴趣岛测试

1. 游戏目的

很多同学在面临毕业或实习的时候，困惑自己到底该选择什么样的工作？是遵循自己的专业领域还是选择一个自己喜欢的工作？

这一测试就是要引导学生探索自己的兴趣，学会处理兴趣与专业、职业、社会发展的关系，鼓励学生创新思维。

2. 测试内容

我们先来参观一下6个神奇的职业兴趣岛（见图3-1），并回答其中的问题。

3. 测试规则

你总共有15秒钟时间回答以下问题，注意回答时主要强调的是自己兴趣的偏好价值，而非社会价值。

① 如果你必须在6个岛之中的一个岛上生活一辈子，成为这里岛民的一员，你第一会选择哪一个岛？

② 你第二会选择哪一个岛？

③ 你第三会选择哪一个岛？

④ 你最不愿意选择哪一个岛？

选好之后，依次记下4个问题的答案。

4. 测试分析

ACEIRS这6个岛事实上分别代表了6种职业类型，它们的描述以及矛盾关系如下：

A岛——艺术型（Artistic）vs C岛——常规型（Conventional）

E岛——企业型（Enterprising）vs I岛——研究型（Investigative）

R岛——实用型（Realistic）vs S岛——社会型（Social）

问题1的答案体现了你最显著的职业性格特征、最喜欢的活动类型以及最喜欢（很可能是最适合）的大致职业范围。反之，问题4的答案则是你最不喜欢的活动等。各岛

的具体含义如下:

A 岛——美丽浪漫岛

这个岛上到处是美术馆、音乐厅，弥漫着浓厚的艺术文化气息。岛民们保留着传统的舞蹈、音乐与绘画，许多文艺界人士都喜欢来到这里，开沙龙派对，寻找灵感。

C 岛——现代井然岛

岛上处处耸立着现代建筑，标志着这是一个进步的、都市形态的岛屿。岛上的户政管理、物业管理及金融管理都十分完善。岛民们个性冷静保守，办事井井有条。

E 岛——显赫富庶岛

岛上的居民热情豪爽，善于企业经营和贸易。岛上的经济高度发达，处处是高级饭店、俱乐部、高尔夫球场。岛上往来者多是企业家、经理人、政治家、律师等，这些商界名流与上等阶层人士在岛上享受着高品质的生活。

I 岛——深思冥想岛

这个岛平畴绿野，人少僻静，适合夜观星象。岛上有很多天文馆、科技博物馆、科学图书馆。岛上居民喜好沉思、钻研学问、探究真知、喜欢和来自各地的哲学家、科学家讨论学术问题，交流思想。

R 岛——自然原始岛

岛上保留有热带的原始植物，自然生态保持得很好，也有相当规模的动物园、植物园、水族馆。岛上居民以手工见长，自己种植花果蔬菜、修缮房屋、打造器物、制作工具。

S 岛——温暖友善岛

岛上居民性情温和、十分友善、乐于助人，社区均自成一个密切互动的服务网络，人们多互助合作，重视教育，弦歌不辍，处处充满着人文关怀气息。

图 3-1 霍兰德职业兴趣岛测试

A 岛——艺术型（Artistic）

总体特征：属于理想主义者，具有独创的思维方式和丰富的想象力，直觉强烈，感情丰富。喜欢活动：喜欢创造和自我表达类型的活动，如音乐、美术、写作、戏剧。喜欢职业：总体来讲，喜欢"非精细管理的创意"类和创造类的工作。如音乐家、作曲家、乐队指挥、美术家、漫画家、作家、诗人、舞蹈家、演员、戏剧导演、广告设计师、室内装潢设计师。

C 岛——常规型（Conventional）

总体特征：追求秩序感，自我抑制，顺从，防卫心理强，追求实际，回避创造性活动。喜欢活动：喜欢固定的、有秩序的活动，如组织和处理数据等。愿意在一个大的机构中处于从属地位，并希望确切知道工作的要求和标准。喜欢职业：总体来讲，喜欢有清楚的规范和要求的、按部就班、精打细算、追求效率的工作。如税务专家、会计师、银行出纳、簿记、行政助理、秘书、档案文书、计算机操作员。

E岛——企业型（Enterprising）

总体特征：为人乐观，喜欢冒险，行事冲动，对自己充满自信，精力旺盛，喜好发表意见和见解。喜欢活动：喜欢领导和影响别人，或为达到个人或组织的目的而说服别人，成就一番事业。喜欢职业：总体来讲，喜欢那种需要运用领导能力、人际能力、说服能力来达成组织目标的职业。如商业管理者、市场或销售经理、营销人员、采购员、投资商、电视制片人、保险代理、政治运动领袖、公关人员、律师。

I岛——研究型（Investigative）

总体特征：自主独立，好奇心强烈，敏感，并且慎重，重视分析与内省，爱好抽象推理等智力活动。喜欢活动：喜欢独立的活动，比如独自去探索、研究、理解、思考那些需要严谨分析的抽象问题，独自处理一些信息、观点及理论。喜欢职业：总体来讲，喜欢以观察、学习、探索、分析、评估或解决问题为主要内容的工作。如实验室工作人员、物理学家、化学家、生物学家、工程师、程序设计员、社会学家。

R岛——实用型（Realistic）

总体特征：个性平和稳重，看重物质，追求实际效果，喜欢实际动手进行操作实践。喜欢活动：愿意从事事务性活动，如户外劳作或操作机器，而不喜欢待在办公室里。喜欢职业：总体来讲，喜欢与户外、动植物、实物、工具、机器打交道的工作内容。如农业、林业、渔业、野外生活管理业、制造业、机械业、技术贸易业、特种工程师、军事工作。

S岛——社会型（Social）

总体特征：洞察力强，乐于助人，善于合作，重视友谊，热情关心他人的幸福，有强烈的社会责任感，总是关心自己的工作能对他人及社会做多大贡献。喜欢活动：喜欢与别人合作的活动，帮助别人解决困难。喜欢职业：总体来讲，喜欢帮助、支持、教导类工作。如牧师、心理咨询员、社会工作者、教师、辅导员、医护人员，其他各种服务性行业人员。

为了更进一步分析，将问题1/2/3的答案依次排列，可形成一个不同岛屿的字母代码组合（如：问题1/2/3的答案分别是A岛、C岛、I岛，组合起来就是ACI），对照下面表格的"兴趣组合"一项，相应找出与自己的答案最接近的排列组合，即找到了可能会使自己真正感兴趣的职业。问题4的答案将作为排除某些组合时所用的参考标准。

3.4.5 创新人格团体训练方案2："我自信，我快乐"测试

1. 游戏目的

帮助学生认识并肯定自己，树立信心。

2. 游戏规则与程序

（1）自我欣赏

每8个人一组，每个同学按下表完成语句。

我最欣赏自己的外表是_____

我最欣赏自己对朋友的态度是_____

我最欣赏自己对学校的态度是_____

我最欣赏自己的一次成功是_____

我最欣赏自己的性格是_____

我最欣赏自己对家人的态度是_____

我最欣赏自己做事的态度是_____

完成后，每个人在小组中读出自己所写的内容。当有同学在分享时，其他人认真聆听，思考哪些与自己相同，哪些不同，为什么？

（2）优点挖掘

用自己的优点填空完成10句：我是一个_____的人。

然后，依次向同桌读出自己的优点，向本小组说出自己的优点，走向讲台，向全班同学大声宣告自己的优点。比如，我是一个喜欢我自己的人；我是一个负责任的人；我是一个常常帮助别人的人等。其他同学对台上同学鼓掌。

（3）优点"轰炸"

8个人一组，每人被轰炸一次，其他7位成员轮流表演和欣赏1位成员，被轰炸者要说出自己的感受。

（4）角色扮演

首先，说出自己最崇拜的一个偶像，并说明崇拜的原因。

其次，想象自己就是崇拜的偶像，扮演一个小故事。扮演时不仅言谈举止像，更重要的是思想行为像，并且反省自己：如果他是我，他会这么做，会这么想吗？

再次，小组分享角色扮演的感受，最好将感受写下来。

最后，每个人将自己这样做的感受告诉同桌。

（5）体验成功

首先，写一份挑战书，向自己或者班上的某位同学发起挑战。挑战的内容可以是成绩能力、品质、技巧等自己希望提升的方面，有明确的挑战实施计划，并承诺付诸行动。一段时间后，在课堂上展示自己的挑战书。

其次，给自己写一份挑战书，挑战自己取得的成绩，或挑战自己的缺点，最终战胜自己。一段时间后，在课堂上展示自己的挑战成果。

3.4.6 创新人格团体训练方案3：价值观与责任心训练

1. 游戏目的

反思人生的价值与责任。

2. 游戏规则与程序

第一,将学生分成若干小组,10多个学生围成一个有缺口的圆圈,游戏的背景是大家都是朋友,相约在一个山洞里玩,这时发生了意外,一次只能有一个人逃出去,洞口太小且随时都有坍塌的可能,越到后面越危险。

第二,大家依次陈述自己出去的理由,陈述完后一起表决第一个出洞的人,剩下的人在讨论下一个出洞的人。最后,洞口在中途坍塌,留下的人写最想说的话和出去的人写保证书。

第三,相关讨论。你是否以认真的态度对待这个游戏?这个游戏有什么现实意义?我们的责任有哪些?该如何对待自己的责任?

第四,总结。责任心包括对自己的责任、对他人的责任、对学习和生活的责任、对社会的责任。我们要勇于承担责任,挖掘自己的潜能,实现自己的价值。

本章小结

创新能力是指主体在创新活动中表现出来的创新思维能力与创新智力化能力和创新人格化能力的内在整合体。其中,创新思维能力是主体创新和创新能力发展的核心和关键,表现在:流畅性、敏锐性、变通性、独创性、精密性。

创新能力是一种综合能力,是人的思维功能、心理素质和社会实践能力的有机整合和集中表现。我们观察创新人物的能力构成时,会发现没有一个人是单一的,都是多种能力的综合,且具有鲜明的个性色彩。

创新能力是可以通过人的后天学习与练习来进行开发与培养的。创新能力的来源是社会实践。人的自我思想障碍与过度地依赖于常规思维,是创新思维形成的大敌。创新能力自我培养与开发的途径就是首先从创新思维能力入手,进行创新思维能力和创造力的训练和开发。

创新能力是个体的一种创造力,它从来就不是孤立地存在于个体的心理活动中,而是与每个人都具有的人格特征紧密相连的。优秀的创新人格特征是创造力充分发挥的必备心理品质。

思考题

1. 在新的历史条件下,如何培养和提高创新思维能力?
2. 结合实际,谈一谈你该如何培养和提高自己的创新能力。
3. 结合实际,谈一谈创新人格的作用。
4. 结合实际,谈一谈如何培养自己的创新人格。

Chapter 4
第 4 章

创新思维与新创企业管理

导读案例

运动摄影机 GoPro,从异想天开变成 20 亿美元生意

图 4-1 极限运动爱好者

我们很难想象被安装在冲浪板、自行车、头盔、安全带等物品上的小型摄影机会改变这个世界,但大胆的极限运动爱好者却将 GoPro 捧成了 DV 界的 iPhone。

2014 年春节期间,两位俄罗斯摄影师偷偷潜入尚未完工的中国第一高楼——上海中心大厦,并徒手攀爬至顶层塔吊末端,其中一位用头顶携带的 Gopro 运动摄影机,拍摄下摄人心魄的视频,并迅速在网络蹿红。

当很多人在怀疑传统的数码市场已经失去前进动力之际,GoPro 却向业界展示了运动型摄影装备领域的巨大潜力。过去几年,由于智能手机摄像头的不断升级,传统的 DC、DV 纷纷被逼上绝路,在这样的大环境下,GoPro 却成为为数不多的幸存者。IDC 称,GoPro 已经成为全美最受欢迎的照相机,一套 GoPro 相机售价高达 400 美元。而这样的事实,也使得曾经对 GoPro 产品理念嗤之以鼻的那些专业影像设备生产商开始改变思路。

有关这家运动摄影器材公司即将开启上市计划的消息传得沸沸扬扬。38 岁的 GoPro 创始人兼首席执行官尼克·伍德曼（Nick Woodman），将把摄像机绑在运动员手腕上的最初想法变成了一个价值 20 多亿美元的大生意。

1. 冲浪板上的创意

美国职业橄榄球联盟年终总决赛"超级碗"的魅力永远是美国人最津津乐道的话题，在 2014 年美国"超级碗"总决赛上，我们还能收获另一份礼物：奥地利著名极限运动员费利克斯·鲍姆加特纳（Felix Baumgartner）从距地面高度约 3.9 万米的高空纵身一跃，在与苍穹亲密接触了数分钟之后，最终成功着陆。当整个美国都在为费利克斯的壮举拍手欢呼之际，GoPro 的摄影机也完成了它的工作——记录整个高空运动的精彩瞬间。

这就是 GoPro 公司在 2014 年"超级碗"上所投的广告片，当现场观众还在赞叹它的大手笔大场面时，或许只有 GoPro 的创始人尼克·伍德曼会在大银幕背后默默回忆公司由小做到大的艰辛经历。要知道，这家公司的诞生源自于在冲浪板上的一次异想天开。

时间倒回 2002 年，当时经历过两次创业失败的尼克·伍德曼为了激发自己的灵感，决定放一个长假。随后，他来到澳大利亚和印尼进行为期五个月的冲浪活动。在冲浪时喜欢玩花样的尼克·伍德曼很快发现：很多冲浪运动员都希望能够记录下自己随波逐流时的英姿，但事实上，当时的摄影器材却很难实现他们的愿望，那些相机都很难固定在手腕上，相机甚至经常会飞脱出来并撞到运动员的脸。

尴尬情况发生后，尼克·伍德曼意外获得灵感。很快，他在巴厘岛的集市找到一种以贝壳为原料制成的带子，由于这种带子可以更加牢固地固定住摄影器材，于是伍德曼决定将它们量产。就这样，他开发出第一根 GoPro 相机固定带并花了两年时间优化它，终于在 2004 年，GoPro 公司迎来一笔大订单——一家日本公司为了一次运动商品展订购了 100 根相机固定带。

2. 伍德曼的煎熬期

在 GoPro 的成长过程中，伍德曼一直回避风险资本的介入。因为有过两次失败的创业经历，第三次创业的伍德曼非常不期望投资者干预公司运作。据《福布斯》报道，一开始，伍德曼把自己的 3 万美元投了进去，他的母亲提供了 3.5 万美元，而父亲分两次共投了 20 万美元。从 2004 年开始，获得大订单的 GoPro 开始盈利。据《福布斯》估计，其目前的利润率在 15% 左右。

2007 年，GoPro 的营收只有几百万美元。那段时间，伍德曼非常焦虑，因为他担心自己难以带领公司更进一步，于是同意将公司的大部分股份转让给外部投资者。这笔交易原本铁板钉钉，但随着 2008 年金融危机的到来，投资者希望调低对 GoPro 的估值，这让伍德曼的自尊心大受打击。最后，他拒绝了那笔交易，决定继续自己干。幸运的是，2008 年，GoPro 的营收超过 800 万美元。接下来两年，这种增长势头得以延续。

伍德曼有一辆 1971 年款的大众汽车，曾经有一段时间，他几乎每天都睡在这辆车里，或者开着卡车去展销会搭建摊位。那时候，只要有展会，你就能看见伍德曼的身影。据《福布斯》报道，从圣迭戈到盐湖城，他在会展中心里学着奉承其他公司的高管，推销自己的梦想。伍德曼用这样的方式攻下了户外用品零售商 REI，有好几个月，他坚持向该公司高管发送信息并汇报公司的进展，最终打动了这家户外用品巨头，并让其成为 GoPro 的大客户。

3. GoPro 的黄金时代

2010 年，GoPro 迎来大转机。公司研发出第一代 HD Hero 数码摄像机，并在同年打入百思买进行销售。当时，这种数码摄像机只能拍摄 10 秒片段且无法录音，但很多极限运动爱好者看到了希望，这种摄像机可以方便地固定在各种设备上，解放了自拍者的双手，即使在高速运动下，也能实现连拍和定时自拍等功能，这极大地迎合了那些喜欢捕捉精彩瞬间的年轻人。

图 4-2　GoPro 摄像机

随后几年，GoPro 赶上了数码影像领域迅猛发展的黄金时期。2011 年，GoPro 发布了升级版的 HD Hero 2，改进了低光条件下的性能表现，配备 1100 万像素的摄像头，并支持每秒 30 帧的 1080P 高清视频拍摄。凭借这款相机的火爆销售，GoPro 在 2011 年度首次获得 2.34 亿美元的销售额。

2011 年 5 月，伍德曼首次成功引入外部资金，GoPro 接受了五家风投公司高达 8800 万美元的投资。

接下来的 2012 年，GoPro 乘胜追击，推出了更小、更轻的 GoPro Hero 3 摄像机。Hero3 的外形尺寸为 40.5mm×59mm×30mm，重 73g，只有火柴盒那么大小。该系列拥有三款不同的摄像机，最新推出的黑色版本售价 400 美元，配备 1200 万像素的摄像头，可支持每秒 60 帧的 1080P 高清视频拍摄。

同年 12 月，伍德曼与郭台铭达成协议，同意富士康向 GoPro 注资 2 亿美元，并获得 GoPro 公司 8.88% 的股份。此次融资也把 GoPro 的估值推高到 22.5 亿美元，伍德曼个人身价达到 13 亿美元。这一年，GoPro 的年销售额突破 5 亿美元，并在年底成为美国最大的家电连锁店百思买的摄像机部门的销售冠军，这也是该部门的销售冠军首次易主，此前一直是索尼占领霸主地位。

单从摄影产品的专业性来看，GoPro 并不算差。但 GoPro 真正能从与专业 DV 的对决中脱颖而出，关键在于 GoPro 的产品很注重其"软性"竞争力。

首先是配件的丰富程度出乎大家的想象，人们会惊讶地发现，用来将摄像机固定在身上和体育用品上的选配件如此之多——从将摄像机固定在竞赛头盔、冲浪板上的各种卡口到防止摄像机掉到水里下沉的漂浮棒等应有尽有。显然，本身就是极限运动爱好者的尼克·伍德曼将自己变成了 GoPro 摄像机的首席体验官。

除了配件的选择更具人性化之外，GoPro 还第一时间迎合了视频共享网站等社交媒体的需求，GoPro 系列摄影机很早就支持 Wi-Fi 无线网络技术，用户还可以在 iPhone 等设备上安装 GoPro 应用程序、远程控制摄像机，同时在移动设备上查看照片和回放视频，然后在第一时间分享到 Instagram、Facebook 等社交平台上。

今天，在各大社交网络上，数以百万计的自拍照片和视频都会打上 GoPro 的标签。我们可以轻易发现"我和我的 GoPro 一起跳伞"这样的视频，而不是以"我用索尼相机拍了一张风景照"为主题的视频。当佳能、尼康、索尼们仍然将大部分注意力放在摄像机的精确度时，GoPro 的出现毫无疑问是颠覆性的，因为它来自一个不同的文化。事实证明，小群体的口碑最终也能形成巨大的影响力，这才是 GoPro 品牌日益强大的真正原因。

资料来源：童轶君 2014-02-27 创业邦 http://www.cyzone.cn/a/20140227/254676.html

思考题：
从 GoPro 的创业故事中，你获得了什么启示呢？

面对激烈的市场竞争，新创企业应从实际出发，通过创新性思维，发挥优势，扬长避短，将自身优势与社会需要相结合，从而确定好自身的目标市场，依据目标市场的需求制定自己的产品与服务策略，并以此为基础确立自身的成长战略，同时，还要特别注意对于相关风险的管控。

4.1 新创企业的市场细分与目标市场的选择

市场细分是指将一个市场按一定标准分成一些小市场的过程。市场细分是一种市场分析手段，根据消费者对产品的不同消费需求、不同的购买行为和购买习惯，将整体市场分割成许多消费需求大致类同的消费者群体所组成的子市场群。人们一般又把市场细分以后的每一类消费群称为"市场"或"细分市场"。

4.1.1 新创企业市场细分的必要性

通过市场细分有助于发掘市场机会，进而迅速进入市场。尤其是创业初期，企业实力不足的时候，可以通过市场细分充分利用现有资源，获得竞争优势。由此说来，市场细分是具有重要的现实意义和作用的,具体可表现在以下三点。

第一,有利于企业分析新的市场机会,特别有利于中小型企业发现、开拓市场。对于企业来说,消费者没有满足的需求就是企业的市场机会。通过市场细分,企业可以发现消费者那些需求还没有满足,从而发现新的市场机会,开拓新的市场。

第二,有利于企业制定和调整市场营销组合策略。市场细分后每个市场变得小而具体,细分市场的规模、特点显而易见。消费者的需求清晰明了,企业就可以根据不同的商品制定出不同的市场营销策略。

第三,有利于企业发挥资源优势,提高企业的经济效益和社会效益。建立在市场细分基础上的企业营销,避免了在整个市场上分散使用力量,从而有利于企业把有限的人力、物力和财力资源集中使用于一个或几个细分市场,有的放矢地开展针对性的市场营销活动,从而更好地满足目标市场的需要,实现市场需求与企业优势的最佳组合,在市场竞争的某一领域获取强有力的核心竞争力。[1]

4.1.2 新创企业市场细分的标准

市场细分对于企业营销具有重要意义,企业要想对市场进行细分就必须找到适当的、科学的依据。一般情况下,典型的因素主要有地理因素、人口统计因素、心理因素以及行为因素(见表4-1)。

表 4-1 市场主要细分变量

细分标准	典型划分		
地理变量	区域	城市或主城区大小	人口密度
	地形地貌	气候	交通条件
	农村	城市	其他
人口统计变量	年龄	家庭规模	家庭生命周期
	性别	收入	职业
	受教育程度	宗教	种族
	代系	国籍	社会阶层
心理因素	生活方式	个性	购买动机
	社会阶层	其他	
行为变量	时机	利益	使用者情况
	使用频率	品牌忠诚情况	准备程度
	对产品的态度		

1. 地理细分

所谓的地理细分,就是企业按照消费者所在的地理位置对市场细分。如城市与农村、南方与北方、山区与平原、国内与国外、不同的区域和行政区划,等等。处于不同地理位置上的消费者,具有不同的购买需要而形成不同的细分市场。例如农村的自行车购买者喜欢加重型,而城市的购买者则喜欢轻便型。

---

[1] 李素萍,安予苏. 市场营销学[M]. 郑州:郑州大学出版社,2008:108.

2. 人口统计细分

在人口统计细分中，按照基本的变量，如年龄、家庭规模、家庭生命周期、性别、社会阶层、收入、职业、受教育程度、宗教、种族、代系和国籍等来对市场进行划分。之所以营销人员会如此普遍地使用人口统计变量，其中一个原因就是消费者的需要和欲望往往是同这些变量密切相关的。另外一个原因是这些变量比较容易测量。

3. 心理细分

所谓心理细分，就是按照消费者的生活方式、个性、购买动机等心理变量对市场进行分类的过程。心理因素对消费者的爱好、购买动机、购买行为有很大影响。在如今个性张扬的时代，消费者具有表达自我的强烈愿望和动力。企业就可以根据消费者心理特征来细分市场，并据此设计具有不同特征的产品来迎合消费者的愿望。细分消费者市场的心理因素变量主要有：个性、社会阶层、生活方式、购买动机以及价值取向等。

4. 行为细分

根据消费者购买行为因素进行市场细分的过程称为行为细分。所谓行为细分，就是企业根据消费者购买或使用某种产品的时机、所追求的利益、使用者情况、对某种产品的使用率、对品牌的忠诚程度、待购阶段以及对产品的态度等行为因素来细分市场的过程。如根据消费者的购买动机细分市场就可以发现，有的消费者追求物美价廉，有的追求社会声誉，有的则追求商品使用的方便，而且随着商品的不断丰富及人们收入水平的提高，这一细分标准的地位越来越重要。分析和掌握这一细分标准，是正确制定营销策略的必然选择。

4.1.3 新创企业目标市场的选择

目标市场是企业为满足现有的或潜在的消费者需求而开发的特定市场，是企业在市场细分的基础上，根据企业的本身条件和外在因素，确定创业产品的销售对象。

1. 目标市场应具备的条件

一个细分市场要适合于作为目标市场应具备以下条件

① 要有足够的市场容量，即要有一定的购买力，有足够的营业额。

② 市场上存在尚未满足的需求，有充分的发展潜力，即企业不仅满足消费者的现实需求，更重要的是满足未来的潜在需求。

③ 竞争不激烈或本企业有竞争优势。

④ 符合企业的目标和能力。

2. 目标市场的选择

目标市场的选择，一般有以下三种基本策略。

第一，无差异性市场策略。

无差异性市场策略是指企业不进行市场细分，把整体市场作为目标市场。企业只考虑市场需求的共性，而忽略其差异性。企业为整个市场设计生产单一产品，实行单一的市场营销方案和策略，来迎合绝大多数的顾客。美国可口可乐公司就是实施这种策略的典范。

第二，差异性市场策略。

差异性目标市场战略，是指企业在市场细分的基础上，选择两个或两个以上的细分市场作为目标市场，针对不同细分市场上的消费者需求，分别设计和实施不同营销组合策略，以满足消费者需求。

差异性目标市场策略有利于满足不同消费者的需求，提高市场占有率和经济效益。企业的产品如果同时在几个子市场都占有优势，就会提高消费者对企业的信任感，进而提高重复购买率。同时，企业通过多样化的渠道和多样化的产品线进行销售，通常会使总销售额增加。但是在创造较高销售额的同时，也增大了生产成本、管理成本、营销成本等，使产品价格升高，从而使企业失去竞争优势。

差异性营销战略适用于消费者需求弹性较大的商品、成熟期的产品以及规格等级复杂的产品。日用消费品中绝大部分商品均可以采用这种目标市场营销战略。但是，企业能否采用这种目标市场选择策略，需要结合自身实力和目标通盘考虑。

第三，集中性市场策略。

集中性市场策略又称产品市场专业化策略。企业在整体市场细分后，受到资源等限制，选取一个或少数几个细分市场，作为企业的目标市场，以某种市场营销组合集中实施于该目标市场。

采用这种集中性市场策略的企业，追求的不是在较大市场上取得较小的市场占有率，而是在一个或几个小市场上拥有较高的市场占有率。

3. 企业选择目标市场应考虑的因素

目标市场战略的三种类型各有优缺点，因而各有其适用的范围和条件。一个企业究竟采用哪种战略应根据企业的自身条件、市场需求的特点、产品的特点、产品市场生命周期、竞争者的目标市场战略等具体情况来决定。

第一，企业的自身条件。

企业在选择目标市场营销战略时，首先要考虑企业所选定的目标市场能否有利于企业任务、目标以及战略的实现；其次，要考虑企业的实力状况如何，选择的目标市场是否有利于发挥企业的资源优势与能力优势。如果企业资源条件好，经济实力和营销能力强，可以采取差异性目标市场策略。如果企业资源有限，无力把整个市场或几个市场作为自己的经营范围时，则应该考虑选择集中性市场策略，以取得在小市场上的优势地位。

第二，市场规模和潜力。

创业者首先要评估细分市场有无适当的规模和潜力。所谓适当规模是相对于企业的规模和实力而言的。较小的市场对于大企业而言，不值得涉足；而较大的市场相对于小企业，又缺乏足够的资源来进入，并且小企业在大市场上也无力与大公司竞争。因此，创业者在权衡市场时要根据自己的实力和规模，并不是市场越大越好，也不是小市场就不能进入。

第三，市场的吸引力。

所谓市场吸引力主要是指长期获利的大小。一个市场可能具有适当规模和增长潜力，但从获利观点来看不一定具有吸引力。决定整体市场或细分市场是否具有长期吸引力的五种力量：现实的竞争者、潜在的竞争者、替代产品、购买者和供应者。创业者必须充分估计这五种力量对长期获利所造成的威胁和机会，从而考虑是否值得投入这个市场。

第四，产品的特点。

指产品或服务在性能特点等方面具有较小的差异，主要表现为消费者对产品特征感觉具有较大的相似性。有些商品在品质上差异较小，比如汽油、钢铁等产品，可以采取无差异市场策略；相反，对于服装、家用电器、家具等这类品质上差异较大的商品，宜采用差异性市场策略或集中性市场策略。

第五，产品的生命周期。

通常产品在投入期时，一般采用无差异性市场策略，以探测市场与潜在顾客的需求；也可采取集中性市场策略，集中力量于某个细分市场；当产品进入成长期和成熟期，则宜采用差异性市场策略，开拓新市场，不断刺激新需求，延长产品生命周期。

4.2 新创企业的产品创新策略

在传统的观念里，创造力是个难以捉摸的东西，它从不遵循特定的规则和模式，要想具备独特性和革新性，人们就得"跳出框架"去思考。

然而，多年来致力于创造力研究的创新领域专家德鲁·博迪并不赞同这一观念，在他看来，框架内创新，才是产品畅销的王道策略。德鲁·博迪所谓的框架内创新，是指围绕企业或者组织本身产品的特性，增加或者减少某些功能、外观上的设计，从而解决问题。德鲁·博迪通过对强生公司、通用电气、宝洁、SAP、飞利浦等全球顶尖公司的上百种畅销产品的分析发现：创新并非来自天马行空、惊世骇俗的发明，而多是通过在现有框架内进行微小改进，结果却非同凡响。

"看似花样百出的产品创新，实际上都可以总结为相同的创新模型。"在《微创新》一书中，德鲁·博迪将这些方法归纳为5大策略：减法策略、除法策略、乘法策略、任务统筹策略和属性依存策略，并形成"系统创新思维"体系。

到底什么叫系统创新思维？很多人一提起创新，就想到"Out-of-Box Thinking"：跳出框架的思考。"系统创新思维"认为，创新其实恰恰源于对思想的制约，而非放任。限定一个框架，然后在框架内寻找答案，远比漫无目的的发散思维，或静候灵感降临更有效。

4.2.1 产品创新之减法策略

减法策略就是删除一项产品或服务中的某个基本部分,甚至可能是其中的精华,而不是找替代品。

有一家叫 Vitco 的生产洗衣液公司,想研发创新产品,扩充自己的生产线。可是创新的灵感,从哪里来呢?他们决定使用"系统创新思维"五大策略中的"减法策略",来"生产"灵感。

第一步,列出产品的组成部分。洗衣液的组成部分,有三样:用来去污的活性成分、香精和增加黏性的黏着液。

第二步,删除其中的一种成分,最好是基础成分。还有什么比用来去污的活性成分更基础的呢?那就减去活性成分吧。

第三步,想象这样做的结果。很多人立刻就傻了,洗衣液中现在只剩香精和黏着液了,所以,我们是要生产洗不干净衣服的洗衣液吗?这就是"减法策略"生产出来的"灵感"吗?

第四步,明确这种产品的优势和市场定位。大家努力不让"不可能"三个字脱口而出,开始集思广益。有人想到,被去掉的活性成分,虽然能洗净衣物,但也会损伤衣物,导致掉色。去掉活性成分,衣服使用寿命会加长。有很多人的衣服其实并不脏,他们洗衣的目的,仅仅是为了让衣服看上去很新,这群人,可能会是新产品的目标受众。可是行业标准规定,洗衣液必须含有最少剂量的活性成分,这怎么办呢?Vitco 的总裁灵机一动:那就不叫洗衣液,新产品叫"衣物清新剂"吧!

至此,Vitco 公司产生了一个"头脑风暴"都未必能产生的创新:没有洗衣液的洗衣液——衣物清新剂。后来仅宝洁一家公司,每年就能从"衣物清新剂"中获利超过 10 亿美元。

那么这个叫作"减法策略"的系统创新思维方法,有哪些具体的应用呢?

第一,手机的减法策略。

那手机的创新灵感,可以用减法策略来生产吗?手机有哪些组成部分?屏幕、键盘、电路板和电池。如果把键盘减掉呢?摩托罗拉用减法策略,发明了没有键盘的手机;Mango,也就是儿童手机,只能接听,不能拨打。Mango 成为当年最具创意的 12 个营销策略之一。

第二,录音机的减法策略。

录音机的创新灵感,可以用减法策略来生产吗?录音机的组成部分有:磁带盒、录音模块、播音模块和喇叭。索尼创始人之一井深大要求公司开发一款减掉录音模块和喇叭的,不能录音的录音机。大家一开始并没有底,觉得能卖 5 000 台就不错了,可没想到推出两个月卖了 5 万台,之后这款产品的全球销量超过 2 亿台。这就是划时代的"随身听"(walkman)。

系统创新思维认为,创新其实恰恰源于对思想的制约,而非放任。限定一个框架,然后在框架内寻找答案，比等着苹果砸中脑袋更靠谱。

运用减法策略的方法是：① 列出产品的组成部分；② 删除其中的一种成分，最好是基础成分；③ 想象这样做的结果；④ 明确这种产品的优势和市场定位。

4.2.2 产品创新之除法策略

我们容易把某产品或服务看成一个整体，认为它们就应该是我们熟悉的样子，打破这种结构性固着，把它分解成多个部分，然后将分解的部分重组，这样往往会出现大惊喜，这就是除法策略。

《微创新》的作者德鲁·博迪在书中写道，他有一次给通用电气做关于系统创新思维的演讲。通用电气的精英们并不接受"创新方法学说"，于是挑战德鲁：用系统创新思维，生产一个冰箱怎么创新的灵感看看。德鲁并不知道冰箱怎么创新。他决定用"除法策略"的五步法，带领大家试试看。

第一步，和减法策略一样，列出产品的组成部分。冰箱的主要物理组成部分是：门、隔板、灯泡、制冰格、压缩机等等。

第二步，用功能型除法、物理型除法，或者保留型除法，分解产品。那就试试，把"压缩机"这个部分，放在别处，放在一个在"框架内"却不在冰箱里的地方吧。这个想法太让人颠覆了，但是注意，这时候，强大的固有思维框架，就被方法打破了，灵感产生了。

第三步，重新组合产品。很多本来对"创新方法学说"不屑一顾的人，开始陷入了思考。"把压缩机，放在外面，也就是屋子外面呢？"一种新的产品形态出现了。

第四步，和减法策略一样，明确这种产品的优势和市场定位。"把压缩机放在室外，厨房会安静得多""厨房的热量会减少""维修方便""冰箱内部容量会变大""我们可以用一台外置的压缩机，冷却厨房不同位置的、冰箱之外的东西""对，我们能把抽屉变成存放鸡蛋的冰格""是的，还可以有单独的蔬菜柜和饮料架""我们甚至可以对厨房做个性定制！"

第五步，它有没有可行性，如何提高可行性？几年后，脱离冰箱主体的独立冰镇抽屉，真的出现在了市场上，其中包括通用电气 HotPoint 系列的抽屉型电器。

这就是系统创新思维的"除法策略"。除法策略，就是把产品分解成多个部分，再把这些部分重新组合，产生新的形式，根据"形式为先，功能次之"的逻辑，接着分析这种新形式带来的好处，倒推出功能。它和减法策略一样，都是"用方法打破固有思维框架"，生产灵感，激发创新。

那么这个叫作"除法策略"的系统创新思维方法，有哪些具体的用法呢？

第一，功能型除法。

空调有哪几个功能？恒温器，控制器，风扇，制冷系统。如果把这四个功能分解，并重新组合呢？恒温器粘在客厅墙壁上，自动调整温度；控制器做成遥控器APP，装在手机里；风扇挂在墙上或者装修在吊顶里，隐藏起来；制冷系统挂在室外，甚至和冰箱共用一台压缩机。这样，就有了一套看不见空调的空调，冬天时冰箱的散热，还能给客厅供暖。

第二，物理型除法。

饮料有哪几个物理部分？水，和食用香精。如果把这两个功能分解，并重新组合呢？水放在饮料瓶子里。食用香精放在吸管里？你就可以用不同的吸管，喝到草莓牛奶，巧克力牛奶。

第三，保留型除法。

能不能保留原产品的功能和特性，把产品按原样缩小呢？比如从空间上缩小。把电脑的存储缩小，再缩小。这就是U盘，随身携带；比如从时间上缩小，把酒店的收益权，分成52周，你可以购买其中的一份，自用，或者租出去，这就是"分时酒店"。

什么叫除法策略？这是系统创新思维的底层逻辑，"用方法打破固有思维框架"之上的第二种方法，就是把产品分解成多个部分，再把这些部分重新组合，产生新的形式，根据"形式为先，功能次之"的逻辑，接着分析这种新形式带来的好处，倒推出功能。

用除法策略生产灵感的方法，有五步：第一步，列出产品的组成部分；第二步，用功能型除法，物理型除法，或者保留型除法，分解产品；第三步，重新组合产品；第四步，明确产品的优势和市场定位；第五步，解决可行性问题。

4.2.3 产品创新之乘法策略

乘法策略就是先明确产品、服务或者是流程的组成部分，选择某个基本部分加以复制，而后将其改造成乍看上去毫无价值的东西。

宝洁在听完《微创新》的另一位作者，作为十大可能改变世界的人物之一，登上了《华尔街日报》头条的雅各布·戈登堡，一次关于"系统创新思维"的演讲后，决定邀请他们给宝洁旗下的空气净化品牌"纺必适"（Febreze），组织一次创新工作坊。这次想要创新的产品是空气清新剂。

第一步，先分解，列出产品的组成部分。空气清新剂，其实并不复杂，就是用电热丝，加热一瓶香精。它的主要组成部分是：液态香精、容器、外壳、插头，以及电热丝。

第二步，选择其中一样进行复制。用乘法策略来创新，它的核心灵感来自于复制其中一个组成部分。复制什么呢？他们选择了复制"容器"。

第三步，重新组合产品。于是，你就得到了两瓶空气清新剂，但还有一个电热丝。

第四步，明确这种产品的优势和市场定位。一个电炉丝，两瓶空气清新剂。用"形式为先，功能次之"的逻辑来接着分析，这有什么用呢？

大家开动脑筋："如果一个空气清洗剂，有两个香水盒，那两个盒子里，可以放不同的香水啊！""可为什么会有人需要两种不同的香水呢？享受气味混搭的感觉？"这时，有人想道："是否可以在不同的时间段，散发不同的气味呢？"一种气味时间久了，人们就会习惯了，感觉不到香气。这时换一种气味，会重新唤醒人们的嗅觉，再次闻到清新的香气。这样，两种香气交替散发，人们一整天都会神清气爽！

第五步，它有没有可行性，如何提高可行性？大家觉得这个想法很可行，于是开始进一步改进可行性，最终变成一瓶除臭剂、一瓶清新剂，交替加热，散发香气。几个月后，宝洁公司发布了新产品"纺必适提神清新剂"，立刻获得热销，销量几乎是宝洁所有其他空气清新产品的两倍。

乘法策略的几种用法。

第一，剃须刀的乘法策略。

自从剃须刀被发明以来，剃须刀一直都是单锋刀片。1971年，吉列公司推出了双锋剃须刀，革命性地取代了传统单锋刀片，男士们的剃须体验，有了巨大飞跃。这甚至触发了剃须刀行业的"刀锋大战"，3个刀锋、4个刀锋、5个刀锋，现在已经有6个刀锋了。一个小小的"乘法策略"，对一个行业产生了巨大影响。

第二，灯泡的乘法策略。

那如果是做灯泡的呢？需要在电灯里，放三个灯泡吗？不一定。可以试试做个"三路灯泡"。一个灯泡里，放两根钨丝，一根25瓦，一根50瓦。按一下开关，只开25瓦；再按一下开关，只开50瓦；再按一下开关，两根全开，75瓦；再按一下开关，都关了。于是，就有了一个三路灯泡。

第三，手机的乘法策略。

如果是做手机的呢？试试做两个镜头？基于这个尝试，出现了能自拍的手机。试试做三个镜头？前置一个，后置两个？后置两个镜头，手机拍照能力明显提升，甚至能拍3D视频。试试做两个屏幕？于是，可以用正面的LCD屏幕刷微信，背面的电子墨水屏看书。

什么是乘法策略？乘法策略的核心，是分解完组件后，复制其中一个组件。

用乘法策略生产灵感的方法也有五步：第一步，列出产品的组成部分；第二步，选择其中一样进行复制；第三步，重新组合产品；第四步，明确产品的优势和市场定位；第五步，解决可行性问题。

其实，乘法策略，和减法策略、除法策略，基本方法是一样的。在第一步把产品分解成组件之后，第二步用这些组件生产灵感的方向略有不同。减法是删除，除法是重组，乘法是复制。

4.2.4 产品创新之任务统筹策略

任务统筹策略就是给产品、服务中的某个部分分配一个附加的任务或功能，让它在发挥原本作用的前提下完成新的任务。

你是某家酒店总裁。有次出差，第二次入住某家酒店，还没有出示证件时，前台就很热情地打招呼：很高兴再次见到您！你感觉非常好，于是也想在自己的酒店提供同样的服务，就咨询了专业人士。他们建议：安装人脸识别摄像头。好主意啊！那要花多少钱啊？250万美元。这简直太贵了，你不得不否决了这个提议。

那还能怎么办呢？有没有创新的，但是便宜的方法呢？有。你可以试试"系统创新思维"的第四大方法：任务统筹策略。

另一家酒店采用任务统筹策略的方法，把"网上订房，抵达酒店，前台接待，入住房间，办理退房，送离酒店"这六大流程，用"任务统筹策略"重组，赋予"前台入住"新任务：给重要客人拍照；赋予"网上订房"流程新任务：标记第二天入住的重要客人；赋予"抵达酒店"流程新任务：门童记住照片，认出客人，叫出名字。

通过赋予"内部"元素新任务，这家酒店创造性地给了客人一个"宾至如归"的体验。那能不能通过赋予"外部"元素新任务，也创造同样的体验呢？

韩国某家酒店，和出租车司机达成协议，从机场到酒店的路上，他们会和客人聊天，了解他是否住过这家酒店。如果住过，出租车司机会把行李放在接待台右边；没住过，就放在左边。前台接待会根据行李位置，和客人打招呼，而出租车司机可以因此挣到1美元。

这家韩国酒店，用"任务统筹策略"，把识别客人的新任务，分配给了出租车司机这个外部元素，也实现了"宾至如归"的创新体验。

运用任务统筹策略的三种用法。

第一，赋予"内部"元素新任务。

以前面的酒店案例为例，前台入住拍照，网上订房识别，抵达酒店欢迎，就是赋予三个内部元素新任务，从而创造出一个新服务：尊称客人姓名，让其感到宾至如归。

电影《火星救援》中，在火星和太空舱这个极其封闭的框架内，全是赋予内部元素新任务的"任务统筹策略"，比如赋予摄像头和字母板，信息传输的新任务；赋予火箭燃料，产生液态水用来种土豆的新任务；赋予帆布和胶带，充当面罩补救返回舱的新任务。

第二，赋予"外部"元素新任务。

以前面的酒店案例为例，请出租车司机识别多次住店的客人，并用行李位置提示接待人员，就是赋予了出租车司机这个"框架内的外部元素"新任务，从而创造出同样宾至如归的服务。

再例如，某餐厅规定如超过规定时间未上齐菜，赠送一份果盘给顾客。用果盘雇用客户监督厨房的上菜时间，其实就是赋予了顾客这个"框架内的外部元素"新任务，从而创造出"限定时间快速上菜"这个新服务。

再举个例子。在撒哈拉沙漠以南的非洲大陆地区，为了获得干净的饮用水，当地的人们把"从地下抽水"的任务，分配给了一个水利系统的外部元素：玩耍的孩子。聪明的当地人，发明了一种"游戏抽水泵"，利用孩子们转动旋转木马时产生的力量来从井中抽水。孩子们玩得不亦乐乎，还很有成就感，抽水的任务也完成了。

赋予外部元素新任务，是任务统筹策略一个极其重要的方法。

第三,让"内部"元素,发挥"外部"元素的功能。

某互联网公司推出过一个"云墓碑"服务。每位逝者都有自己的独特的人生,值得后人尤其是亲人缅怀。云墓碑允许用户把逝者的人生经历放在"云"(也就是互联网)这个外部元素上,然后把二维码印在"墓碑"这个内部元素上。悼念者扫描二维码,就能缅怀逝者的一生。这就是让内部元素,发挥外部元素的功能。

任务统筹策略,就是给框架内的某样元素,分配一个新任务,并因此创造出一个新产品(或者新服务)。

任务统筹策略有三种用法:第一,赋予内部元素新任务;第二,赋予外部元素新任务;第三,让内部元素发挥外部元素的功能。

4.2.5 产品创新之属性依存策略

以上的四种产品创新的四种系统创新策略(减法策略、除法策略、乘法策略、任务统筹策略)的核心逻辑,其实都是以下四个步骤。

第一,打破框架。打破原有产品的固有框架,把它拆解为一个个具体的组件、要素,或者属性;

第二,动个手术。对这些组件、要素,或者属性动手术,用减法策略删除,用除法策略重组,用乘法策略复制,或者用任务统筹策略赋予新任务;

第三,形式为先。通过手术,给原有产品整容后,就出现了一种焕然一新,但还不知道有啥用的"新产品"。

第四,功能次之。最后,仔细观察这个整完容的"新产品",倒过来想,这新产品有啥新功能?在什么特殊的场景下,能有什么独特的新用处?如果找到了,就创新成功。

这就是"系统创新思维"这些方法背后的方法:打破框架,动个手术,形式为先,功能次之。方法与方法之间的差别,在于动的手术不同。

最后一种产品创新策略叫作属性依存策略。属性依存策略就是选取产品或流程原本两个不相关的属性,让一个变量随另一个变量的变化而变化,从而产生新的产品或者服务。属性依存策略与前面四种系统创新策略不同的是,它不是删除,不是重组,不是复制,不是赋予新任务,而是要给属性装上一根进度条。

什么叫"给属性装上一根进度条"?

假如,要对"婴儿用软膏"进行一次创新。婴儿用软膏是什么?它是一种用在婴儿皮肤上的,用来缓解和治愈皮疹,并且防止复发的药物。它由三个部分组成:油脂、保湿剂以及治愈皮疹的活性成分。我们试着给"油脂"装上一根叫"气味"的进度条;给"保湿剂"装上一根叫"黏度"的进度条;再给"活性成分"装上一根叫作"活性成分含量"的进度条。

然后,先来看看"气味"这根进度条,可以依存哪个属性来左右拖动呢?婴儿大小便的量?把软膏涂在尿布上。如果婴儿未排便,则软膏无味;一旦婴儿排便,软膏就散发出芳香的气味；排便量越大，香气越浓郁。这根进度条有用吗？当然有用，这样家长就不用常常打开尿布，来检查婴儿排便没有了。

再来看看"黏度"这根进度条，可以依存哪个属性来左右拖动呢？更换尿布的频度？家长在夜里更换尿布少一些，白天要多一些，那就可以出一款黏性较强的"油状夜用软膏"保护肌肤；再出一款"水状日用软膏"自由呼吸。

还有"活性成分含量"这根进度条呢？它可以依存哪个属性来左右拖动呢？婴儿的饮食结构？新生儿先喝母乳，然后改喝牛奶、代乳品或配方奶，再然后开始吃婴儿食品。每个阶段，其排泄物的酸碱度都不同，对皮肤刺激也不同。这样，就可以开发活性成分含量不同的"母乳期软膏""配方奶期软膏"和"固体食品期软膏"，照顾婴儿生长的不同阶段。

这就是"属性依存策略"。许多产品或服务都具备两种以上属性，这些属性看似毫不相关，可一旦发生关联，就会引发创新的奇迹，千变万化，非常有趣。那么，还能怎么用这套策略创新呢？记住：给属性装上一根进度条，让它与另一个属性依存。

运用属性依存策略的几种用法。

第一，随温度变色的咖啡杯盖。

如果我们给咖啡杯的颜色装上一根进度条，让它与温度依存呢？可能会在你喜欢的咖啡厅，看到一种可变色的咖啡杯盖，专门用于买好带走的咖啡杯上。当杯里的咖啡很烫时，咖啡杯盖的颜色是红色的，随着咖啡温度的逐渐降低，杯盖会慢慢恢复成棕色。只要观察杯盖的颜色，就不会被咖啡烫着。

第二，带温度标记的比萨饼包装盒。

如果我们给比萨饼的价格装上一根进度条，让它也与温度依存呢？澳大利亚的必胜客提出一个"永不再吃冷比萨"的口号，他们在外卖比萨饼的包装盒上，装了一个温度标记，如果到手的比萨温度低于承诺，顾客就可以不付钱或者少付钱。

系统创新思维的五大方法：减法策略，除法策略，乘法策略，任务统筹策略和属性依存策略。这五个方法分别是：减法策略删除，除法策略重组，乘法策略复制，任务统筹策略赋予新任务，属性依存策略安装进度条。

4.3 新创企业的成长战略

新创企业都希望获得成长，因为成长寓意着进步，是令人振奋的快速前进。然而，成长也是一把双刃剑。如果没有管理好成长战略，将给企业带来不同程度的创业风险，侵蚀企业各方面的稳定性。

4.3.1 企业成长的概念

现代很多学者都对企业成长进行了深入细致的研究。安索夫（Ansoff）提出了战略成长理论，强调企业自身的能力概况和协同作用，反映企业现有经营项目和新办经营项目之间的关联性，实质上是企业的一种潜在的实力。德鲁克（Drucker）提出了经营成长理论，认为企业成长能力在于本身有成长潜力的人为组织上，经营成长的控制性因素是企业最高管理层。钱德勒（Chandler）提出了管理与技术成长理论，强调技术的发展和市场的扩大以及由此引起管理机构的反应。

近些年来，对企业成长的研究认为，现代企业增长必须赋予结构变化和创新的含义。企业成长是指，企业在利润性和社会性相统一的基础，在多目标结构的引导下，为了生存与发展，与企业的经营结构、组织结构、空间结构和技术结构等结构发展变化相适应的企业规模增长的机制和行为。⊖

4.3.2 企业成长的阶段

许多研究表明，通过对创业企业成长的整个过程的分阶段研究，可以帮助企业识别不同成长阶段中影响企业成长的关键要素，帮助企业分析、总结过去，预见、防范成长过程可能出现的危机，追求可持续的健康发展。

不同学者对企业成长做了多种阶段性划分，在各自的成果基础上形成固定的模型有几十种之多。本书介绍其中最具代表性的三种模型：葛雷纳（Greiner）的五阶段模型、弗拉姆豪茨（Flamholtz）的七阶段模型、爱迪思（Adizes）的企业生命周期模型。

1. 葛雷纳的五阶段模型

哈佛大学教授拉瑞·葛雷纳（Larry E. Greiner）提出的五阶段模型主要描述企业成长过程中的演变与变革的辩证关系，很好地解释了企业的成长，进而成为研究企业成长的基础（见表4-2）。他利用五个关键性概念（组织年龄、组织规模、演变的各个阶段、变革的各个阶段、产业成长率）建立了组织的发展模型。

表 4-2 葛雷纳的五阶段模型

阶段	特点
创业阶段	• 更多地依靠创业者的个人创造性和英雄主义 • 强调研发，重视市场 • 企业通过创造而成长
集体化阶段	• 通过很多专业化的经理人去管理若干部门，建立一个管理团队去指导员工工作，引导员工执行决策层的决定 • 企业通过领导而成长
规范化阶段	• 大多数企业高速成长，产品转向更为广泛的主流市场 • 授权过多就会导致自作主张，控制过多就会出现不协调和合作困难等现象 • 平衡是处理这一阶段矛盾的主要手段
精细化阶段	• 随着组织规模的扩大，难以避免出现官僚主义，企业需要通过更规范更全面的管理体系和管理流程处理企业复杂的多业务关系
合作阶段	• 合作阶段的企业在整个产业链甚至多个产业链中占有重要地位，如何与上下游企业合作如何提升整个产业链的效率是这个阶段企业的主要问题

⊖ 杨安，兰欣，刘玉. 创业管理—成功创建新企业[M]. 北京：清华大学出版社，2009：256.

2. 弗拉姆豪茨的七阶段模型

美国学者埃里克·弗拉姆豪茨（Eric G. Flamholtz）在其著作《企业成长之痛》一书中将企业生命周期划分为七个阶段。他认为，所有的企业都要经历不同的发展阶段，这些阶段至少是部分地由企业的规模决定的（见表4-3）。

表4-3 弗拉姆豪茨的七阶段模型

阶段	名称	重要发展领域	企业的一般规模（以百万美元为销售额计）
第一阶段	新建企业	市场和产品	少于1
第二阶段	扩张	资源和经营系统	1～10
第三阶段	专业化	管理系统	10～100
第四阶段	巩固	企业文化	100～500
第五阶段	多元化	新产品	500～1000
第六阶段	一体化	不同业务单元	600～1100
第七阶段	衰落和复兴	各阶段的复苏	不同

3. 爱迪思的企业生命周期模型

伊查克·爱迪思（Ichak Adizes）是企业生命周期理论中最有代表性的人物之一。1447年，他在《企业生命周期》一书中，把企业成长过程分为孕育期、婴儿期、学步期、青春期、盛年期、稳定期、贵族期、官僚初期、官僚期以及死亡期共十个阶段（见图4-3○），并认为企业成长的每个阶段都可以通过灵活性和可控性两个指标来体现。

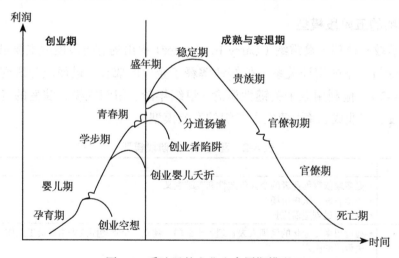

图4-3 爱迪思的企业生命周期模型

（1）孕育期

孕育期的企业恰如蓄势待发的飞机，积聚了冲入气势和动能，只要刹车一松，便直冲蓝天。这时所强调的是创业的意图和未来能否实现的可能性。虽然这一阶段只是高谈阔论而没有具体的行动，但创业者正在通过"推销"自己的"奇思妙想"来确立所要承

○ [美]伊查克·爱迪思.企业生命周期[M].北京：中国社会科学出版社，1997:10.

担的义务。由于处于这一阶段的企业还没有什么实际的价值，创业家在允诺所承担的义务时并不觉得损失了什么，便无所顾忌地做出一些日后会后悔的许诺，这对企业的健康成长不利。

(2) 婴儿期

"别再跟我谈对新产品的构想、告诉我们你能推销出去多少现有的产品。"这是这一时期的典型谈话。重要的不在于想什么，而在于做什么，一切以结果为导向。这时企业的注意力由构想的可能性转到了构想的结果的生产上。正因为如此，企业缺乏明确的方针和制度，也没有什么程序或预算。企业的决策高度集中，不存在权力或责任的授予，可以称之为创业者的独角戏。

这一阶段有以下两类问题：①出于把成功的目标定得很高，相应低估了对资金的需求，出现资金不足的问题，对此应严格监控应收账目周转率和存货周转率。②由于来自社会及家庭的压力，创业者放弃所承担的义务，易导致创业夭折，对此应动员众人给予理解与支持。

(3) 学步期

进入此阶段，企业已经克服了现金入不敷出的困难局面，而且日渐兴旺。这使得创业者倍感自豪，把一切都视作机会，从而易于卷入种种相干或不相干的生意。但是这种多元化的经营方式使学步期的企业把摊子摊得太大，在他们不甚了解的行业中，难免失误。

处于学步期的企业，人们所承担的责任和任务是重叠交叉的，一些创业企业按照缺乏规划的方式来成长，有机会就做出反应，而不是有计划、有组织、定位明确地开发利用自己所创造的机会。这使得创业企业不是左右环境而是被环境所左右，不是创造和驾驭机会而是被机会所驱使。

此时的创业者，不可能再深入到企业的各个角落去亲自贯彻自己的领导风格和哲学，授权和分权则成为必然。由于企业缺乏相应的控制制度，授权不可避免地转向分权，导致创业者对企业的失控，从而重新走向集权道路。就这样反反复复，使下属不知所措，无所适从。而企业若想守住打下的一片江山，就必须由学步期直觉型的感性管理转变为职业化的管理。这一过程应该在企业的青春期完成。如果企业不能完成这一转变，就会陷入创业者陷阱或家族陷阱。

(4) 青春期

青春期企业最为显著的行为特征是矛盾与缺乏连续性。企业业务的扩展已经超出创业者个人能力所能把握的范围。同时在这一阶段，企业需要强调的内容转向了制度、政策以及行政管理，创业者本身也意识到了一点。通过引入职业管理人员来改变原有企业的管理风格，制定一整套激励、考评、薪酬制度，重新确定各种权责，解决学步期所产生的问题，减少决策制定的随意性，能够创造并驾驭机会。然而这样将触及企业"元老"的既得利益，新旧势力对权力的控制之争便不可避免，大量的精力耗在解决矛盾冲突上。此外目标的转换使权力的更迭更为复杂。企业在这一时期应实现以量取胜变为以质取胜的转变。这种转变实际上非常繁杂繁重，需要依靠众人齐心合力。因此，创业者在创业之初，创立良好的企业文化是非常重要的，这将有助于解决企业产生的或大或小的冲击。职权的授予、领导风格的改变和目标的转换，也可能导致冲突，并伴随着部分人员的流失。

（5）盛年期

盛年期是企业生命周期中最为理想的时期。在这一时期，企业的自控力和灵活性达到了平衡。企业很清楚自己在做什么，将向什么方向发展，如何发展。它具有学步期企业的远见和进取精神，同时又具备在青春期阶段所获得的对实施过程的控制力与预见力，能够事先进行计划并加以控制。

（6）稳定期

稳定期是企业停止增长开始衰退的转折点。整个企业开始丧失创造力以及鼓励变革的氛围，不敢突破过去曾发挥作用的条条框框，越发趋于保守。稳定期有几大变化：企业对短期盈利能力的重视开始日渐上升，财务人员的地位超过市场、研发人员的地位，投资回报成为衡量业绩最为重要的标准。企业开始具有自我保护意识，并不断增强，而与顾客的距离却逐步拉大。

（7）贵族期

这一时期，企业目标越来越短视化，企业内部缺乏创新，试图通过兼并其他企业作为获取新的产品和市场来"买到"创新精神，同时企业内部形式主义流行，钱被花在控制系统、福利措施和一般设备上。贵族期企业不肯承认现实，尽管其市场日渐萎缩，在产品和营销技巧上越来越无法与对手竞争，但他仍抱有一种"平安无事、生意照旧"的态度，并采取提高价格等极端方法来达到获取更多利润的目标，这也加速企业滑入老化期的下一阶段，即官僚化早期。

（8）官僚化早期

面对前期造成的恶果，企业内部不去关注该采取何种补救措施，相反把他们的创造力放在排除异己、保全自己的内讧上，并随着企业业绩的进一步下降，人们变得更加偏执。人员的过分流失使事情不断地恶性循环，直到企业最后破产，或成为完全的官僚化企业。

（9）官僚期

随着各方面人员的流失，行政型的人员越积越多，企业变成了一个完全膨胀了的官僚机构。没有成果导向的概念，没有创新，也没有团队协作的观念，有的只是完善的制度、表格、程序和规定。同时官僚化企业会主动为来自外界的干扰者制造各种障碍，只想通过一个非常狭窄的渠道与外界保持联系。处于官僚化的企业外表看来实力雄厚，但其核心可能已经腐烂，不可避免地最终难逃破产的厄运。

（10）死亡期

破产可能会等待一段时间，也可能突如其来。

4.3.3 德鲁克的创业战略

彼得·德鲁克（Peter F. Drucker）在《创新与企业家精神》一书中，提出了四种创业型战略，分别是[⊖]：

第一，孤注一掷；

第二，打击对方的弱点；

第三，生态位置适当；

第四，改变价值和特性。

德鲁克认为这四种战略并不互相排斥。企业家往往在一个战略中就包含两个，有时甚至包含三个，而且它们并不总是界线分明。

1. 孤注一掷

"孤注一掷"是美国内战时期一名南部邦联骑兵将军连连取胜常用的战略。采用这种战略，企业家的目标是领导权，或是占领新市场，或新产业。"孤注一掷"的目标并不一定是立即建立一个大企业，虽然这是它的最终目标。但是初始时它的目标是占据永久性的领导地位。

在所有企业家战略中，这个战略的赌博性最强。而且它不容许有失误，也不会给第二次机会。但是，一旦成功，孤注一掷的回报率却是惊人的。所以采用这种战略需要周密的思考和审慎的分析。马云的阿里巴巴可以说就是孤注一掷的结果。从 1995 年接触网络到 1999 年阿里巴巴问世，马云用了 5 年的时间，经历了 2 年的失败才获得了第一阶段的成功。马云先是顶着"杭州十佳教师"的荣誉放弃了教师这个铁饭碗，然后又离开和杭州电信合作的中国黄页，离开和外经贸部合作的中国国际电子商务中心（EDI）。然而马云每一次离开，其实心中已经酝酿了更大的一盘棋局。马云正是依靠他这种孤注一掷的气魄和一往无前、不留退路的决心，才使得阿里巴巴获得了巨大的成功。

2. 打击对方的弱点

德鲁克认为，打击对方的弱点这一创业战略包含了两个完全不同的企业家战略，分别为"创造性模仿"和"创业柔道"。

（1）创造性模仿

"创造性模仿"是由哈佛商学院的李维特（Theodore Levitt）所创。从字面上看，似乎有明显的矛盾。因为人们普遍认为，创造性的东西必定是原创的。而如果是模仿品，则不是原创的。然而这个词我认为却是十分贴切的。它描述了一个本质为"模仿"的战略。企业家所做的事情，别人已经做过。但是，它又是"创造性"的，因为运用"创造性模仿"战略的企业家比创新的制造者更好地理解了创新所代表的东西。德鲁克从战略高度对"创造性模仿"进行了精辟论述，认为创造性模仿是"创造性仿制者在别人成功的基础上进行再创新"。德鲁克强调，创造性模仿是仍旧具有创造性的，它是利用他人的成

[⊖] [美]彼得·德鲁克. 创新与企业家精神[M]. 蔡文燕，译. 北京：机械工业出版社，2011:265.

功,因为创造性模仿是从市场而不是从产品入手,从顾客而不是从生产者着手。它既是以市场为中心,又是受市场驱动的。

在中国,这个战略最杰出的而且也是最聪明的实践者就是腾讯。腾讯早期模仿的对象是 ICQ,而现在 ICQ 早已淡出江湖,腾讯则是如日中天。腾讯抓住了中国客户对于创新、个性化和增强功能的需求,推出了一系列服务:高度定制的数字形象,用户可以个性化其形象的衣服、发型甚至是开的车。70% 的中国网民在 30 岁以下,腾讯通过关注年轻人的市场而获利丰厚。腾讯在深刻理解本土需求的基础上,在"创造性模仿"中走出了自己的独特道路。现在的腾讯已经成了中国网民的一种生活方式,这也进一步使得腾讯在门户、游戏、电子商务等领域也披荆斩棘,获得了巨大成功。当前,腾讯的市值稳定在 700 亿港元左右,是中国互联网当之无愧的王者。

(2)企业家柔道

企业家创业要学会使用柔道战略。柔道是将对手的体能和能量为己所用,借力打力,击败对手而获胜的一种武术。柔道战略就是避其锋芒、放弃硬碰硬的竞争思维模式。利用柔道战略,可以使得弱者或者处于劣势的企业能够战胜占优势的对手。

德鲁克指出,有三种情况,企业家柔道战略将特别可能获得成功。

第一种情况非常普遍。原先的领导企业拒绝把意外的成功或失败视为机遇加以利用,而是对它置之不理。索尼公司就是充分利用了这一点。

案例

索尼推出晶体管收音机

1947 年,贝尔实验室发明了晶体管。人们马上意识到晶体管即将代替真空管,特别是在消费电子产品中,如收音机和全新的电视机。每一个人都知道这一点,但是没有人对此做出任何行动。大制造商们,当时全都是美国公司,开始研究晶体管,并计划"在 1970 年左右的某个时候"再转化成晶体管。当时他们均声称,晶体管"尚未准备妥当"。索尼公司当时在日本以外毫无名气,也并没有涉足消费电子产品市场。但是索尼总裁盛田昭夫在报纸上读到了关于晶体管的消息,于是前往美国,以低廉的价格从贝尔实验室手中购得了晶体管的制造和销售权,总共只花 2.5 万美元。两年以后,索尼推出了第一台便携式晶体管收音机,重量不及真空管收音机的 1/5,成本不到 1/3。三年以后,索尼公司占据了美国的廉价式收音机市场;五年以后,日本人占领了世界的收音机市场。这就是一个经典例子。

第二种情况是施乐公司所遇到的情况。一种新技术出现,而且发展迅速。但是向市场推出这项新技术(或新服务)的发明者行为却像古典的"垄断寡头":它们利用领导地位从市场"捞油",制定"高价格"战略。事实上,除任何形式的垄断以外,领导地位只有当领导者作为"仁慈的垄断寡头"时才会得以保留。"仁慈的垄断寡头"会在竞争对手降价之前就削减价格。而且在竞争对手出新产品之前,它就主动淘汰旧产品,推出新产品。在新科技行业中，领导者若一味追求最大化，而不追求最优化，即不是尽可能地完善自己的产品，而是最大限度地增加产品功能，则很容易被企业家柔道策略攻击。

案例

施乐失去垄断优势

施乐公司是全球最大数字与信息技术产品生产商，是一家全球 500 强企业，是复印技术的发明公司。施乐公司由于曾在很长时间内，在世界复印机市场里保持垄断地位，因而只把目光瞄准大客户，肯花大价格买高性能设备或买大量设备的买家。它并不拒绝其他小客户，但是它并不力求吸引他们。特别是，它认为为这些人提供服务不合适。最后，小客户对其所提供的服务感到很失望，因而转向竞争对手的设备。这就使日本模仿者富士在复印机上有可乘之机。

第三种情况是当市场或产业结构发生了迅速的转变，企业家柔道策略发挥巨大作用。家庭银行的故事就属于此类情况。

案例

花旗银行击败德国银行

德国银行知道普通的消费者有购买能力而且是潜在的客户。他们也考虑了提供消费者银行业务的措施。但是银行实际上并不需要这些客户。他们认为，与商业客户和富有的投资客户相比，零散的消费者有损重要银行的尊严。如果消费者需要开一个账户，他们宁愿在邮政储蓄银行开户。无论他们的广告说得多么冠冕堂皇，当消费者到当地银行分支办事处去时，银行的所作所为很清楚地显示出他们对银行毫无用处。而这正是花旗银行在德国开创家庭银行所利用的机遇。家庭银行专门针对个人消费者，设计了他们所需要的业务，使消费者与银行开展业务非常容易、方便。虽然德国银行在德国有很强大的实力和渗透力，它们在每个城市中心的主街上都设有办事处，但花旗银行的家庭银行仍然在五年之内控制了德国消费者银行业务。

企业家柔道总是以市场为中心，以市场为导向。要采用这一策略，你首先要对该行业进行充分的分析，生产者、制造商、供应商的习惯，以及它们的政策。然后再观察市场，设法找到一个既能获得最大成功，又能遇到最少阻力的薄弱点作为突破口。这需要创新，提供的产品必须同原来已有的产品有明显差异，仅仅依靠低价和优质的售后服务是远远不够的。

3. 生态位置适当战略

以上所讨论的战略：孤注一掷、创造性模仿和企业家柔道都瞄准的是市场或产业的领导地位,甚至完全占领。而"生态位置适当"战略的目标则是控制地位。"生态位置适当"战略属于防守型战略,是指企业专注于特定的产品、技能或市场。生态位置适当战略的关键是对专注点的选择和定位。专注点必须是一个封闭或半封闭的市场,不像开放市场上的产品,一旦有利可图,大家便蜂拥而入,利润被迅速摊薄,成本迅速攀升,本来有利可图的产品很快变成鸡肋。⊖

以下是三种不同的"生态位置适当"战略,每一种都显示独特的要求、局限性和风险。

(1) 收费站战略

全球最大的汽车刹车装置的生产企业是谁?也许很少有人知道。但根据汽车业的发展状况,默默无闻并不妨碍这家企业获得丰厚的利润。

其实,"收费站"战略的目标就是在小领域内获得现实的垄断权,不图虚名,只求实惠,尽量不引人注目,避免别人参与竞争。从许多方面来看,收费站的位置是企业最渴望获得的地位。但是它有严格的要求。产品必须对一个流程至关重要。不使用这个产品的风险必须远远超过产品的成本。这个市场必须非常有限,谁先来,谁就可完全独占。它还必须是真正的"生态的适当位置",一种产品就能完全填满,而且它是如此小而散,不足以吸引竞争对手。但这种收费站的位置很难找到。

这种战略大多为中小型规模的高科技企业使用。由于中小型企业资源有限,往往无法经营多品种产品以分散风险,所以只好选择合适的"收费站"位置,集中兵力在能使企业发挥自身优势的细分市场中进行专业的经营。但是采用"收费站"战略的企业往往由于过分依赖某种产品或技术适用的特定细分市场。一旦市场需求下降,就会给企业带来巨大威胁。这就是收费站的局限性和风险性。因此,为了尽量降低风险,采用该种战略的企业应该不断提高自身的创新能力,在所处细分市场做大做强,站稳脚跟。

(2) 专门技术战略

"专门技术战略"简单来说就是指企业在专门技术领域取得控制地位。与收费站战略比较,采用专门技术战略的市场会更广阔,然而仍然是比较独特的,而这种市场往往是通过在早期开发出高技术而获得的。

要想成功实施专门技术战略,德鲁克指出了以下三个要点。

第一,要在新产业、新市场或新趋势的发展早期进行系统的研究和调查来寻找到专门技术的机遇,必须要在一个新产业、新习惯、新市场、新趋势开始之时行动。

第二,专门技术适当位置的确需要独有的、与众不同的技术。

第三,占据专门技术适当位置的企业必须不断提高自己的技术、必须保持领先地位、必须不断自己淘汰自己。

总结起来,追求专门技术战略的企业家必须记住三点:抓住时机、与众不同、不断改进。从事专门技术战略企业的目的就是要成为"业界标准"。要想把握住这一点,时机非常重要。企业必须要在一个新产品、新习惯、新趋势刚开始形成时,立刻开始行动。

⊖ 杨安,兰欣,刘玉.创业管理—成功创建新企业[M].北京:清华大学出版社,2009:256.

企业要去发现这样一个地方：自己的企业既可以在这里积累专业技能，又能获得独特的控制地位。"专门技术战略"的成功一定是系统分析创新机会的结果。

（3）专门市场战略

专门市场战略是德鲁克总结的"生态位置适当"战略的最后一种。专门技术战略与专门市场战略的区别是，前者围绕产品或服务而建立，后者则围绕市场的专门市场知识而建立。除此以外，二者相同。

专门市场战略与专门技术战略同样需要对新趋势、新产业或新市场进行系统的分析。一个特殊的创造性贡献，哪怕只是一种简单的改良，如把传统的信用证转换为现代的旅行支票，就可能获得一个专门市场的位置。任何人都可以得到技术，但是如果保证了适当的专门市场位置，别人即便有技术也无法加入竞争。

4. 改变价值和特性

改变价值和特性属于创新战略，是指通过创新，开发出特别的生产工艺、配方、原料、核心技术和具有长期市场需求的产品。改变价值和特性包括产品创新、工艺创新和市场创新。由于该战略的独占性特点，掌握它的企业将获得相当高的利润，如可口可乐等。

以上所讨论的孤注一掷、打击对方的弱点、生态位置适当等战略，其目的都是推陈创新。而实际上战略本身就是创新。产品或服务可能已经存在很长一段时间了，但是通过实施战略，可以将已成型的产品或服务转换为新的东西，改变它的功用、价值和经济特征。也许从物理上看，产品并没有什么改变，但从经济上来看，确实是与众不同的新事物了。当然，该战略是否成功，要看它是否符合顾客的需求。并且看它是否能回答，"对顾客而言，什么才是真正的服务和价值"。

4.3.4 新创企业的其他成长战略

1. 产品开发战略

产品开发战略是通过改进和改变产品或服务而增加产品销售。进行产品开发通常需要大量的研究和开发费用。

当企业初创时，企业一般只有一个或几个产品线。所谓产品线是指密切相关的一组产品，这些产品以类似的方式发挥功能，或销售给同类顾客群，或通过同一类型的渠道销售出去，或同属于一个价格幅度。随着企业的成长，企业会增加产品线数目，即增加产品组合的宽度，并且同时增加各个产品线的产品数目，即产品线的长度。

企业产品开发不仅包括改进原有产品，而且包括增加产品组合的宽度和加大产品线的长度。企业必须不断进行产品开发，淘汰老产品，并在竞争者之前推出新产品来抢先占领市场。

（1）增加产品组合的宽度

所谓"增加产品组合的宽度"即增加企业的产品线数目。一个企业不只经营一类产品，可能有几种、几十种甚至几百种产品线。企业经营不只一类产品，采取的是多元化经营战略，可分为三种基本类型：集中化多元经营、横向多元经营和混合型多元经营。集中化多元经营是指企业增加新的，但与原有业务相关的产品与服务。横向多元经营是指向现有用户提供新的、与原有业务不相关的产品或服务。例如海尔先后推出不相关的家电产品，包括冰箱、洗衣机、彩电等。混合式多元经营是增加新的、与原有业务不相关、针对不同用户的产品或服务。例如，通用电气公司不仅生产火车车头、电冰箱、电灯泡，而且还经营发电厂、信用卡和商用飞机。这些业务毫不相关，针对不同的目标市场。

（2）增加产品线长度

成长中的企业希望有较高的市场份额与市场增长，因而采取增加产品线长度的战略。产品线有不断延长的趋势。生产能力的过剩，顾客的需求等因素，也会促使产品线延长。企业可以采取两种方式来增加产品线长度，即产品线延伸和产品线填充。

产品线延伸包括向下延伸、向上延伸和双向延伸。向下延伸即从高档品向低档品延伸，在产品线的低端增加新品种，以吸引注重价格的顾客。向上延伸即原来定位于低档品市场的公司进入高档品市场，可能是受高档品市场较高的增长率和利润所驱使，也有可能是由于低档品市场竞争过于激烈。双向延伸即原来定位于中档品市场的企业同时向上、下双向延伸产品线。采用这种战略将同时面对来自两方面的竞争，并在市场定位上给顾客造成混乱。

产品线填充是在现有产品线的范围内增加一些产品项目，以便使其产品品种更加齐全。采取这一战略可能是基于以下原因：充分利用企业剩余生产能力；满足那些经常抱怨产品线不足的顾客和经销商；填补市场空缺，以防竞争者进入；获取增量利润。

2. 连锁与特许经营战略

（1）连锁经营

连锁经营是20世纪兴起的被多行业广泛采用的企业成长战略。特许经营也正迅速成为中国最具活力能力的投资方式和创业途径。

中国较早对连锁经营开展研究的研究者受到日本连锁经营理论的影响，认为连锁经营指零售业、餐饮业、服务业等企业，经营若干同行业或同业态的店铺，以共同进货或授予特许经营权方式组织起来，在同一商业形象下从事经营，并共享规模效益的一种商业经营组织形式。在这一概念的基础上，国内贸易部于1997年制定公布了《连锁店经营管理规范意见》，该意见指出：连锁店指经营同类商品，使用统一商号的若干门店，在同一总部的管理下，采取统一采购或授予特许权等方式，实现规模效益的经营组织形式。这一概念、定义，比较接近当今国际上连锁经营发展的实际情况。

连锁经营包括三种形式：直营连锁、特许经营和自由连锁。特许经营由于较大程度地回避了创业初期企业形象、品牌、市场、产品或服务的不足，大大降低了行业进入壁垒，具有较高的创业成功率，因为被创业者普遍使用。

国际特许经营协会对特许经营的概念定义为："特许经营是特许人和受许人之间的默

契关系，对受许人经营的某些领域、经营技巧及培训等方面，在双方签约后，特许人提供或有义务保持继续性的指导；受许人的经营是在特许人所有和控制下的某个共同标记、经营模式或过程下进行，受许人从自己的资源中对其业务进行投资。"中国为规范特许经营行为，保护特许者与被特许者双方的合法权益，推动特许经营的健康发展，借鉴一些国外特许经营的概念、定义，结合中国企业经营现实及发展要求，国内贸易部于1997年制定和公布了《商业特许经营管理办法（试行）》，对特许经营的定义为："特许经营是指特许者将自己所拥有的商标、商号、产品、专利和专有技术、经营模式等以特许经营合同的形式授予被特许者使用，被特许者按合同规定，在特许者统一的业务模式下从事经营活动，并向特许者支付相应的费用。"

（2）特许经营

特许经营是比较适合新创企业发展和扩张的经营方式，尤其适合在经济低迷、品牌升温、买方市场为主的创业环境中使用。特许经营作为新创企业成长战略中常用的一种，既有其优势，也有其劣势，两者的对比如表4-4所示。

表4-4 特许经营的优势与劣势

优势	劣势
1. 享受现成的商誉和品牌	1. 较高的加盟费和特许权使用费
2. 避免市场风险	
3. 分享规模效益	2. 强制性的标准化，使企业不能按照自己的意思做事
4. 获取多方面支持	3. 可能面临市场饱和的危机
5. 创业者可拥有自己的公司，掌握自己的收支	

采用特许经营作为企业主要成长战略的企业，要想获得成功，需把握以下三个关键成功要素。

第一，特许经营双方的选择。选择问题对特许权授予人和特许权持有人都同等重要。对于特许权授予人来说，选择合适的特许权持有人是一个费时、费力但又必要和重要的问题，它是特许经营过程的一个重要组成部分。选择时应先列一个特许权持有人所必须从事的经营活动，以此为基础确定所需要的技能和个人特征。按照所确定的技能和特征，可以提高选择成功的机会。信誉、经营经验和合作倾向是选择时的主要依据。作为特许权持有人，也应列一清单，包括希望的收入、财力保证、工作位置、工作时间、希望的自治程度、需要的支持等。在这些问题清楚之后，再据此选择适合的特许权授予人。

第二，控制和标准化。作为特许权授予人的企业，一般要控制每个特许权持有人，以保证整个特许经营系统的一致性以及企业在消费者心目中的形象。而将众多特许权持有人联结在一起的黏结剂就是标准化，包括表面形象、产品与服务的质量、产品线等。质量控制是管理特许经营系统的重要方面。特许经营系统的一致性不允许不同的特许权持有人提供的产品和服务质量水平不一致。否则，顾客在一个特许权持有人处的不愉快经历将使其对整个特许经营系统都有不良感觉和认识。因此，在特许经营手册中对产品与服务的质量标准和工作标准都做出具体的规定，并要求每个特许权持有人认真执行。

特许权授予人有专门的监督与控制机构、程序和人员。

第三，支持。特许权授予人给予特许权持有人的支持包括：经营培训、集中化的广告、促销活动、研究与开发、管理咨询、人员奖励项目等。此外，特许权经营企业每年都召开会议以保持相互的良好关系和相互之间的沟通。该种会议将起到以下作用：确定和奖励已取得的成就；设法使业绩落后者迎头赶上；确定下一年的经营计划；解释新的经营项目；重新获得工作干劲；发表各自的意见和看法。

4.4 新创企业的风险管理

风险一词首先源于法语中的"risque"，随后被引申为英语中的"risk"，并开始应用于经济管理领域。随着经济的发展与社会的进步，风险的内容与含义不断深化。

4.4.1 创业风险的概念及特点

我们综合各类关于风险定义的观点，认为风险是指在一定条件下，未来发生事件与预期结果的偏离程度和这种偏离所导致损失（或收益）发生的可能性及其损失（或收益）的不确定性。这表明风险导致的结果可能是损失，也可能是收益，即偏离程度较大又未做充分的准备的情况下，风险发生将导致损失；反之，如果未来事件与预期的偏离程度较小，甚至无偏离，将获得较高的收益。可见，风险主要是由风险因素、风险事件、风险结果三个基本要素组成的，并且具有风险因素存在的客观性、风险事件的可识别性和可控性、风险结果的不确定性、双面性等基本特征。

由于未来充满了太多的不确定因素，创业就是这样的商业冒险或投机活动。研究创业企业与风险的关系及如何采取有效措施降低新创企业风险应该越来越受到人们的重视，因为创业企业高风险的特点对创业企业的生存和发展会产生重大的影响。

那到底什么是创业风险呢？创业风险是指创业企业在成长和发展过程中，由于创业政策变化、市场的不确定性、成熟企业的竞争等外部环境和创业企业自身的复杂性、创业者（创业团队）能力的有限性、企业管理经验的欠缺性、经营实力与竞争能力等内部因素，而导致创业企业的发展目标偏离预期创业计划和目标的可能性以及由此而产生的一系列不确定的后果。

4.4.2 创业风险的分类

1. 主观创业风险和客观创业风险

按风险来源的主客观性划分，可分为主观创业风险和客观创业风险。主观创业风险，是指在创业阶段，由于创业者的身体与心理素质等主观方面的因素导致创业失败的可能性。客观创业风险，是指在创业阶段，由于客观因素导致创业失败的可能性，如市场的变动、政策的变化、竞争对手的出现、创业资金缺乏等。[1]

2. 技术、市场、政治、管理、生产、人力资源和经济风险

按创业风险的内容划分，可分为技术风险、市场风险、政治风险、管理风险、生产风险和经济风险。

（1）技术风险，是指由于技术方面的因素及其变化的不确定性而导致创业失败的可能性。

（2）市场风险，是指由于市场情况的不确定性导致创业者或创业企业损失的可能性。市场风险通常在创业企业的起步期就已产生，在扩张期达到最大。随着创业企业的发展，市场准入与预测风险、市场竞争风险和市场潜力成长风险依次凸显。

（3）政治风险，是指由于战争、国际关系变化或有关国家政权更迭、政策改变而导致创业者或企业蒙受损失的可能性。

（4）管理风险，是管理风险是贯穿于创业企业始终的主要风险之一。它是指由于创业企业管理不善而导致创业失败的可能性。创业企业的管理风险主要由因创业者和管理团队能力不足而导致的能力风险和由组织结构不合理所导致的组织风险两部分组成[2]。

（5）生产风险，是指创业企业提供的产品或服务从小批试制到大批生产的风险。

（6）人力资源风险，主要表现在人才获得风险和人才流失风险。由于创业企业的高风险性和发展的不确定性等特征决定了创业企业在吸引人才和留住人才方面都不具有明显的优势，这也导致创业企业一直面临着较大的人力资源风险。

（7）经济风险，是指由于宏观经济环境发生大幅度波动或调整而使创业者或创业投资者蒙受损失的风险。

3. 创业不同阶段的风险

创业企业的成长和发展是一个具有若干阶段的连续过程。创业企业在不同阶段的发展时期也有不同的创业风险。如上节所述，对于企业生命周期阶段的划分有葛雷纳最早提出的五阶段论，弗拉姆豪茨于1998年提出的七阶段论，还有引起广泛认同的爱迪思提出的十阶段论。一般，根据我国创业企业的特点，主要将其成长划分为种子期、起步期、成长期和成熟期等阶段。各个阶段由于创业企业面临的外部发展环境和内部资源状况的差异，带来各个阶段创业企业各不相同的风险类型和特点。具体来说：

（1）新创企业种子阶段的风险

种子期即从捕捉创业机会到创业企业创立的阶段，创业企业实体的成立则标志着种子期的结束。这一时期，创业者（创业团队）需要合理地评价商业机会、构建商业模式、确定技术和商业上的可行性、进行市场研究、招募合适的企业核心人员，筹集创办资金等。

处于这一阶段的创业企业面临的最大风险是筹资风险和技术风险。资金就如同种子发芽需要的水分一样，缺少了它种子就不可能发芽。一方面由于创业企业缺乏科学和准

---

[1] 陈震红，董俊武. 创业风险的来源和分类 [J]. 财苑：经济与管理，2003: 56-57.
[2] 巩艳芬，崔海燕，李友俊. 基于生命周期理论的我国创业企业风险分析 [J]. 企业管理，2011: 37-39.

确的筹资计划和融资策略，另一方面由于我国资本市场的不完善和不成熟，从而导致新创企业具有较大筹资风险。而筹资风险也成了新创企业在创业初期所遭遇的首要风险和核心风险。随着企业逐渐发展壮大，企业会有一定的现金流流入，并且企业的规模和影响力也都在扩大，从而会一定程度缓解筹资风险。企业在种子期还会面临一定的技术风险，尤其是技术研发风险。由于企业缺乏足够的研发资金和技术研发经验，导致技术的研发是否能够获得成功具有很大的不确定性。由于种子期创业企业的研发工作处于概念设计阶段，因此技术的可行性几乎无法判别和确定，所以处于该阶段的创业企业即使获得了少量的风险资金支持，也往往会因为技术问题而颗粒无收。

（2）新创企业起步期的风险

起步期指从产品研发到产品试销的过程，是将创业设想转化为一系列创业活动的过程，是组织结构、运行机制等逐渐成形的过程。

在这一时期，企业的重心是努力在激烈的竞争中获得生存的空间与权利。无论是产品的研发还是生产线的配备、产品的试生产都需要投入大量的资金，但面临市场的不确定性，无法预知投入的资金能否及时回收，这将导致创业企业陷入长期的负现金流状态，即面临巨大的资金风险。在此阶段，技术研发由概念和小试逐步走向中试甚至小批量试制，因此技术的研发风险和生产风险在逐步释放。但与此同时，随着产品样品的市场试用，产品不断接受市场的检验和反馈，于是潜在市场的风险不断显现。

（3）新创企业成长期的风险

成长期是由产品试生产和试销向产品规模化生产并日益被市场接受的过程，主要表现为市场占有率逐步扩大、销售额逐渐增加、知名度不断提高等。在成长期，管理风险、市场风险都是创业企业将遇到的显著风险。

由于管理的幅度在不断加大，人员在急剧增加，生产规模在不断加大，资金规模在不断加大，市场区域在不断拓展等，这些因素都在迅速增加管理的难度。在企业中也常出现管理水平、管理理念跟不上的现象，管理风险进一步突显。

另外，随着企业规模不断扩大和生产能力的加强，成长期的创业企业需要不断扩大市场份额来获得更大的利润。但由于消费者认知程度较低、市场地位不高、竞争能力较差，新创企业在此时就需要承担更大的市场竞争风险。该风险一方面体现在产品本身的竞争，产品质量、性能等指标是否具有竞争优势决定了创业企业市场竞争风险的大小。另一方面，创业企业要面临现存的成熟企业和新的竞争者出现所带来的竞争风险。

（4）新创企业成熟期的风险

成熟期是企业的核心产品生产能力、销售业绩和管理水平都逐步趋于稳定，其市场地位也趋于稳固的过程。此时，随着规章制度和治理结构的日益完善和技术的日渐成熟，人力资源风险、技术风险等都大大降低，但市场风险和管理风险依然较大。

成熟期创业企业常常因为取得的成绩而不思进取，或由于资金、市场开拓能力的限制，而导致企业的成长速度与生产水平无法适应市场的成长速度，最终导致企业市场的萎缩而逐渐失去竞争力。

此外，创业企业发展到这一阶段最容易变得安于现状，趋于保守，疏于改革现象严重，忽视企业未来的经营战略和发展方向，创业企业成长动力风险和战略风险初现端倪。⊖

创业企业在整个生命周期中主要面临着资金风险、技术风险、市场风险和管理风险等，且各种风险在不同生命周期中呈现不同影响和变动趋势。因此，在进行风险控制时也应以创业企业发展的生命周期为基础，有针对性地、有重点地采取相应风险控制手段对各种风险进行有效的管理。

4.4.3 创业风险的管理

高风险是造成创业企业失败的重要因素之一，这就要求创业企业在其管理过程中必须将风险管理放在战略的高度，充分认识到创业企业风险管理的必要性与重要性。创业者通过加强风险的管理，掌握一定的风险规避的方法与途径，一方面可以利于保证企业的规范化发展，降低由于不规范化的管理所导致的各种不利于企业成长的经营风险；另一方面可以利于加强创业企业的竞争力，完善的风险管理体系、恰当的风险管理战略、合理的风险管理组织和严密的风险管理流程将有助于提高创业企业经营管理水平和综合实力，进而使其在外部环境高度不确定和市场竞争异常激烈情况下获得有利的竞争地位。

风险管理（risk management）思想起源于中世纪的欧洲，发展于20世纪的美国，在60年代成为一门新的系统研究科学，70年代以来在世界范围内得到广泛传播，80年代以后在理论和实践上都取得了大量成果，主要是用于企业管理。风险管理过程实际上是一个复杂的系统工程，其内容体系划分也依据研究对象不同而有所区别。美国系统工程研究所（SEI）认为风险识别、风险分析、风险计划、风险跟踪、风险控制和风险管理沟通六个环节构成了风险管理的内容体系。有的学者则将风险管理过程描述为：风险管理规划、风险识别、风险定性分析、风险量化分析、风险应对设计、风险监视和控制六大部分。遵循风险管理的一般内容体系和程序，本书将创业企业风险管理内容体系分为风险识别、风险分析与评价、风险处理三大部分。

1. 风险识别

企业风险程度与企业所掌握的信息多少，真伪有关。企业掌握的信息越多、越准确，便越能做出正确的、有把握的决策，企业风险也就相对减少。反之，企业风险便会加剧。因此，要减少企业风险，也就必须重视信息获取工作。风险识别，便是要通过各种可能的手段了解信息，掌握信息，进行信息的收集、处理、推断、集成与转化，以明察风险，进而防范和控制风险。常用的进行风险识别或信息辨识的方法有以下三种。

（1）调查法。可以采用现场调查、问卷调查和专家咨询的方式来辨识信息，捕捉机会，发现风险。

（2）实验法。企业可通过小范围试验的方法来了解信息，为企业风险防范提供信息基

⊖ 谢胜强.创业企业技术创新风险和技术创新能力培育方法研究[J].科学学研究.2008,（26）(增刊)：230-233.

础。比如新创企业常采用的试销法。在产品开发出来后，首先进行小批量的试销，看看消费者有何反应，然后根据消费者的反应与意见对新产品进行改进与完善，再全面推向市场。

（3）推断法。它是风险辨识中的重要技法，指根据少量的、不完整的信息来进行推断，以扩大信息量、提高信息的真实度，把握风险的本质，以利于企业的风险防范。当然，信息推断是否有效，取决于企业决策者的心态、素质与能力。

创业企业可以通过以上三种方法及时确认并了解创业企业在不同的发展阶段所面临的风险因素及其特征，分析产生这些风险的成因、发展趋势和潜在风险源。有效的风险识别可以分辨出在创业企业不同阶段的主导风险因素，是创业企业风险管理的起点和基础，也是进行科学风险评价和风险控制决策的基本前提。

当然，当风险真正出现的时候，如何去正确地面对和处理风险又是决定企业是否能最小化损失，不损害企业未来长远利益和发展的关键。在历史上，有一例非常经典的风险处理案例不得不提，那就是"泰诺"中毒事件。

案例

"泰诺"事件

"泰诺"是美国约翰逊联营公司生产的治疗头痛的止痛胶囊商标。这是一种家庭用药，在美国销路很广，每年销售额达成协议 4.5 亿美元，占约翰逊公司总利润的 15%。

"泰诺"中毒事件是这样发生的：1982 年 9 月 29 日到 30 日，有消息报道，芝加哥地区有人因服用"泰诺"止痛胶囊而死于氰中毒。开始报道死亡 3 人，后增至 7 人。随着新闻媒介的传播，传说在美国各地有 250 人因氰中毒死亡或致病。后来，这一数字增至 2000 人（实际死亡人数为 7 人）。这些消息的传播引起约 1 亿服用"泰诺"胶囊的消费者极大恐慌。民意测验表明，94% 服药者表示今后不再服用此药。约翰逊公司面临一场生死存亡的巨大危机。

实际上，对回收的 800 万粒胶囊的化验，只发现芝加哥地区的一批胶囊中有 75 粒胶囊受到氰化物的污染（事后查明是人为破坏）。

面对这一严峻局势，约翰逊公司为了维护企业信誉，公司在危机面前没有存在任何侥幸心理。尽管受氰化物污染的"泰诺"胶囊只在芝加哥地区少量发现，但公司决策者仍下决心以巨大的代价，在全国范围内收回全部药品。这一决策表明约翰逊公司坚守自己的信条："公众和顾客的利益第一"，不惜做出重大牺牲以示对消费者健康的关切和高度责任感。这一决策立即受到舆论的广泛赞扬。此外，约翰逊公司与新闻媒介密切合作，以坦诚的态度对待新闻媒介，迅速地传播各种消息，无论是好消息，还是坏消息。约翰逊公司的这一处理的确导致损失惨重，但很快，凭借良好的信誉和质量，"泰诺"止痛药又占据了大部分市场，恢复了其事件前在市场上的领先地位，约翰逊公司及其产品重新赢得了公众的信任。⊖

⊖ 资料来源：http://jpkc.hustwb.edu.cn/scyx/info.asp?id=74.

其实，风险本身并不可怕，可怕的是不敢去正视风险，勇于面对风险，并且不懂得去预测风险，识别风险并根据可能发生的风险采取理性的决策。只有进行事先科学的预测和周密的风险防范措施才能有助于规避风险，降低风险带来的损害。

2. 风险分析与评价

创业风险管理的第二个步骤，创业企业风险分析与评价，是风险管理过程中不可或缺的组成部分，是风险管理决策的主要依据。对已识别的风险进行分析、评价，其任务主要有二个：第一，分析和评价风险发生的概率；第二，评价和估算风险一旦发生了对项目造成的损害。

常用的风险分析与评价方法有采用定性的、专家经验的德尔菲法，定性与定量相结合的层次分析法以及侧重于定量数据处理的主成分分析法、灰色系统关联法和模糊综合评价法等。通过风险评价估计创业企业所面临的风险水平并确定主要的风险因子，进而利于管理者采取恰当的风险控制措施和加强风险处理的针对性。

3. 风险处理

风险管理的重点就是对存在的不同类型、不同概率和不同规模的风险及所发生的风险后果采取一定的方法进行有效的处理，以期将创业企业的风险水平或风险损失降到最低。大体说来，对风险的处理有以下三种方法。

（1）转移风险

企业在经营的过程中，有时为了求得长远的发展，不得不放弃一些暂时的利益，以渡过难关，这就是风险转移。风险转移的特性是环境的客观风险水准不变，但转移给其他的成员承担。常用的合理转移风险的方法有三种。

第一种方法是当企业面对不确定的未来，单靠自身的能力无法承担如此巨大的风险时，会设法寻找志趣相投的事业伙伴，共同承担风险。在此状况下，总客观风险水准没有改变，但个别组织的客观风险水准，却因部分风险转嫁给其他合作成员而降低了。例如，台湾的信息业者在开发第一代的笔记型电脑时，个别企业为了降低所承担的风险，共有46家厂商形成一个技术开发联盟，共同来分担研发的风险。

第二种方法是购买保险，防患于未然。通过购买保险，实际上不会降低风险，但是通过保险所给予的赔偿金能弥补一些损失甚至全部损失。

第三种方法是申请破产保护（bankruptcy protection）。当企业财务陷入困境，经过一系列整顿后仍不见起色，面临绝望困境时，就应当考虑采取破产保护。企业宣告破产后，其经营立即停止，企业交由清算小组管理。经过清算仍不能偿还的债务，将转嫁给债权人自己承担。

（2）分散风险

分散风险的观念主要源自于马克维兹的投资组合理论，基本的想法是，一个企业若有多种面对不同环境类型的事业组合，便可以让风险适度分散，因为，有些事业的风险小，有些事业的风险大，平均起来，可以得到一个较适中的风险水准。这同经济学大师托宾所提出的"不要把所有鸡蛋放在一个篮子里"是同一个道理，即企业要分散风险。

在实务中，业务范畴多元化包括很多层面，例如，产品多元化、供应来源多元化、地理涵盖范畴多元化等，都可算是分散风险的具体应用。著名的宝洁公司是一个采用分散风险策略成功的典型例子。由于有多条产品线、行销多个国家，使得公司的主观风险水准相对较低，因为，任何一条产品线若在某些地区遭受攻击或失败时，可立刻推出另一条产品线，或转进到其他国家、地区销售。作为新创企业，要考虑采取适当的多元化战略，使风险在不同活动领域里得到分散。

（3）回避风险

回避风险策略，是风险潜在威胁发生可能性太大，不利后果也太严重，又无其他策略可用时，主动放弃或改变目标与行动方案，从而规避风险。回避风险包含主动预防风险和完全放弃两种。主动预防风险是从风险源入手，将风险的来源彻底消除。例如在公路大修项目中，为了彻底消除交通事故风险，可以申请禁止道路通行等措施。完全放弃是最彻底的回避风险的方法，它可以避免失败的风险，但彻底放弃也意味着失去了发展和机遇。回避风险方法的使用是建立在企业对自身实力清楚了解的基础上，是在对风险进行有效准确预测与识别的基础上，而采取的另一种独辟蹊径的有效规避风险的方法。

除此之外，风险监控也是风险管理过程中一项基本工作，风险监控始终贯穿于上述三个主要的风险管理内容及过程中，可以及时发现风险因素和风险水平的变化，并对风险识别、风险评价和有效采取风险处理措施都起到重要作用。

本章小结

新创企业需要进行市场细分，即将一个市场按一定标准分成一些小市场的过程。市场细分有利于企业分析新的市场机会，有利于企业制定和调整市场营销组合策略，还有利于企业发挥资源优势，提高企业的经济效益和社会效益。新创企业的产品创新策略可以划分为五种，即减法策略、除法策略、乘法策略、任务统筹策略和属性依存策略。

不同学者对企业成长做了阶段性划分，最具代表性的有三种模型：葛雷纳的五阶段模型，将企业成长划分为创业、集体化、规范化、精细化和合作五个阶段；弗拉姆豪茨的七阶段模型，将企业生命周期划分为七个阶段，分别是新建企业、扩张、专业化、巩固、多元化、一体化、衰落和复兴；爱迪思的企业生命周期模型，把企业成长过程分为孕育期、婴儿期、学步期、青春期、盛年期、稳定期、贵族期、官僚初期、官僚期以及死亡期共十个阶段。

著名的管理学大师德鲁克在《创新与企业家精神》一书中，提出了四种创业型战略，分别是：孤注一掷，打击对方的弱点，生态位置适当，改变价值和特性。此外，新创企业还有其他成长战略，比如产品开发战略、连锁与特许经营战略等。

新创企业也要重视风险管理。创业风险是指创业企业在成长和发展过程中,由于创业政策变化、市场的不确定性、成熟企业的竞争等外部环境和创业企业自身的复杂性、创业者(创业团队)能力的有限性、企业管理经验的欠缺性、经营实力与竞争能力等内部因素,而导致创业企业的发展目标偏离预期创业计划和目标的可能性以及由此而产生的一系列不确定的后果。

思考题

1. 新创企业该如何进行市场细分及目标市场的选择?
2. 新创企业通常使用哪些产品创新策略?
3. 新创企业有哪些成长战略?
4. 新创企业有哪些创业风险?企业该如何进行创业风险管理?

Chapter 5
第 5 章

创新思维与企业战略、文化及制度

导读案例

破产之后,你知道柯达现在在做什么吗

柯达曾一度是全球家喻户晓的大品牌,那些装在小小黄色包装盒内的柯达胶卷,记录了多少人的出生、假期和婚礼等重要时刻。

伊士曼柯达工业园区位于美国纽约州西部的罗切斯特城,这个面积达1 300英亩的工业园区内,曾经约有200座建筑,而目前其中的80座已被拆毁,59座已经出售。特里·泰伯尔今年60岁,这位带着花镜的老人是柯达公司的一名忠实员工,已经在柯达工作了34年的他,目前仍然坚持在工作岗位上,他所在的大楼与被拆毁建筑的废墟仅有咫尺之遥。

泰伯尔负责监督管理柯达公司的研发工作。现在很多人听到柯达公司仍在正常运营的消息,可能都会十分惊讶,更不用说这个日薄西山的企业还招人来做听起来有希望的新技术研发工作。但如果柯达胶卷公司能够从2013年的破产走出来,并且在未来有所作为的话,那么这里面的功劳一定会有泰伯尔一份。

在错综复杂的地下实验室里,泰伯尔手下的300名科学家和工程师们正在研究一种纳米神奇墨水,这种"墨水"是一种廉价的感测器,它能够嵌入食品药品包装中,从而检测肉类或药品是否已经变质,它也可用于制造触摸屏,从而降低生产智能手机的成本。

1. 拒绝放弃柯达

虽然目前的这些研发工作都属于从前公司在辉煌时刻遗留下来的项目,但泰伯尔的老板仍然希望他们的探索有朝一日能够为公司创造一定的价值。

图 5-1　目前的柯达公司外景

"我挖掘公司的历史,就是为了找出柯达最根本的技术条件。"杰夫·克拉克说道,今年53岁的克拉克在去年成了柯达新一任首席执行官。克拉克并没有幻想过柯达公司有朝一日能够靠自己把这些研发成果推向市场,公司必然要寻求合作伙伴才能制造新产品。"仅凭单一柯达品牌的销售已经很难让我们的自主知识产权发挥价值了。"克拉克在他的办公室这样说道,这间办公室曾经坐着伊士曼柯达公司的创始人乔治·伊士曼,他曾在此独揽他的科技王国。

一个科技王国已然走向没落,但仍然有一群人不肯放弃,还在继续为之奋战,这其中有怎样的故事呢?对于曾经的柯达王国来说,答案就是:柯达人还要深挖企业从前在摄影行业留下的革新技术,并寄希望于让企业在光学和化学方面的研发成果能在其他相关产业创造新的价值。

像今天的苹果和微软一样,柯达也曾一度是家喻户晓的大品牌,它的产品曾经是人们日常生活不可或缺的一部分,那些装在小小黄色包装盒内的柯达胶卷,记录了多少人的出生、假期和婚礼等重要时刻。而在巅峰之后,柯达则因其变革缓慢,成了科技公司的前车之鉴。对于柯达来说,数码摄影的出现对其有着毁灭性的影响。目前柯达每年的销售额为20亿美元,而在1990年,那个胶卷仍是王牌产品的年代,柯达的年销售额曾达到190亿美元。目前,柯达公司在全球只剩下了8 000名员工,而在其巅峰时期公司共有14.5万名员工。

自从柯达破产又重组过后,公司主要的业务就来自于那些小众电影市场,现在仍然还有一小部分导演是胶片的死忠拥趸,不肯运用数码手段拍摄影片;此外,柯达也向报纸印刷、包装和一些相关企业出售设备。柯达目前的主要营业收入仍然来自其传统业务。对于柯达的新任掌门人还有像泰伯尔一样的老将来说,柯达生存下去的关键在于公司曾经的研发成果、其手中掌握的几千项专利技术,以及公司负责研究的科学家团队。

图5-2 柯达的地下实验室中工作场景

就在柯达实验室中,科学家们已经能够用激光器在一秒内打印厚度为千分之四英寸(比一张信用卡还要薄)的256目银丝网。这种技术可以作为设计新型手机屏幕的基础,因为它不仅廉价,而且比触摸屏功能还要丰富。泰伯尔和他忠心耿耿的研究团队为这项发明而感到无比自豪。

"有人会问我为什么我还要留在柯达，"泰伯尔说道，"那是因为我看到柯达还有新的可能。"

但当你仔细观察便会发现，这个激光器还要靠一台系统是 Windows 2000 的计算机操作，而微软早在十年之前就将这一系统淘汰了。这些研发人员的门禁卡上的照片大多都已经磨出了一道道条纹，一眼就能看出，那是经年累月反复刷卡才会留下的痕迹。

如果柯达还有未来可言的话，那么明天最好快些到来。

2. 亡羊补牢

克拉克没有等待的耐心，去年他加盟柯达，他说他当时看到公司的情况后十分震惊，因为公司在研发成果变现方面十分失败。他还强调，柯达包装传感器的研发工作在数年之前已经完成，但却没有一个人能使之派上用场。

"我们错过了非常宝贵的机会，"他说道。柯达的总市值约有 8 亿美元，克拉克提到了用于户外极限运动的摄像机，他认为仅这一项专利技术的价值，就可以达到柯达总市值的六倍以上。

克拉克在距离罗切斯特城不远的汉密尔顿县长大，并且在纽约州立大学日内西奥分校取得了经济学学位。

他目睹了柯达这一科技王国的兴衰成败。克拉克先是在美国数字设备公司（Digital Equipment Corporation）工作，数字设备公司也曾是一个科技巨头，但因错过了 20 世纪 90 年代计算机迅速发展的革命性技术转机而走向没落。它最终于 1998 年与康柏计算机公司合并，康柏随后又在 2002 年与惠普科技公司合并。克拉克在当时是业内赫赫有名的财务总监，也是两位促成这次公司合并的高层之一，并且在企业合并后，成功将 14.5 万名员工缩减到了 1.3 万名。

这次合并造成了公司内部持续多年的斗争局面，但却节省了 25 亿美元资本，并且帮助惠普公司在个人电脑和计算机服务器市场占据了有绝对领先优势的市场份额。克拉克曾有希望成为惠普的首席财务官，但他在 2003 年出人意料地离开了惠普，当时他表示，他已经厌倦了等待这一职位的到来。惠普的官方消息称，克拉克的离职是"双方共同认可的"。

在低调离开惠普之后，克拉克做了一些类似于企业规划师的工作，专门协助那些面临辞退职工和成本削减问题的企业渡过难关，他也曾与一些私募股权公司和风险投资人有过密切合作。就在美国黑石集团（曾用名为"佰仕通"集团）收购美国有方国际旅游服务集团之前，克拉克接过了有方集团的大权，之后他成功实现了有方旗下 Orbitz 公司的首次公开募股。克拉克在去年 3 月来到柯达，是由于买下柯达公司大部分债务的私募股权公司中的猎头的引荐。

柯达在 2013 年 9 月重新在公开市场亮相，但公司的大部分股权仍然归私募股权公司和投资公司（其中包括蓝山资本管理公司、富兰克林资源公司以及塞伦盖蒂资产管理公司）所有。

"我们投资柯达是因为柯达曾经是、现在依然是一个有魅力、资产雄厚、仍有回旋余地,并且在数码打印方面拥有傲人技术成就的企业,"塞伦盖蒂资产管理公司创始人、也是目前的管理合伙人乔迪·拉纳萨在一封邮件中如是写道。塞伦盖蒂公司表示,将会长期持有柯达公司的股份,塞伦盖蒂也是唯一一个对我们的提问做出回应的一个公司。

图 5-3 胶卷轴和用来保护未曝光胶卷的衬纸,柯达工厂内部场景。

柯达公司的现金资本约有 7.5 亿美元,2014 年公司净亏损达到 1.14 亿美元。柯达需要寻求合作伙伴协助其研发工作,并将其专利技术转化为可盈利的产品,就像克拉克所说的那样。瑞士的博斯特集团很有可能会是柯达未来的合作伙伴之一,博斯特是一家资产 13 亿美元、专门制造生产纸板箱设备的公司。博斯特公司首席执行官让·帕斯卡·博斯特表示,博斯特公司希望能将柯达的数码打印技术运用到个性包装上,"这可能会是瓦楞纸箱的一场革命。"其他的潜在合作方还有犹他州的一个印刷公司和罗切斯特的一个机械制造公司,这一公司的老板曾经就效力于柯达,目前致力于触屏研发生产。

在克拉克成为新任 CEO 之前很久,柯达的大部分技术(如包装传感器)就已经研发成功。去年夏天,克拉克又创建了一个新的分支机构,也就是专门负责拓展公司经营渠道的柯达技术方案部门。

"我们拥有隐形墨水的专利,这项技术可以用于防盗版或防伪识别,我们还有智能包装传感器的发明,可能还会有专为药品研发的银丝抗菌网,"柯达软件和技术方案部门主管艾瑞克·伊夫·马赫说道,"我们面临的真正挑战是,如何让毫无斗志的柯达人振奋起来。"

3. 他是乔治

柯达是个典型的科技公司。

乔治·伊士曼创立了柯达,奠定了柯达的基调。在西雅图,"比尔"特指比尔·盖茨;在硅谷,"史蒂夫"代表着史蒂夫·乔布斯;而在纽约州罗切斯特市,"乔治"这个名字也同样有着特殊的含义,人们在提到伊士曼时还是会直呼他的名字。罗切斯特市民谈论最多的就是,如果乔治还在,他会怎样阻止柯达的衰落。

伊士曼事必躬亲,监管着公司上上下下所有事务,简直和苹果公司的史蒂夫·乔布斯有得一拼。曾经在一次反垄断调查中，他抽出时间来，就柯达公司凝聚力的问题反复敲打员工。他曾经雇用过侦探来调查公司销售员是否忠诚，也曾经为员工建立了一座剧院，向每天三个班次的所有员工播放免费影片。

1932年，伊士曼的身体健康每况愈下。他就各种毒药和自己的医生进行了讨论，还请医生在自己的胸膛上画出了心脏的位置。最后，这位77岁的老人使用鲁格尔手枪结束了自己的生命。他留下一张字条，上面写着："我的工作已经完成，还等什么呢？"

在伊士曼自杀后的几十年间，柯达依旧延续了他那家长式的管理作风。罗切斯特少儿棒球联盟（Rochester Little League）的免费背包上、市镇游泳池的免费救生圈上、免费午餐盒、手提袋上……到处都印有柯达那黄红相间的标志。柯达不像谷歌，它没有班车接送员工，人们使用公司每年发的津贴买车上下班。

图5-4　1906年柯达工厂的一层

"那时我们这儿就是一个黄色柯达小镇，总能最早买到最新的产品。乔治为我们做了许多事儿，"一位44岁的罗切斯特当地市民布莱恩·怀特（Brian White）说道，"即便后来这一切开始走起了下坡路，我们中也没有一个人想到，有一天这个小镇会彻底失去这种氛围。"

如今的罗切斯特比起那时衰败了许多。据美国人口调查局的数据显示，这里中等家庭收入为30 900美元，仅为纽约州全州总水平的一半左右。而且FBI表示，这里的犯罪率约为纽约市犯罪率的5倍之多。

"15年来，我们始终面临着各种挑战。"罗切斯特市市长洛夫利A.沃伦（Lovely A. Warren）说道。

柯达曾试图做出改变，想要发展壮大。1988年，它扩大业务范围，进入了制药领域，耗资51亿美元收购了斯特林药业公司（Sterling Drug）。20世纪90年代，柯达研究人员发明了数码摄像技术，并将其运用在了专业照相机上。公司曾计划进军家用数码相机领域，但当时公司自得于传统摄影带来的利润，并未对此予以足够的重视。

神话总会有终结的一刻。

2001年前，智能手机甚至还没有摄像头，但柯达的胶片销售就已经开始以每年20%～30%的速度下滑。柯达也曾花费巨额资金想要打入家庭印刷市场，为争取客户作最后一搏，结果惨遭失败。

如今，克拉克并没有这么大的野心。几十年来，柯达都是罗切斯特市的同义词，但公司的这位新任CEO却自惠普并购康柏电脑后，便住到了这个国家另一头的旧金山。虽然克拉克已经出席了一些罗切斯特市当地的活动，不过他到现在还没有见过市长。每次来罗切斯特市，他也几乎不会在这里多停留几个晚上。而且也几乎没有人把克拉克看作是传统的柯达人，更不认为他会为柯达效力数十年。

"克拉克正是现在柯达所需要的人才，"威廉·波洛克（William Pollock）说道，"他更像是一个企业家，从来不会在同一个地方连续睡上超过两晚。人们说：'他一点也不像罗切斯特人，他一点也不像柯达员工。'我说，'那对他来说是件好事儿。'"波洛克是金斯伯里公司（Kingsbury Corporation）的经营者，这个小型罗切斯特地方制造企业目前正就触摸传感器业务与新柯达展开合作。

4. 想挽救柯达？难！

图5-5　几十年来，柯达一直都是其创始地罗切斯特市的同义词。公司新任CEO杰夫·克拉克虽然是在纽约州汉密尔顿市附近出生的，但他现在正住在这个国家另一头的旧金山

多花些时间来了解一下柯达，你就会发现这家公司昔日的光环已然褪色。克拉克强调，柯达公司辉煌的过去，虽然其品牌依然具有强大的竞争力，但目前的情况对他挽救公司相当不利。

"柯达面临的问题是竞争，和技术无关，"CRT Capital Group证券公司一位分析师阿莫尔·蒂瓦纳（Amer Tiwana）说道，"现在看来，柯达在知识产权上还算有点微弱的优势。真正棘手的是公司的竞争者们。柯达涉及的每个市场上，都有着十个八个强劲的竞争对手，这让公司很难提高产品价格，它可能永远也没办法从新产品上获利。"

2013年，柯达以5.27亿美元的价格，向包括苹果、三星和Facebook在内的12家公司出售了1 100项数字图像采集技术相关专利。不过柯达保留了一定的权力，能够和收购这些专利的公司一样使用这些专利。这样一来，如果公司日后再想在诸如摄影这样的领域争得一席之地的话，还能用得上这些技术。同时，公司还保留了约7 000项其他专利技术。这些专利技术大都和图像创作的化学和物理过程有关，相对来说市场价值较小。

柯达商业用胶卷业务正在不断缩水。截至2007年，柯达生产的胶卷共计114亿英尺长，足以绕地球约88圈。但如今它的胶卷市场已经缩水了96%。去年6月，克拉克刚刚接管柯达3个月，便成功挽留了以往的一部分业务。在昆汀·塔伦蒂诺（Quentin Tarantino）和J.J.亚柏拉罕（J.J. Abrams）等导演的帮助下，他和主要的几个好莱坞工作室达成了一项协议，请他们在几年内继续购买柯达的电影胶卷。这项交易于2015年2月正式敲定。

"商业用胶卷对我们来说还是一项很重要的业务，我们得确定我们有办法继续保留这项业务，"克拉克说道，"要是我们失去这项业务，就会有300多人失业，还会有一家工厂倒闭。而且，我们也不希望这家工厂倒闭，因为我们还得在这里生产触感屏幕。"

对克拉克来说，更重要的是如何利用柯达过去所拥有的东西，也就是它的知识产权和制造工艺。在初步做好了稳固商业用胶卷业务的准备，为公司研发团队提供了一些动力以后，公司推出了触感屏幕技术。它有点像图像在胶片上成像，所使用的机器就像是一个巨大版的照相机和暗房。

柯达所擅长的印刷技术能够以极快的速度印刷报纸，也能够定制生产印刷大型比赛参赛队伍标志的啤酒箱。而数位成像技术相关业务的立足点则在于涂层包装一类的业务，这可以追溯到柯达推出的个人邮寄快照打印业务。分辨率超高的印刷技术所用的油墨颗粒只有人头发横截面的千分之一大小。为进入商业印刷领域，公司花费巨额资金，进行了一次又一次失败的尝试，总结出了以上这些结论和技术。

克拉克说，乔治·伊士曼创立的企业文化存在一定的问题。10月，在一个80名员工参与的会议上，有人向他询问，柯达20多年来员工下岗的局面是否会不再出现。"我的回答当然是'不可能'，"克拉克回忆道，"没有一家私人企业能够保证事情永远不会生变。"

这些年来，柯达一直在向员工保证"这是公司最后一次裁员"，如今克拉克在这一问题上的坦率直白使得一些人颇为感激。12月，克拉克兑现了自己曾经说过的话，调整了公司的人事关系，解雇了一批员工。

确实，没有任何迹象能够表明，新的变化不会再出现。

资料来源：本文由《纽约时报》授权《好奇心日报》发布，撰写：Quentin Hardy，2015.3.24，翻译：is译社 孙一、钱功毅，http://www.qdaily.com

思考题：

1. 如何从企业战略的角度看柯达的衰落？
2. 如何通过企业的战略变革来实现柯达的"重生"？

战略是企业的灵魂，本身就是创新思维的成果。而创新则是一个过程，企业的战略创新研究的是企业不断创新与发展的过程。企业创新文化是企业在创新及创新管理活动中所创造和形成的具有本企业特色的创新精神财富以及创新物质形态的总和，是企业战略的重要内容与体现。良好的创新制度即是创新思维的体现，又是企业创新战略实施与创新文化形成的基本保证。因此，本章将从战略、文化与制度三个方面来深入阐述企业管理中的创新问题。

5.1 企业的战略创新

企业战略管理的理论是 20 世纪 70 年代在美国兴起的一门新的管理科学，被企业成功地用于指导实践，到 80 年代已被世界上发达国家的企业普遍采用。西方企业家把现代企业管理叫作战略管理，称当今的时代是战略管理的时代、战略创新的时代、战略制胜的时代。

被《国际管理评论》评选为"战略与组织研讨的超级巨星"、跨国经营战略的绝对国际权威之一的戈文德拉贾，曾经说过："企业所做的一切事情可以分别放到三个箱子里，第一个箱子是'管理今天'，第二个箱子是'有选择地忘掉过去'，第三个箱子是'创造未来'。许多企业都在花费大量的时间在第一个箱子上，并且认为这样就是做战略。对我来说，第一个箱子的确很重要，但是和战略一点关系也没有。实际上，战略是关于如何创造未来，同时有选择地放弃过去。"因此，如果一个企业能真正判断出什么是自己该做的，才会找到自己未来的战略方向。而这样一个判断与思考的过程，其实质就是一个不断创新的思维过程。在这一节中，我们将详细讨论企业的战略创新问题。

5.1.1 什么是企业战略

"人无远虑，必有近忧"，企业经常会思考这样一个问题"一家企业到底什么时候需要考虑战略问题，又在什么时候需要考虑战术问题，企业的董事长到底应该考虑什么问题。"这实际上就是在思考一个企业的发展战略。

1. 企业战略的定义

我们认为，"企业战略"是对企业各种战略的统称，其中既包括竞争战略，也包括营销战略、发展战略、品牌战略、融资战略、技术开发战略、人才开发战略、资源开发战略，等等。企业战略虽然有多种，但基本属性是相同的，都是对企业整体性、长期性、基本性问题的计谋。例如：企业竞争战略是对企业竞争的谋略，是对企业竞争整体性、长期性、基本性问题的计谋；企业营销战略是对企业营销的谋略，是对企业营销整体性、长期性、基本性问题的计谋；企业技术开发战略是对企业技术开发的谋略，是对企业技术开发整体性、长期性、基本性问题的计谋；企业人才战略是对企业人才开发的谋略，是对企业人才开发整体性、长期性、基本性问题的计谋。各种企业战略有同也有异，相同的是基本属性,不同的是谋划问题的层次与角度。总之,无论哪个方面的计谋,只要涉及的是企业整体性、长期性、基本性问题,就属于企业战略的范畴。

2. 企业战略的意义

当一个公司成功地制定和执行价值创造的战略时,能够获得战略竞争力(strategic competitiveness),这是任何一家企业生存与发展的基础。

战略(strategy)的意义就在于:其是设计与开发企业的核心竞争力、获取竞争优势的一系列综合的、协调的约定和行动。如果选择了一种战略,公司即在不同的竞争方式中做出了选择。从这个意义上来说,战略选择表明了这家公司打算做什么,以及不做什么。

当一家公司实施的战略,竞争对手不能复制或因成本太高而无法模仿时,它就获得了竞争优势(competitive advantage)。只有当竞争对手模仿其战略的努力停止或失败后,一个组织才能确信其战略产生了一个或多个有用的竞争优势。此外,公司也必须了解,没有任何竞争优势是永恒的。竞争对手获得用于复制该公司价值创造战略的技能的速度,决定了该公司竞争优势能够持续多久。

企业通过成功的战略实施,得到了竞争优势后,最直接的回报就是超额利润(above-average returns)。"超额利润"是指一项投资的利润超过投资者预期能从其他相同风险的投资项目获得的利润。风险(risk)是指一项特定的投资的盈亏的不确定性。利润通常用会计数据来计量(如:资产收益率、股本收益率、销售回报等),也可用股票市场收益为基础来衡量(如:月盈利率=(期末股价-期初股价)÷期初股价×100%)。在较小的风险投资公司中,有时会以增长的规模和速度而不是传统的利润指标来衡量公司业绩(如:年销售额)。

3. 企业战略的一般实施流程

第一阶段:战略分析。

战略分析在于总结影响企业发展的关键因素,并确定在战略选择步骤中的具体影响因素,它包括以下三个主要方面。

① 确定企业的使命和目标。把企业的使命和目标作为制定和评估企业战略的依据。

② 对外部环境进行分析。外部环境包括宏观环境和微观环境。

③ 对内部条件进行分析。战略分析要了解企业自身所处的相对地位,具有哪些资源以及战略能力;了解企业有关的利益相关者的利益期望,在战略制定、评价和实施过程中,这些利益相关者会有哪些反应。

第二阶段:战略选择。

战略选择阶段所要解决的问题是"企业向何处发展"。其步骤分为以下三步。

首先,制定战略选择方案。

根据不同层次管理人员介入战略分析和战略选择工作的程度,将战略形成的方法分为以下三种形式。

① 自上而下。先由企业最高管理层制定企业的总体战略，然后由下属各部门根据自身的实际情况将企业的总体战略具体化，形成系统的战略方案。

② 自下而上。企业最高管理层对下属部门不做具体规定，但要求各部门积极提交战略方案。

③ 上下结合。企业最高管理层和下属各部门的管理人员共同参与，通过上下级管理人员的沟通和磋商，制定出适宜的战略。

三种形式的主要区别在战略制定中对集权与分权程度的把握上。

其次，评估战略备选方案。

评估战略备选方案通常使用两个标准：一是考虑选择的战略是否发挥了企业的优势，克服了劣势，是否利用了机会，将威胁削弱到最低程度；二是考虑选择的战略能否被企业利益相关者所接受。

最后，选择战略。

指最终的战略决策，即确定准备实施的战略。如果用多个指标对多个战略方案的评价产生不一致时，确定最终的战略可以考虑以下几种方法。

① 把企业目标作为选择战略的依据。

② 提交上级管理层审批。

③ 聘请外部机构。

④ 战略政策和计划。

第三阶段：战略实施和控制。

战略实施和控制就是将战略转化为行动。主要涉及以下一些问题。

① 在企业内部各部门和各层次间如何分配使用现有的资源。

② 为了实现企业目标，还需要获得哪些外部资源以及如何使用。

③ 为了实现既定的战略目标，有必要对组织结构做哪些调整。

④ 如何处理出现的利益再分配与企业文化的适应问题，如何通过对企业文化的管理来保证企业战略的成功实施。

4. 企业战略管理的影响因素

第一个影响战略的因素应该是远景规划。使命、核心价值观和远景是远景规划的三个组成部分，也是一个企业存在价值的最核心部分。在战略规划的过程中，使命和远景始终指引着战略制定的方向的要求；而核心价值观引导着战略的思考方式以及执行策略。

影响战略管理的第二个因素是外部环境。这个外部环境，包括了宏观环境和产业环境。所谓宏观环境主要是看区域的经济状况以及每个经济周期的经济状况。而产业环境则可以借鉴波特的五力模型（见图5-6）包括：供应商，客户，竞争者，替代者以及潜在的竞争者。

同时战略管理也和内部因素是相关的。内部因素包括两个方面，第一是哈默尔和普拉哈拉德所推崇的所谓"企业核心竞争力"。第二是企业文化，亨利·明茨伯格《战略历程》一书中指出，企业文化对公司战略的影响主要包括以下几点：① 决策风格；② 阻止战略的转变；③ 克服对战略改变的阻碍；④ 主导价值观；⑤ 文化冲突。

5.1.2 什么是企业战略创新

如上文所述，战略是以未来为主导，与环境相联系，以现实为基础，对企业发展的策划、规划，它研究的是企业的明天。而创新则是一个过程，因此可以说企业的战略创新，研究的是企业不断创新与发展的过程。

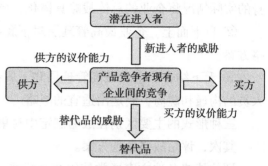

图 5-6 迈克尔·波特的"五力模型"

1. 战略创新的本质

美国麻省理工学院在企业战略上，曾经提出三句话，这三句话以旧瓶装新酒的寓意，分别从战略的空间、时间和主体，对企业战略创新的实质进行了简要的概括。

企业战略创新的第一句话是，"你改变不了环境，但你能适应环境"。乍看似并无新意，然而，被企业管理者参透并出新却不容易。其实，这句话对企业战略空间进行了高度概括。在企业的战略空间层面，面临两大任务，企业对内要让员工"好做人"，对外，则是"做好人"。企业作为一个主体，对内，应当为广大员工营造一个良好的工作、生活环境，让员工们好做人，这样才能充分积聚员工的工作能动性。而对外，要提高产品和服务的质量，信誉和回报，做一个"好人"，创造良好的外部企业运行环境。

关于战略创新的时间，其实质是第二句话"你把握不了过去，但你能把握未来"。也即战略必须面向未来，知道未来是为了指导当前。事实上，关注趋势的人不仅能分析所面临的潜在威胁，而更重要的是他能在威胁变成危机之前准备好加以解决。正如知名管理大师彼得·德鲁克的一句话："明天和今天迥然不同，人们需要做的只是做好准备。"

企业战略的第三句话立足于战略主体，"你调整不了别人，但你能调整自己"。如果事情无法改变，人们就改变自己。

2. 战略创新的环境与过程

对于任何一家企业来说，从企业内部的角度来考虑，其实任何一个企业都生存在一个很大的生态系统内，一个企业是靠三个方面的力量支撑的，其中最基本的一个就是金融资本，也就是所说的股东。第二个是人力资本也就是员工，第三个是社会资本，指的就是各方面的利益相关者，比如国家的环保因素，社会的各个方面都会影响到一个企业整体运营的环境和气候。

一个企业怎样才能有效地整合人力资本、金融资本和社会资本，是企业长期发展非常重要的基础。在这样一个基础之上，在这样一个生态系统之中，包括上游企业、下游企业和相关企业。以房地产行业中的精装修问题为例，实际上房地产商和装修企业就是上下游的关系，双方怎样合作才能取得共赢，这就含有一个很重要的问题点。作为这样一种模式，未来要想有大发展的话，如果市场决定这是一个趋势，找到合适的合作伙伴，上下游的合作伙伴，摸索出一条双赢的道路，那样的企业就最有可能在产业未来的竞争中处在领先的地位，因为最终企业间最终是产业链和产业链的竞争，主导企业和所有的上下游配套企业之间，作为企业一种集团模式，有的是松散的关系，有的是紧密的关系，所以上下游关系的合作，其实是非常重要的，是构成整个企业的生态系统。

战略创新实际上是贯穿企业整个生命周期的动态过程，任何一家企业最初的切入点都是一个市场机会，一种自发的行为，找到了市场其中的一个空白点，进入后再来慢慢总结经验，发现这样一个战略定位，在这样的战略定位中不断改进、提高。但是，当这样一个战略定位做到一定程度之后，就必须在这个行业内寻找新的战略定位、战略创新，寻找企业的新客户，要给新的客户提供新的方案，从旧的战略定位转向到新的战略定位，这就是战略转型的问题，有的时候有些企业甚至还必须从一个行业跨到另外一个行业，从一种技术跨到另外一种技术。任何一家企业都是不断地循环上升的过程。而创新是企业循环上升的基石和基础。关注战略，比方说房地产行业未来这几年之内，必须真正对战略形成关注，这是因为大家现在才真正开始做企业，而不是做项目。第二个，到底什么是战略？最根本问题所在就是想做、可做、能做之间寻找突破口，找到真正该做的事情。第三个，怎么去创新，创新最根本的核心问题，就是你抓住客户，挖掘出潜在的价值，寻找一种全新的组合。

5.1.3 战略创新的思路

战略创新的核心就是对客户价值不断开发和创造，将以前没有想到的潜在需求提供给客户，这是任何战略创新的一个本质。无数当年的小企业或新企业向市场领先者发起挑战，往往成功，比如苹果、微软等。他们的成功秘诀是什么？实际上，这些企业能够取得巨大成功的原因在于他们敢于打破行规，进行战略创新，改变原来的竞争规则。

因为，随着时间的推移，某个行业的战略定位空间会逐渐被不同的企业填满，战略创新指企业发现行业战略定位空间中的空缺，填补这一空缺，并使之发展成为一个大众市场。战略定位空间中的空缺可以是：新出现的顾客细分市场或竞争对手忽视的现有顾客细分市场；顾客的新需要或竞争对手未能充分满足的顾客需要；为或新出现的顾客细分市场生产、传递或分销现有的或创新的产品或服务的新方法，等等。

因此，对于任何一家企业首先要解决的第一个问题是，到底为客户创造怎样的价值？这句话里隐含着三个方面：第一个，企业的客户是谁；第二个，企业能够给这样的客户提供什么样的产品和服务；第三个，如何来提供产品和服务？

著名的政治经济学家约瑟夫·熊彼特在20世纪30年代曾经讲过，"创新就是三个元素不断地组合。创新有时候其实很简单，就是把现有元素全新地组合就是创新。怎样创新？怎样提炼出新的价值组合？"用一个非常简单的思路来说，其实创新就是一种"加减乘除"运算。

第一个,"除法"就是哪些是本行业习以为常的因素,你能不能给它完全删掉,比方说压床这样一个动作,不仅给客户带来非常巨大的不便,同时还增加酒店自身的成本,纯粹多了一道工序,把床压得这么平,光培训不得了,每天晚上还得过来帮你开床,这种是属于大家想当然,实际上既不创造客户价值,又带来很大成本压力的东西。

第二个是"减法",有哪些因素是可以减少的。有些时候,别人可能认为很重要,但是实际上你会发现并不太可以创造客户价值。

第三个方面,能不能做一些"加法"。有哪些其实是大大超过行业的标准,别人不强调,但是能否突出强调?

第四个方面,做"乘法",就是创造,有一些新的元素能不能加入进来,是以前所没有的。

这四个方面就是一种开拓思路,例如法国的雅高酒店,他们企业先做了一些除法,再做了一些减法,房间面积、家具配套设施等成本大幅度降下来,24小时中只有在高峰期有人接待,其他时间段没有人接待,自行处理。但却加了一些东西,把床的质量、安静睡眠、休息的环境做了一些提升,连新的东西都没有,没有加任何其他的新元素,就是对现有的对象做了一些简单的再包装,重新整合,但是重点的是,对方企业将该突出的东西、形象,再突出,可以降低的产品,大幅度降低,虽然降低的这些东西肯定会对部分客户的价值有所损害,但是损害的程度远远不如成本节约的程度,再把节约下来的成本,再返利给客户,这就是"100法郎价格"核心思想,就是靠省下客户不太关注的东西,将省出来的成本,再重新返利给客户,形成市场上领先的优势。

图 5-7　法国雅高酒店

从这个角度来看,雅高酒店实现了一种反向思考的创意,这种做法的两个重点是,在提升客户价值的同时,如果也同时提升成本,这个事情做的人很多,这就叫作高端产品,但是反其道行之的是,如何给客户提供价值的时候,降低成本,只有这样才能产生足够的盈利空间。所以做加法和乘法是在创造新的买方价值；做减法跟除法是降低你的成本结构，而这样一种价值创新，通过给客户提供这样全新的组合之后，又能够迅速地抢占市场份额，形成规模效益，规模效益又可以进一步降低成本，而这种成本优势又进一步扩大市场份额，形成更大的规模，这样的话形成良性的组合。

另一个很好的例子是大家都比较熟悉的沃尔玛。沃尔玛的成功在于其价格的一体化，每日低价，微笑服务，服务到位，客户满意，每天成本低，每天低价，把成本降下来，采购原料的数量越来越多，在零售业已经做到全球第一。当量达到一定额度以后，跟供应商的谈判能力大了，整个采购成本可以大幅度下降，包括商业地产租赁成本大幅度的下降，这样就可以形成很好的良性循环。

图 5-8　沃尔玛已经成了中国民众日常生活的一部分

企业在今天这样一种竞争激烈的环境下，需要不断地做得更好，不断改进自己原来的传统模式，比如说通过流程再造、员工激励、结构重组等，从而提高现有的运营能力，但是同时也必须不断地创新，做到与众不同，才能在激烈的市场中保留住原有的客户，并且可以寻找到新的客户。所以，我们需要重新定义，我们到底要向客户提供什么。包括重新定义以怎样的方式满足我们客户的需求。在这样一种残酷市场竞争环境下，一个企业必须兼顾做到这样的两点才能稳步前进，一方面不断提升创新能力，另一方面不断提升自己的运营效率。除了抓住客户给它提供价值上的新的组合，去实现这样一种新的价值组合，同时还需要企业内部整个运营模式和流程发生很大的改变，这就是哈佛商学院迈克尔·波特教授提出企业内部运营系统，内部的物流、运作，外部的物流，市场销售研发部门等部门，怎样去有机结合在一起，给整个的市场创造给客户提供价值，不同的价值需求要求对于企业内部运营系统是不一样的。

5.2　企业的创新文化

现代企业的创新文化是在人类进入工业革命时代以来，逐步实现相对古代高度发达的社会化大生产历史条件下形成的，是企业在创新和创新管理活动中所创造和形成的精神财富及物质财富的总和，其是企业战略的重要内容与体现。它拥有相当广泛的内涵。

企业创新文化的作用就是吸引与培养创新人才，支持创新人才脱颖而出，有利于创新效率的提高和创新成果的取得的企业文化。它是一种以人为本的文化。加强企业创新文化建设，就是要大力营造有利于吸引与培养创新人才的创新文化环境，推动企业的全面创新。

5.2.1 企业的创新文化概念

我们认为"企业创新文化"是指在一定的社会历史条件下，企业在创新及创新管理活动中所创造和形成的具有本企业特色的创新精神财富以及创新物质形态的总和。

此外，理论界对于企业创新文化的定义还有以下这些不同角度的解读。

第一，创新文化是以一种初始形态，在某一特定时期为了满足创新思想数量最大化的需要而培育的一种行为模式。创新文化能引发几十种思考方式和行为方式，在公司内创造、发展和建立价值观和态度，能够唤起涉及公司效率与职能发展进步方面的观点和变化，并且使这些观点与变化得到接受和支持，即使这些变化可能意味着会引起常规和传统行为产生强烈的冲突。创新文化需要满足以下四种价值观和态度：公司管理者乐于冒险、公司所有员工的参与、激发创造性、共同的责任。

第二，创新型文化是具有长期周期性、文化多样性、创造性和强风险意识等特点，并以未来发展作为导向的文化。

第三，创新文化是一种培育创新的文化，这种文化能够唤起一种不可估计的能量、热情、主动性和责任感，来帮助企业达到一种非常高的目标。

第四，创新文化是指建立一种有利于创新的文化环境，无论是技术创新、知识创新，还是体制创新、组织创新，都需要有相应的机制系统和文化环境相结合。

第五，企业创新文化是指在一定的社会历史条件下，企业在创新及创新管理活动中所创造和形成的具有本企业特色的创新精神财富以及创新物质形态的综合，包括创新价值观、创新准则、创新制度和规范、创新物质文化环境等。

第六，创新文化就是能够激发创造力和创新的文化，有利于组织内创新行为的发生，能够适应复杂环境变化的组织文化。因此，企业的创新文化是指：能够激发和促进企业内创新思想和创新活动产生的，有利于创新实施的一种组织内在精神和外在表现相统一的综合体，其主要包括有利于创新的价值观念、行为准则和制度准则等。

5.2.2 企业创新文化的内涵

企业创新文化有着拥有相当广泛的内涵，主要体现在以下几个方面。

"观念创新"最主要的是要求企业树立起知识价值观、竞争优势观、知识更新观等与时代进步相适应的新观念。

"技术创新"即是瞄准世界的科技前沿，采取切实有效的措施，调动企业广大干部、职工尤其是科技人员的积极性，持之以恒地开展技术革新和技术革命，不断地吸收世界上最先进的科技成果,逐步缩小以至消除与世界先进水平的差距,提供源源不断的强大动力,这是众多企业的成功之道。它告诉我们,只有不断进行产品创新,才能永葆企业青春之活力。

"产品创新"要求从产品的整体概念出发,重点是进行产品标准创新,产品品种、花色、式样创新,产品包装创新,产品品牌创新,产品服务创新。

"组织结构创新"即由过去的高耸结构逐渐向扁平结构转变,以加速信息传播速度,精简管理人员,提高经营管理效率,降低经营管理费用。

"决策方式创新"即由传统的家长,专家决策模式向集团决策、程序决策等现代化决策模式过渡,以提高决策的科学性、可靠性、降低风险。

5.2.3 创新文化的意义与作用

创新是企业的生命之所在,能力之所在,希望之所在。创新文化是企业生存意识、危机意识、发展意识的集中体现,包括丰富的内涵。企业创新文化的核心和灵魂是观念创新,是其他创新的先导,没有观念创新,其他创新便无从谈起。

1. 创新文化的意义

我们生活的时代是一个发展变化的时代,而且未来的社会还会以越来越快的速度发展和变化。企业要生存和发展,就必须不断进行技术创新。富兰克林说过:"停止了创新思维,便是停止了生命。"21世纪将是一个智力竞争、科技竞争,特别是创新竞争的时代。创新是现代企业经济活力之源,技术创新一直是经济发展和生产率增长的基本驱动力。但企业的技术创新不是孤立进行的,总要依赖创新环境条件。企业技术创新环境是企业技术创新潜力转化为实际创新能力的决定性因素及动力所在,企业创新活动需要具有创新本质的文化来支撑,企业创新文化对企业技术起着内在的、无形的推动作用,加快企业技术创新首先要建设企业创新文化。

2. 创新文化的作用

创新文化是一种培育创新的文化,这种文化能够唤起一种不可估计的能量、热情、主动性和责任感,来帮助组织达到其发展目标,并最终促进整个社会的发展与进步。因此,建立企业创新文化具有重要的作用,主要体现在五个方面。

第一,企业创新文化是一切创新的前提和源泉,能推动创新的实现。因为,创新文化能引发几十种思考方式和行为方式,在公司内创造、发展和建立价值观和态度,能够唤起涉及公司效率与职能发展进步方面的观点和变化,并且使这种观点与变化得到接受和支持,即使这些变化可能意味着会引起与常规和传统行为的冲突。

第二,建立企业创新文化,使企业具备朝气蓬勃的创新精神,保证创新在企业内的持续发展和存在,能有效增强企业活力。因为,创新文化是组织内一种奖励创新和鼓励冒险的文化,这种文化能够激励和奖赏杰出工作者,对于快速变化的环境突然出现的危机和突发情况做出迅速反应。

第三，建立企业创新文化，对内能够增强企业的凝聚力，对外可以传输企业的良好发展形象，增强企业的核心竞争力。由此可见，创新文化是一种企业宏观战略层面的变革文化，这种文化的塑造离不开组织自上而下的正确有效引导。

第四，灵活适应型的企业文化有利于企业经营业绩的提高。

第五，建立企业创新文化直接推动创新的形成和发展，推动整个社会的进步，促进经济的发展。

3. 创新文化的功能

企业创新文化对于企业的建设功能主要表现在以下方面。

第一，导向功能：企业创新文化对企业整体及每位员工的价值及行为取向起到引导作用，赋予它们创新精神，使之符合企业所确定的创新目标。企业创新文化为全体职工确立的基本价值观、道德规范、企业精神等虽然是一种无形的准则，却创造了一个共同的文化氛围，能够把职工的个体行为引导到群体行为上来。企业创新文化一旦建立，就等于企业形成了自身系统的价值和规范标准。

第二，约束功能：企业创新通过一种观念的力量、氛围的影响、群体行为准则和道德规范等约束、规范、控制职工的个体行为。企业创新文化的约束，不是硬约束，而是一种内在的软约束，一旦一个企业的群体意识、内部风气和风尚等精神文化内容具有了创新的特点，就会造成强大的、使个体行为在技术创新过程中产生心理共鸣，进而自我调整、控制自己的行为，自觉展开技术创新活动。

第三，凝聚功能：企业创新文化被企业员工共同认可并接受之后，就会把全体员工团结在创新目标之下，调动企业内部有利于技术创新的力量，进而在技术创新过程中产生巨大的向心力和凝聚力。企业文化实际上是企业全体员工共同创造的群体意识，它所包含的价值观、企业精神、企业目标、道德规范、行为准则等内容，均寄托了企业全体员工的理想、希望和要求，以及他们的命运和前途。

第四，激励功能：企业文化把尊重人作为它的中心内容，以人的管理为中心，它对人的激励不是一种外在的推动，而是一种内在的引导，是通过企业文化的塑造，在员工心目中树立起创新的思想观念和行为准则，使每个员工从内心深处自觉产生为企业技术创新而拼搏的献身精神，形成对于企业创新发展的强烈使命感和持久驱动力量，激励企业全体员工不断追求技术创新。

总之，企业创新文化作为企业文化的一种，它无处不在，无时没有，企业的一切现象，无不深深地打上该企业特有的文化烙印。它是企业一切创新的动力和源泉，也是一切创新得以顺利进行的保障。

5.2.4 企业创新文化的构建

企业创新文化是一种先进的、积极的文化形态，其根本目的是为了提升企业竞争能力，增强企业生存发展能力。企业通过持续不断地创新和不断地自我否定、变革，从而提高企业生产力水平和核心竞争力。其中，有创造力的员工是一个企业创新活动的基础组成部分。他们常常需要激励和机会才能最大限度地发挥创造潜力。企业应该从战略角度思考如何聘用、留住和激励这些员工，一个有效的方式是培育一种创新的组织文化。我们认为可以从以下十个方面来营造与培育一种有利的创新文化。

第一，思想的多元化。保持工作场所的多元化对于产生大量独创想法来说至关重要。要想产生有创意的想法，很重要的一点就是从数量开始，而不是质量。所以跨国公司在多元化方面具有优势，因为它们能够从来自世界各地的员工那里获得各种各样的想法。

第二，公开的交流。好的想法往往来自那些在一线工作、每天都和顾客打交道的员工。给所有层次的员工创造机会，倾听他们为新产品或服务提出自己的想法。据说维珍集团的每一个员工都能和老板理查德·布兰森直接沟通，讨论新的想法。

第三，创造技能和知识。创造力是一种可以学会的能力。公司必须要有正式的员工学习和发展项目，发展个人和组织的创造力。虽然一些员工天生就比其他人有创造力，但是每个员工都应接受开发创造力的培训。

第四，激励人的工作环境。办公室的设计应该在激发创造力和增进交流方面起到一定的作用。有创意的想法更有可能在一个更加随意的环境里，在与员工的交往过程中产生出来，而不是在董事会的会议上产生出来。有一个趋势是设立咖啡厅、游戏室或共同工作区来促进日常的合作。

第五，信息的分享和管理。俗话说："知识就是力量。"在公司内部共享信息和知识，员工们就能够以一种更为全面的方法来解决问题而不是就事论事。共享信息的另一个大好处是让员工们自己来承担责任。

第六，支持冒风险。你必须创造一种氛围，让你的员工能够挑战传统的办事方法。这对于一些新加坡公司来说可能是一种挑战，因为它们的管理风格相对来说是一种家长制和集权制的风格。在一种逃避风险的氛围中工作的员工不大可能创造出突破性的产品或服务。

第七，容忍失败。期待员工每次尝试都能成功的想法是幼稚的。多多练习，创造力才能越来越强。必须营造一种氛围，即不用担心创意想法失败后会受惩罚甚至被解雇。

第八，合作和团队工作。一些大公司采取跨职能部门小组来完善创意的想法。组建一个由来自各个职能部门的员工组成的小组能够确保创意是均衡的。每一名员工都应该接受培训，明白如何成为一个有效的小组成员。

第九，奖励创新。成功提出创意的员工必须得到承认和奖赏。物质奖励可以以奖金、升职或股票的形式出现。

第十，更注重行动。企业的领导风格必须是锐意进取而不是打官腔。这有助于迅速决策。

总之，每一个人都有创新的潜力。所以企业必须善于开发和释放员工个人和整体的创造能量。只有这样做，公司才能培育出一种创新文化，确保公司长期的可持续发展和赢利。

案例

华为的秘密

众所周知，华为成功的秘密就是创新。创新无疑是提升企业竞争力的法宝，同时它也是一条充满了风险和挑战的成长之路。尤其在高新技术产业领域，创新被称为一个企业的生存之本和一个品牌的价值核心。

图 5-9　任正非（右图）与华为 Logo

"不创新才是华为最大的风险"华为总裁任正非的这句话道出了华为骨子里的创新精神。"回顾华为 20 多年的发展历程，我们体会到，没有创新，要在高科技行业中生存下去几乎是不可能的。在这个领域，没有喘气的机会，哪怕只落后一点点，就意味着逐渐死亡。"正是这种强烈的紧迫感驱使着华为持续创新。

华为虽然和许多民营企业一样从做"贸易"起步，但是华为没有像其他企业那样，继续沿着"贸易"的路线发展，而是踏踏实实地搞起了自主研发。华为把每年销售收入的 10% 投入研发，数十年如一日，近 10 年投入的研发费有 1000 多亿元人民币，在华为 15 万名员工中有近一半的人在搞技术研发。为了保持技术领先优势，华为在招揽人才时提供的薪资常常比很多外资企业还高。

华为的创新体现在企业的方方面面，在各个细节之中，但是华为不是为创新而创新，它打造的是一种相机而动、有的放矢的创新力，是以客户需求、市场趋势为导向，紧紧沿着技术市场化路线行进的创新，这是一种可以不断自我完善与超越的创新力，这样的创新能力才是企业可持续发展的基石。

1. 技术创新

实际上，华为的技术创新，更多表现在技术引进、吸收与再创新层面上，主要是在国际企业的技术成果上进行一些功能、特性上的改进和集成能力的提升。对于所缺少的核心技术，华为通过购买或支付专利许可费的方式，实现产品的国际市场准入，再根据市场需求进行创新和融合，从而实现知识产权价值最大化。

目前,中国制造企业正面临着人力成本居高不下、产能过剩、高消耗等"内忧",以及人民币升值、海外市场低迷、贸易摩擦案件增加等"外患"。普遍缺少品牌和技术的中国制造企业,转型和升级已经迫在眉睫。但是如何转型?怎么升级?显然不是喊几句口号和出台几项政策就能实现的。这时,华为的榜样价值再次凸显。任正非说:"科技创新不能急功近利,需要长达二三十年的积累。"中国企业要走出国门,融入世界,做大做强,就必须摒弃赚"快钱"的心态,舍得在技术升级和管理创新上花钱,转型和升级才可能实现。华为不赚"快钱"赚"长钱"的思想值得很多企业学习借鉴。

2. 管理创新

与此同时,产业升级仅有技术升级也是不够的,还需要管理的同步升级。与其他国内企业一样,华为在创业之初也有过一段粗放式管理的时期,但是华为及时认识到管理创新的重要性,并不惜血本,进行脱胎换骨式的变革和提升。

在国际化进程中,华为认识到先进的企业内部管理体系的基础作用。华为先后与IBM、HAY、MERCER、PWC等国际著名公司合作,不惜花数十亿资金,引入先进的管理理念和方法,对集成产品开发、业务流程、组织、品质控制、人力资源、财务管理、客户满意度等方面进行了系统变革,把公司业务管理体系聚焦到创造客户价值这个核心上。

经过10多年的不断改进,华为的管理实现了与国际接轨,不仅经受了公司业务持续高速增长的考验,而且赢得了海内外客户及全球合作伙伴的普遍认可,有效支撑了公司的全球化战略。

3. 产品创新

在产品研发上,华为"以客户需求为导向",以客户需求驱动研发流程,围绕提升客户价值进行技术、产品、解决方案及业务管理的持续创新,快速响应客户需求。同时,华为还坚持"开放式创新",先后在德国、美国、瑞典、英国、法国等国家设立了23个研究所,与世界领先的运营商成立了34个联合创新中心,从而实现了全球同步研发,不仅把领先的技术转化为客户的竞争优势,帮助客户成功,而且还为华为输入了大量高素质的技术人才。

华为的"客户创新中心"和"挪亚方舟实验室"就是专门为客户量身打造的创新研究机构。通过对客户个性化需求的解读与研判,创造性地为客户进行"量体裁衣"式的个性化服务。满足各个国家客户不同的需求,成为华为进行创新的动力。抓客户的"痛点"而不是竞争对手的"痛点",抓客户价值而不是抓产品成本,这就是华为国际化成功的经验。

4. 创新文化与制度

今天,华为拥有业界最完整的通信产品系列,涵盖移动、宽带、核心网、数据通信、云计算、电信增值业务、终端等领域。华为坚持以客户为中心,为客户提供了一整套解决方案,成功地将客户和企业绑定在同一平台,除了初期的销售,还包括后续的产品升级、服务等,由于华为抓住了客户的根本需求,其收入是刚性的,盈利是持续的,这和一般的软件外包是两个层次。

同时，华为是中国500强企业中唯一一家没有上市的公司和一家100%由员工持股的民营企业。目前，华为有7万多名员工持有公司股权，全员持股吸引了越来越多的人才到华为工作，全员持股成为激活华为员工创造潜力与创新能力的重要因素。

此外，华为还探索了一套独特的商业模式，建立了一套行之有效的人力资源管理体系，尊重和爱护人才，聚集了一大批技术精英，为华为的可持续发展提供了人力保障。在培养接班人方面，任正非打破家族式继承，推行轮值CEO制度，让没有血缘关系的优秀后继者担任轮值CEO，首开中国民营企业"代际传承"之先河。

5.3 企业的创新制度构建

"创新制度"是指企业在创新管理活动中所形成的与企业创新精神、企业创新价值观等意识形态相适应的企业制度、规章、条例、组织结构等。良好的创新制度是企业战略创新实施与创新文化形成的基本保证。如果某个企业只有创新的价值观和创新精神，而缺乏必要的与之相应的制度安排，那么企业的创新很可能只能停留于观念上。

5.3.1 创新制度的内涵

创新，既是一个企业长盛不衰的活力之源，又是企业持续发展的动力之源。我们认为现代的企业创新管理制度的内涵主要包含对生产力核心要素"人"与"知识"这两个方面。一方面，企业创新是一种创造性劳动，其主体主要包括企业经营管理者、企业技术骨干和企业业务骨干，这是创新制度的"人"的因素。另一方面，企业创新的实质是价值创新，其客观载体集中在知识与科技的创新与发明上，包括产品创新、技术（工艺）创新、市场创新、组织创新、管理创新和观念创新等，这是创新制度的"知识"因素。同时，"人"与"知识"这两个创新制度的基本因素又是辩证统一的。

1. 人才管理制度

生产力要素中最为活跃的因素就是"人"，因此，现代的企业创新管理制度首先就是要通过制度性安排来为人才创造"创新的土壤"，从而激活人才的创新潜力，实现企业发展与人的成长的双赢。

第一，合理规划员工职业生涯。

告知员工企业的发展前景，为每一个员工制订职业生涯计划。企业发展前景是留住人才的重要因素之一，它表明了企业的发展战略及目标，让员工清楚地知道自己在企业的发展空间有多大，自己将扮演什么样的角色，对员工有很强的激励作用。职业生涯计划是针对员工个人的知识结构、兴趣爱好以及价值观等方面，结合企业的实际情况，为员工设计的一份未来发展规划，向员工表明了其今后的发展方向，可以使员工为了企业的未来和自己的未来而努力，尽力发挥自己的才智。寻求个人与企业的最佳组合，并实现自己的价值。

第二，建好人才储备库。

针对知识型员工流动性强这一特点，企业建立人才储备库是必要的，也是必需的，它可以尽量减少企业的损失，化被动为主动。对一些关键性的岗位，要做好人事安排，制订"替补"和"增援"计划，避免出现人员的断层和匮乏。

第三，建立有效的激励机制。

在创新型企业的创新体系中。激励机制发挥着重要的作用。为保持企业在市场的竞争中长久不衰，创新型企业形成了完善的激励机制。也只有具备了这种激励机制，企业才能对包括开发、生产和市场的人员以及企业的管理者形成一定的凝聚力。

第四，要兼顾物质激励和精神激励。

物质激励是指通过物质刺激的手段鼓励职工工作。如发放奖金、津贴、福利以及给技术骨干和管理者以股权和技术产权等；在精神上，关键是让员工融入企业的创新文化中去。只有当企业创新文化能够真正融入每个员工个人的价值观时，他们才能把企业的目标当成自己的奋斗目标，因此，用员工认可的文化来管理，可以为企业的长远发展提供动力。

第五，要充分考虑员工的个体差异，实行差别激励。

激励的目的是为了提高员工工作的积极性，而影响工作积极性的因素有：工作性质、领导行为、个人发展、人际关系、报酬福利和工作环境。这些因素对于不同企业、不同年龄、不同性别和不同文化背景的人产生的影响是不同的。企业在制定激励机制时一定要考虑到个体差异，这样才能收到最大的激励效力。

2. 知识管理制度

知识管理制度是创新型企业的核心管理制度。知识管理与知识创新管理是紧密相连的。加强知识管理的根本目的在于推动企业知识创新，通过知识管理，即经过知识的获取、处理、共享、应用等过程促进隐性知识与显性知识之间的转化，不断引发企业的知识创新，由知识创新带动企业能力的不断提升，从而进一步提升企业核心竞争力。具体而言，知识管理制度包含以下内涵。

第一，知识的分类。

知识可分为两类：一类是有形的显性知识，一类是无形的隐性知识。根据"20/80"理论，在知识总体构成中，只有20%是那些已表述出来、看得见、听得到的显性知识；而另外80%的知识则是隐性知识，它隐藏于员工的内心，尚未被他人所认识，不能为企业直接利用。因此，知识管理的重点应是对隐性知识的管理，隐性知识会随着员工的流失而流失，会对企业造成巨大的资源及经济损失。因此，对隐性知识的管理是企业知识管理的关键。企业应把知识管理的重点放在对隐性知识的发掘、传播和利用上，更有效地促使隐性知识转化为显性知识，并进入企业的知识库，以实现企业员工的知识共享，从而更好地利用知识创造企业价值。

一般情况下，由于知识的特殊性和人的心理特性。人们不大愿意与他人分享自己的知识，他们更愿意设法保护自己独特的知识，从而使工作业绩比别人做得更好。因此，企业要想使隐性知识显性化，把大家的知识与智慧融入一个系统之中，还必须采取一系列切实可行的措施。

第二，知识交流机制。

按照企业的部门、工作流程，建立工作档案制度，及时记录员工在工作中的体会、感想，成功和失败的案例。随时供员工查阅、分析。同时公司应举行各种形式的知识交流活动，比如知识交流大会、座谈会等，并将其固定化、制度化。同时，在活动过程中，做好知识记录工作，并及时整理归档。交流的知识包括学科前沿、工作经验、工作技能等。

第三，共享知识库。

共享知识库是用来记录、储备员工在工作中的经验、思想火花、直觉认识、技术诀窍等各种知识资源，并委派专职的人员进行管理和维护，以确保知识库的更新。通过对企业知识库的管理，可以有效地实现知识的传播、交流和共享，可以使企业拥有更多的智慧资源，从而保证在人员流失时，避免智慧资源的流失，使企业免受更大的损失。

第四，知识积累系统。

知识型企业应在知识库的基础上，建立企业的知识积累系统，即站在企业的高度，将知识积累看作一项长期的系统工程，对知识积累进行系统的设计、开发，从制度上对知识的收集、记录、整理、保存、传播、利用以及实现共享加以规范化管理，以保证在员工流失时不带走智慧资源，企业更好地实现知识创新，保持长期的竞争优势。

第五，知识分享机制。

企业应将业绩评估、奖励机制与知识分享联系起来，在对员工进行业绩评估、实施奖惩时，不仅要看员工对企业付出的劳动以及员工的成绩，还要根据知识交流记录来判断其个人知识的分享程度。对那些在知识分享方面做得好的员工要给予奖励，以激励所有员工都能将自己的知识毫无保留地纳入企业的知识系统，为大家所共有。

5.3.2 创新制度的作用

创新制度是企业发展的有力保障。

企业对创新人才的培训、开发和引进是企业成长的命脉所在。培养的效果直接受制于企业制度的设计和运行。企业制度创新，就是实现企业制度的变革，它通过调整和优化企业所有者、经营者和劳动者各方面的职责和利益关系并使其得到充分的体现，进而不断调整企业组织结构和完善企业内部各项规章制度，使企业内部各种要素合理配置，发挥最大管理效能。

企业对创新的激励主要体现在完善现代企业制度上，包括现代企业专利制度、现代企业商标制度、现代企业标准制度等知识产权制度，还包括现代企业资本制度等。通过完善现代企业制度可以有效推动企业开展技术创新活动，使得企业技术成果日新月异；借助于专利保护和标准运用，可以极大地壮大企业自主知识产权和自主品牌，从而也使企业知识产权战略更优地服务于企业品牌建设，最根本的是为了增加企业核心竞争力、市场竞争力以及企业发展能力。

建立与完善现代企业制度，尤其是建立与企业开展技术创新活动有关的制度，可以有效激发技术创新人员与企业家开展技术创新的积极性。一种有效的有利于创新的现代企业制度，既能发挥产权关系所产生的巨大激励力量，又能使企业具有强大的创新能力。在大力提高企业技术创新能力的基础上，还要大力加强企业管理和质量保障体系建设。知名品牌的质量稳定了，才能得到消费者的认可。

5.3.3 创新制度的建设

实践证明，现代企业创新的成功，一方面需要一定的、良好的外部环境，如政府对企业的创新行为给予支持和保障；同时，更需要企业构建有效的内部激励机制，以对创新人员的创新积极性进行激发和强化。所谓激励，简而言之就是企业通过满足创新人员的需要，从而激发创新人员的创新积极性的心理过程，它含有激发动机、鼓励行为、形成动力的含义。激励机制，就是激发创新人员创新积极性的制度性安排。我们认为，可将激励理论应用于企业创新管理中，从以下四方面构建企业的创新管理制度。

1. 建立企业内部公平竞争机制

在市场经济条件下，现代企业处于竞争日趋激烈的市场环境中。通过建立企业内部竞争机制，可使企业外部竞争内部化，从而增强企业内部创新的动力。企业内部竞争机制可以包含"团队"与"个体"两个层面。

第一，团队竞争。

在企业外部，政府部门通过建立优胜劣汰的企业破产机制、兼并机制，有力地推动了企业创新。企业在内部实行事业部制形式或团队结构形式等组织形式，亦可借鉴政府部门的这一有效做法，采取适当形式在企业内部适度开展团队间的竞争。如IBM让几个团队通过比赛来解决同样的问题（设计新的硬件或软件），看哪个团队可以获得最佳的解决方式。事实表明，这种竞争和挑战令人兴奋，而且能激发新创意。又比如，松下电器实行让经营不善的事业部内部破产制度，以推动各部门改进工作。

图 5-10　IBM 标志（图左）与松下电器的制造基地（图右）

第二，个体竞争。

心理学的实验证明，竞争可以增强人们的创新压力和创造能力。建立企业内部竞争机制，使竞争结果与创新人员在企业组织内的生存和发展等切身利益挂钩，进行生存竞争和岗位竞争，他们就会对创新格外关注。在失去岗位、降低薪酬等负向激励的威胁面前，趋利避害的本能会使人把面临竞争时的外来压力转变为内部动力，积极投入创新活动中。创新的关键在于人才，为使创新型优秀人才脱颖而出，有必要在企业内部建立公平、合理的竞争机制，通过竞争机制选人用人，由"伯乐相马"转为"实践赛马"机制，选拔并激励合适的人做合适的事。

根据美国管理学家亚当斯提出的公平理论和行为心理学的实证研究结论，不公平会使人们心理产生紧张和不安状态，进而影响人们的行为动机，导致工作积极性和工作效率降低，旷工率和离职率随之上升。因此，无论是团队竞争机制还是个体竞争机制的构建，都必须把公平因素内化其中，公平本身就是一种天然的激励因素。

2. 建立企业内部创新奖励机制

"人们奋斗所争取的一切，都同他们的利益有关。"企业创新是一个多方协同作用的过程，一个企业要想充满创新的活力，必须设计一套能够激发企业经营管理者、技术骨干、业务骨干创新积极性的奖励机制。

第一，股权激励。

根据产权制度经济学派的观点，私有产权在激励创新上是最有效的制度。对企业组织而言，让企业创新人员按规定拥有企业股权，保证他们对创新成果的受益权，满足他们对创新成果的成就感，则会起到激励创新的作用，此即股权激励。而且股权激励是一种长期激励形式，有利于约束企业经营者的短期化行为，提高企业长期创新效益。股权激励包括期权激励和实股激励等方式。在所有权和经营权两权分离的公司制现代企业中，为克服产权激励的弱化，国外成功的企业普遍采用对经营者实行期权激励的方式。对企业技术骨干等研发人员可实行实股激励，根据新技术转化为商品后实现的利润分期按比例提成，然后折合成科技股奖励给他们。具体操作方法可设计为：第一年按该新产品实现税后净利润的40%、第二年30%、第三年20%、第四年10%提成，并将这些奖金逐年折合成股份奖励给新产品的设计者。

第二，薪酬激励。

薪酬不仅是企业与员工之间的一种劳动契约，更是一种心理契约，薪酬对员工行为具有心理激励功能。从薪酬管理的角度，为激发员工的创新积极性，企业应建立创新奖励制度，将员工的报酬与其创新成果挂钩。企业可通过对创新成果的阶段性评价和最终评价，把创新成果与研发人员的薪酬等激励因素相结合，形成激励研发人员进一步创新的反馈机制，并在此基础上逐步形成企业内部激励创新的闭合控制机制和螺旋升级机制，构建起薪酬激励机制的自组织功能。为便于薪酬激励的实际操作，企业还应建立配套的创新目标管理和考核机制。比如，美国3M公司规定，每个部门销售额的25%必须来自五年内推出的新产品，并以此作为考核、评价部门经理资格的主要依据。此外，企业还可设立企业创新突出贡献奖，重奖在企业创新中获得重大创新成果和做出重要贡献的创新人才。

图 5-11　以创新闻名于世的 3M 公司

3. 建立创新人才职业发展机制

由于人的需求具有多样性，除股权激励、薪酬激励等物质性激励机制可实行外，对拥有专有技术的创新人才，还需专门进行职业发展等精神层面的激励，为其价值实现提供舞台，为其职业发展提供"路线图"，促使其将个人发展目标和企业发展目标有机结合起来。

第一，制定职业发展规划。

创新需要知识型员工的积极参与，而知识型员工最看重的就是发展前途。员工职业生涯规划设计是一种长期激励措施，是一种必不可少的激励方式。企业要充分了解员工的个人需要和职业发展意愿，结合企业实际为员工量身制订职业生涯规划，让员工清楚自己在企业中的发展机会和努力方向，从而促使其主动将个人的职业发展与企业的创新目标和持续发展紧密结合起来，积极投身于企业的创新活动中。

第二，设置研发生涯通道。

许多发达国家的企业激励专业技术人员的一种普遍做法是：由企业给研发人员设置一条不同于管理生涯路径的升迁路径——研发生涯通道。研发人员可以沿着这条路径由低向高发展：研发员→研发工程师→研发代表→研发专家→高级研发专家→研发科学家。研发路径与管理路径的层级结构是平等的，每一个研发等级都享有与管理等级相同的地位和报酬。通过设置并提供研发生涯通道，既实现了对研发人员的激励，又使他们能充分发挥自己的特长。

4. 营造企业创新文化氛围

企业文化作为企业的非正式制度而存在，它是企业创新的沃土，对企业创新至关重要。美国硅谷多年来一直是全球各国发展高科技产业的典范，有专家指出，硅谷在科技创新方面所取得的显赫成绩根植于它独具特色的企业创新文化。可见，企业创新文化对企业创新活动具有引导和激励功能，推进企业创新必须大力营造企业创新文化氛围。康德曾说，氛围是"自发地开始一系列连续事情和状态的力量"。氛围是可以营造的，企业创新文化氛围可从以下方面进行营造。

第一，重视每个创意，动员全员创新。

创意是创新的基础，在企业内，可谓人人都有创意。从横向上划分，创新可以在产品、技术、市场、组织、管理和观念等领域进行；从纵向上来说，创新还具有不同层次，有的需要经验丰富的专家，有的广大员工都能参与，如合理化建议等。因此，企业要鼓励每个人包括缺乏经验的年轻人强化创新意识、积极参与创新，重视他们的每一个创意。有些创意看似简单，但其潜在的经济效益却可能十分可观。

第二，鼓励大胆尝试，宽容创新失败。

企业的创新项目是企业经营管理者或企业员工在长期的工作过程中总结经验、教训，对产品、工艺、原材料、市场、组织以及制度等提出的更能适合企业持续发展的建议。对这些建议进行研究、实施便形成了企业的创新项目。既然是创新，就存在着成功与不成功两种可能性。企业的经营管理者为了实现企业的持续发展，不仅能够接受一些奇思异想，鼓励创新，更能够宽容创新失败。

传统的失败观，往往以成败论英雄，认为失败给企业带来的只是损失。能够正确对待失败的失败观，是指全方位、多角度，从新的视野去看"失败"认为"失败"是新的起点，是合理的是机会是财富。所谓起点，是因为每次"失败"就意味着此路不通，另找一条路是一个新的起点会使人们离目标的距离越来越近。"合理"指创新环境的不确定，创新本身难度与复杂性，失败是难免的，也是合理的。所谓"机会"指如果坦然面对失败，人们就会大胆冒险，从而创造出更多的机会来。所谓"财富"是指失败中的经验与教训，恰恰是组织中非常宝贵的。所以要创新，企业就应当创造出一个自由宽松的人文环境，让"接收失败容忍失败"成为一种普遍认同的理念。

第三，决策机制公平民主。

创新思想更容易在宽松、民主、愉悦的环境下孕育和产生。透明、公平、民主的决策机制让创新者直抒胸臆，坦诚相见，而不会由于惧怕权威而压抑自己内心的思想。公平、民主的决策机制体现了企业内员工竞争的公平，能够让员工通过自己对企业的贡献不但能获得满意的物质追求，更能获得人生价值的体现。从而充分调动员工的积极性，激活员工的创新思想。哈佛管理杂志提出：要笼络员工的心，公平民主的决策过程比加薪更重要。

本章小结

企业战略管理的理论是20世纪70年代在美国兴起的一门新的管理科学，被企业成功地用于指导实践，到80年代已被世界上发达国家的企业普遍采用。西方企业家把现代企业管理叫作战略管理，称当今的时代是战略管理的时代、战略创新的时代、战略制胜的时代。

战略是以未来为主导,与环境相联系,以现实为基础,对企业发展的策划、规划,它研究的是企业的明天。而创新则是一个过程,因此可以说企业的战略创新,研究的是企业不断创新与发展的过程。

现代企业的创新文化是在人类进入工业革命时代以来,逐步实现相对古代高度发达的社会化大生产历史条件下形成的,是企业在创新和创新管理活动中所创造和形成的精神财富及物质财富的总和。它拥有相当广泛的内涵。企业创新文化的作用就是一种吸引与培养创新人才,支持创新人才脱颖而出,有利于创新效率的提高和创新成果取得的企业文化。它是一种以人为本的文化。加强企业创新文化建设,就是要大力营造有利于吸引与培养创新人才的创新文化环境,推动企业的全面创新。

"创新制度"是指企业在创新管理活动中所形成的与企业创新精神、企业创新价值观等意识形态相适应的企业制度、规章、条例、组织结构等。良好的创新制度是企业创新的基本保证。如果某个企业只有创新的价值观和创新精神,而缺乏必要的与之相应的制度安排,那么企业的创新很可能只能停留于观念上。

思考题

1. 什么是企业战略?
2. 什么是企业战略创新?
3. 什么是企业创新文化?
4. 企业如何构建创新文化?
5. 什么是企业制度创新?

Chapter 6

第 6 章

创新思维与营销管理

导读案例

小米的网络营销

2010 年 4 月 6 日,雷军选择重新创业,建立了小米公司,并于 2011 年 8 月 16 日正式发布小米手机,到 2017 年的 4 月 6 日,小米正好 7 周岁。现在如果你到百度风云榜看大数据,你会发现,小米现在已打入"今日手机品牌排行榜"第二的位置,这个数据应该说是比较客观的。

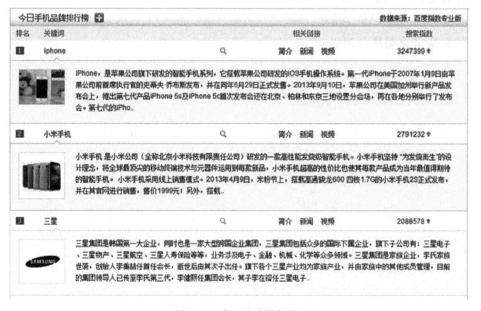

图 6-1　手机品牌排行榜

7 年内,小米从开始创立进入手机行业到如今的手机品牌排行榜第二的位置,应该说雷军的再次创业是相当成功的,小米的发展是创业者的成功典范,小米的网络营销成功案例值得所有电商企业借鉴!

小米为什么能如此成功？这与小米的创始人雷军分不开，可以说没有雷军就没有现在的小米；另外，这与网络营销分不开，如果没有网络营销，小米不可能有今天的成功，雷军也不可能有今天关于小米的成就。

图 6-2　小米公司创始人雷军和小米手机

关于网络营销，这是小米成功的最大秘密！网络营销是什么？网络营销就是将互联网的应用与营销结合起来为网上销售产品服务的一种营销模式。其实，中国不缺乏掌握互联网技术的人，大学里计算机相关专业培养这方面的人才太多了，但中国缺乏研究互联网应用的人，特别是像雷军这样能将互联网的应用与营销结合起来创造网上销售神话的专家！没有雷军这样能将互联网应用与营销完美结合起来的专家就没有小米。因此，可以说小米的成功就是一种借助网络营销的成功。那么，小米是怎么做网络营销的呢？

首先来看看小米的网络营销定位。网络营销定位，包括企业盈利模式、企业核心竞争力、目标客户群、核心产品和产品卖点的定位。小米的盈利模式主要是一种网上直销的盈利模式。小米的核心竞争力是小米的网络营销能力。小米的主要目标客户群是"爱发烧"的年轻人。小米的核心产品是高性能的发烧智能手机。小米高性能智能手机的最大卖点是手机高性价比的智能作用。

其次是要看看小米的营销型网站系统所起的作用。小米网站系统的核心是小米手机官网（xiaomi.com）。另外，还有 MIUI 官网、米聊官网、小米游戏、多看阅读、小米社区等，以及大量的其他网店、博客、论坛、微博、微信等站点。小米正是将这些自建的网站和免费的站点系统地结合起来，形成了小米网络营销所需要的营销型网站系统。

再次小米所做的网络推广。网络推广，包括付费网络推广和免费网络推广。小米所做的免费网络推广，确实做得很绝！第一，搜索引擎优化（SEO），这是最基本也是最重要的网络推广方法。当雷军粉丝们打开小米手机官网的源文件，或者用站长工具查看小米手官网首页，一看网页标题和标签的设置，以及网站内外的优化就知道小米团队对 SEO 还是比较专业的。这就是小米手机官网的百度权重和流量都比较大的根本原因。第二，小米的论坛营销、微博营销、视频营销、饥饿式营销等网络推广方法，做得是更好了。

还有，网络运营服务，看看小米的网站成交记录，就知道小米团队在网络运营服务方面的表现是多么的优秀。"2011年12月18日小米手机首轮备货10万台，但零点开放后3小时宣布售完，而到了2012年1月4日小米公司再次备货10万台，也很快在三个半小时内售完。而在1月11日中午12：50，小米公司开始的第三轮开放购买更是引发了抢购热潮，仅用了八个半小时便售出了30万台。截至2012年1月12日23：00官网停止预定，小米手机的第三轮开放购买备货的50万部小米手机已经售罄。至此，小米手机开放购机数量已达到70万部，加上开放销售前的30万订单，小米手机的销量已近百万。"而这些，基本都是通过网上直接销售的。如果小米没有一支优秀的运营服务团队和良好的运营服务，能取得如此辉煌的网上销售业绩吗？

最后，值得一提的是小米公司的管理，当然也包括网络营销的管理，是遵循PDCA循环的——可持续成功的法则。小米公司的管理中，不仅有计划，执行力非常强，小米公司也特别注重检查和改进。这不就是PDCA循环所倡导的吗？小米公司不光是内部管理，包括网络营销有监督检查机制，就连其手机研发都让顾客参与评价和提供改进建议。

小米所做的营销定位、建立的营销型网站系统、所做的网络推广、良好的运营服务和PDCA循环式管理，促成了小米的成功，是一个典型的系统化网络营销创业成功案例。

思考题：
1. 为什么有人要买小米手机？相比其他国产手机，你认为小米手机有何不同？
2. 如果你周围的人购买小米手机，你认为他的购买动机是什么？

在这一章中，首先，我们将讨论"创新思维与营销管理创新"的问题，主要论述营销管理创新的发展路径、营销管理创新模式、营销管理创新策略和创新思维对营销创新的启示。其次，针对创新营销中最具有特色的网络营销，本章将从创新视角下阐述新营销的特点和模式，并阐明了网络营销创业机制。

6.1 创新思维与营销管理创新

市场营销是在创造、沟通、传播和交换产品中，为顾客、客户、合作伙伴以及整个社会带来价值的一系列活动、过程和体系。营销管理是指为了实现企业或组织目标，建立和保持与目标市场之间的互利交换关系，而对设计项目的分析、规划、实施和控制。

市场营销管理创新，是指改变传统的市场营销模式，确立以市场需求为中心的营销观念、营销手段和营销方法，用新思想、新技术和新方法对营销管理系统（包括管理观念、组织战略、组织结构、管理技术、管理文化和管理流程等）进行重新评价、设计、改造与重构，促进管理系统的动态发展，达到不断提高组织管理效能的目标的活动。

6.1.1 营销管理理论的历史路径

创新思维在企业营销管理中的应用，首先就体现在营销管理理论的历史发展路径中。

19世纪末,随着科学技术的进步,工业生产急剧发展,大规模生产带来了日益增多的商品,从而使市场供给超过了市场需求,卖方市场变成了买方市场。营销理论正是在这种历史背景下发展起来的。经历了近百年的发展,营销管理已经成了一门成熟的学科,其发展的一般规律也逐渐显现出来。

1. 从单一要素到多要素的综合

最早,人们把获得利润的途径只是集中在单一要素上,典型的例子就是老福特的一句话:不管人们需要什么,我只生产黑色的(汽车)。这就是人们所关注的一个要素——产品。后来,市场上竞争的压力形成了,生产者开始考虑更多的因素了。尼尔·博登提出"营销组合"这个概念,它是营销人员为影响顾客的购买决定而采取的一套营销工具。1960年,杰罗姆·麦卡锡提出了著名的营销组合策略,即4P理论,就是产品(Product)、价格(Price)、渠道(Place)和促销(Promotion)。4P营销组合策略不仅仅是考虑到了四个因素,更重要的是综合考虑这四个因素,即建立这四个因素之间的相互联系。

20世纪70年代服务业迅速发展,有学者又增加了第5个"P",即"人"(People)。又因为包装在消费品营销中的重要意义,而使"包装"(Packaging)成为又一个"P"。

科特勒在强调"大营销"的时候,又提出了两个"P",即公共关系(Public Relations)和政治(Politics)。当营销战略计划受到重视的时候,科特勒又提出了战略计划中的4P过程,即研究(Probing)、划分(Partitioning)即细分(Segmentation)、优先(Prioritizing)和定位(Positioning)。这样营销组合已演变成了12P。

2. 从企业内部到企业外部

西奥多·雷维特提出了企业存在"营销近视症"的问题,即企业只重视产品而忽视顾客需要。因此,营销管理中管理对象从企业内部开始向企业外部扩展,企业开始管理市场,再到管理客户,再到把供应商也作为客户,直到供应链管理理论以及战略联盟的形成。

(1)管理市场

"市场营销观念"的哲学,它主要是由卖方市场向买方市场转变而引起的。原来企业只重视生产和产品,而这时开始重视对市场和顾客的分析,坚持以市场为导向。1956年温德尔·史密斯(Wendell R. Smith)提出了"市场细分"理论。企业只有通过识别、细分,选择目标市场,才有可能制定出有效的营销策略。

20世纪70年代,科特勒在强调"大营销"时提出了另外两个P,即政治和公众关系。这都是对市场影响极大的外部因素,是企业外部的不可控因素。但随着市场的不断成熟,尤其是超级大企业以及跨国公司的出现,他们可以在一定程度上影响这些因素。比如大的跨国公司可以影响一个国家乃至一个区域的产业政策,可以得到劳动联盟、金融机构的支持,行业的领头企业可以制定行业标准等。这些因素可以保护他们的市场地位。传统的市场营销观念强调企业只能被动地适应市场需求,而现代营销观念特别强调要创造和引导市场需求。

（2）管理客户

关系营销的概念最初是由 Berry 提出来的。Gronroos 提出了一个更广泛的定义：通过交换和兑现承诺获得利润，从而建立与消费者和其他利益方的关系。关系营销首次强调客户关系在企业战略和营销中的地位与作用，而不是单从交易利润的层次上考虑。关系营销的目的在于和顾客结成长期的、相互依存的关系，发展顾客与企业及其产品之间新的连接交点，而在 CRM 中，企业把顾客当作自己的资源。

（3）管理供应链

越来越多的企业发觉他们的收入不仅与自身的绩效有关，而且也依赖于他们的供应链与竞争者的供应链相比的绩效。供应链管理（SCM）的概念最初是由 Gartner Group 在 20 世纪 90 年代初提出来的，就是对企业的供应、需求、原材料采购、市场、生产、库存、订单、分销发货等的管理，包括了从生产到发货、从供应商的供应商到顾客的顾客的每一个环节，从一个统一的视角展示产品生产过程的各种影响因素。企业不再把供应商看作卖主，把分销商看作顾客，而是把供应商和分销商看作为顾客让渡价值的伙伴。例如，沃尔玛公司与其供应商宝洁公司、乐百美公司（Rubbermaid）和百得公司（Black & Decker）整合后勤作业，降低整个分销成本，以求降低商品的零售价。

在新的全球化经济环境下，企业与他们的供应商、渠道伙伴甚至竞争者的连接方式也在发生巨大的变化。除供应链之外，如今的公司发展还需要战略合作伙伴，单打独斗已经过时了，战略联盟（strategy alliance）已经兴起。

近年我国有学者指出，营销者逐步摒弃传统的生产经营者利益中心观点，贯彻执行竞争者的多方利益均衡，并以此为基础整合系统内外资源。从单方利益中心演变过渡到多方利益平衡，这本身也是组织发展的一般规律。

3. 从单一部门到全员营销

随着"竞争点"不断从单一走向综合，企业越来越意识到，营销不是营销部门一个部门的事，因为"只有营销部门的努力无法兑现对客户的承诺"。菲利普·科特勒曾经把在公司里创造一种营销文化的艺术称为"营销化"问题，就是使公司营销化。Gerard Prendergast 认为，营销逐渐从一种职能向一种组织文化或理念转变，这种理念是渗透到企业所有职能和层次的价值系统或体系中的。

4. 从注重物到注重人

从注重对物的管理到注重对人的管理，是管理科学发展的最显著的规律之一。同时，也是管理从简单化到复杂化发展的原因之一，因为系统趋向于复杂化的一个重要原因就是有了人的参与。在泰勒的科学管理阶段，人被作为简单的生产要素，是"经济人"，当"复杂人"的假设被普遍地认可之后，管理的复杂性就增加了。但这并不是说管理更趋向于混乱了，而是说人们对企业系统的认识更趋近于其本质了。对于营销活动来说，从物到人的转变体现在以产品为中心变为以顾客为中心。正是由于把关注点逐步转变到人以及人们之间的关系上，营销活动也变得越来越复杂。

在生产观念、产品观念、推销观念阶段，企业的目标是制造并销售出产品，产品是否真正符合消费者需要，则不予太多考虑。包括后来出现的 4Ps 组合，都是关注物的，没有站在顾客的角度。1957 年，通用电气公司的约翰·麦克金特立克阐述的所谓"市场营销观念"的哲学认为当一个组织脚踏实地地从发现顾客的需要，然后给予各种服务，到最后使顾客得到满足，它便是以最佳方式满足了组织自身的目标。市场营销观念，被公认为是现代市场营销学的"第一次革命"。

1990 年，美国企业营销专家劳特朋教授提出了 4Cs 理论。4Cs 即消费者的需求与欲望（Consumer Needs and Wants）、消费者愿意付出的成本（Cost）、购买商品的便利（Convenience）和沟通（Communication）。不是卖你能制造的产品，而是卖消费者想购买的产品；忘掉定价策略，努力了解消费者要满足其需要所愿付出的成本；忘掉渠道策略，思考如何方便消费者购买；忘掉促销策略，研究与消费者的沟通。4Cs 完全是以人为出发点的。

1985 年，巴巴拉·本德·杰克逊强调了关系营销（relation marketing）。关系营销是指建立维系和发展顾客关系的营销过程，公司不仅要达成购买，而且要建立各种关系，目标是建立顾客的忠诚度。关系营销更能把握住营销概念的精神实质，它使焦点回到了营销活动的主体——人与人的关系上。

5. 从粗略到精细

在 20 世纪的大多数时间里，大众营销（mass marketing）一直占据着营销模式的主流。大众营销与大量生产方式相适应，建立在标准化产品的基础上，着眼于满足大众市场的基本需求，它能创造最大的潜在市场。然而随着生产效率的不断提高，顾客需求越来越多样化，大众营销已经愈加不适应竞争激烈的市场环境。

1956 年，温德尔·史密斯提出了"市场细分"。它帮助企业在市场中寻找目标群体，避免过分的竞争对抗，使企业基于自己有限的资源对市场做出理性的选择与取舍。目标营销（target marketing）作为一种新的理念在 20 世纪 80 年代取代了大众化营销的主流地位。

到了 20 世纪末，顾客的预期越来越高，他们越来越希望产品和服务能满足他们个性化的需求。通过市场细分将一群顾客划归为有着共同需求的细分市场的传统做法，已不能满足每个顾客的特殊需要。"精微市场细分"应运而生，在某些情况下，市场分得很细，有时甚至一个人构成一个子市场。卡西欧的订制方法使得公司可以向顾客提供 5000 多种不同的手表。

唐·佩帕斯（Don Peppers）与玛莎·罗杰斯（Martha Rogers）于 1993 年在"The One to One Future"中提出一对一营销"One to One Marketing"的理念。一对一营销认为，每个客户的需求是不同的，只有尽可能满足其特殊需求的企业才能提高竞争力，保持顾客忠诚。

6. 从手工到应用信息技术

伴随着环境的不断复杂，营销的方法与手段在不断汲取着最新的科学技术，对营销对象的研究越来越精确。营销的方法和手段经历了一个从人工到利用工具，从定性到定量，从简单系统到复杂系统的过程。很多年前，人们采用手工记账，但随着市场的不断扩大，简单的人工方法和手段已经不能承载与日俱增的市场需求和速度。20世纪40年代计算机的发明，极大地改变了人们的生活和工作方式，为人们提供了一种功能强大的工具，使购买过程自动化。

在早期，企业主要依赖定性研究。定性研究就是通过观察人群的言行来收集、分析和解释数据，使用的是定性或非标准化的方法与形式。常见的数据收集方式有焦点小组座谈会、深度访问、入户访问、街访、电话访问等。随着数学方法和手段以及数据处理技术的成熟，定量研究被越来越广泛地应用。20世纪40年代末期，随机抽样的样本设计概念得到广泛认同，统计学开始进入营销领域。

随着竞争环境的进一步复杂，影响营销决策结果的变量越来越多，因此企业逐渐开始以自动化技术装备减少人的不确定性。Wierenga B. 和 Vanruggen G. H. 总结出了八种营销管理系统：营销模型、营销信息系统、营销决策支持系统、营销专家系统、基于知识的营销系统、基于案例的营销系统、营销神经网络系统、创造性营销支持系统。决策者使用这些模型有助于减少偏见和提高决策的效果。

可见科学技术在营销管理的发展过程中起到了非常重要的作用，在它的推动下，营销理念和方法实现着一次又一次的跨越和突破。在营销活动中计算机及通信技术的应用，标志着营销活动由人工变为了自动化；数据仓库技术的应用，标志着计算机技术在营销中的应用已经不仅是为了解决管理的效率问题，而是解决只依靠人的能力所不能解决的问题；而 CRM、ERP 和 SGM 等系统的整合和数据共享与交互，则标志着营销管理已经进入各种活动之间广泛联系的复杂系统阶段。

6.1.2 营销管理创新的原则

上述营销实践和营销理论证明，营销模式创新的根本在于满足消费者需求。而消费者需求又处于不断发展变化之中，并呈现出新的特点，这就需要有新的营销模式与之相适应。这就是营销管理创新的根本原则，并具体体现在以下几个方面。

1. 进行定制营销满足消费个性化

进入 21 世纪以来，消费者生活观念、价值标准和生活方式多元化，需求多样化，消费方式个性化。消费者的需求上升到以休闲、情感为主的体验需求；标准化的产品彻底失宠，个性化、人性化的产品需求成为主流，而且产品不再是实体产品，而是解决方案或体验过程。企业应按照消费者的个性化需求进行定制营销。定制营销，是指企业将现代化大生产的规模经济与每个消费者对同一产品的不同要求（差异）结合起来，兼顾批量生产（规模）又满足目标市场每个消费者不同要求的营销模式。定制营销承认每个消费者的需求个性大于共性，每个消费者个体都是一个与众不同的细分市场，应当分别给予满足；并借助于现代社会的制造和信息技术，进行大规模而不是个别的定制。定制营销在形式逻辑上可以讲是"细分到最后一个人",它实际是对机器大工业生产组织方式的彻底否定,它要求采取最为柔性的生产技术保证个性化的单件生产成为可能。

2. 运用网络营销迅速反应市场需求

互联网、局域网、物流网等网络形成全球性、透明化很高的市场。网络向消费者许诺了一个世界范围的市场,许诺消费者可以找到最佳的价格和品质。网络向出售者许诺全世界市场的进入权,以最低的费用接近特定的顾客或预先确定的顾客。显然,在这种模式下,如果顾客能够找到质量、价格上相同但是交货更为迅速的营销者,顾客就会与之进行交易。也就是说,整个价值创造过程的反应速度决定了参与者在市场中的核心竞争力。这是一方面,另一方面,在新经济时代,传统的职能分割型的营销组织不再适用,企业必须构建基于信息技术的、网络型的扁平化组织结构以减少营销组织结构的层次,使营销组织富有弹性和灵活性,能针对顾客需求和市场竞争的变化做出快速反应。

3. 结合关系营销高度契合消费者需求

在新经济时代,企业通过客户关系管理获得顾客,顾客可以事先对企业创造价值能力进行了解,然后提出要求。顾客由被动接受产品或服务转变为主动积极参与价值创造的全过程,顾客不仅将自己的显性和隐性需要告诉企业,协助企业分析研究(如用计算机模拟营造出市场的真实氛围,让顾客对产品罗列、产品包装、定价等诸多方面进行随意变动和组合,直到顾客完全满意),同时参与产品和服务的设计、制造和定价,参与选择物流系统。

4. 通过体验营销提供体验价值

从企业的角度看,所谓体验营销,是指企业把顾客的感官、情感、思考、行动、联想等要素融为一体,作为设计、生产产品或提供服务的主要依据,通过创造、提供和出售体验,让顾客在购买和消费的过程中因主动参与而产生美好体验的一种营销管理过程。体验营销的核心观念是,不仅为顾客提供满意的产品和服务,还要为他们创造和提供有价值的体验。体验营销作为一种通过为顾客提供体验来为顾客创造价值的营销方式,其意义在于能使公司的产品与竞争者区别开来;为公司树立形象和建立识别;诱导顾客试用和购买,并增强消费忠诚度;进一步推动企业流程重组。作为一种全新的营销模式,体验营销具有鲜明的特征。与传统营销的不同,具有注重顾客的体验、从整体体验看待产品分类和竞争、从理性和感性结合的角度认识顾客、使用多种营销方法为顾客创造和发现体验等特点。

6.1.3 营销管理创新的内容

基于上述原则,我们应该将创新思维应用于企业的营销管理创新中,以避免在当今世界异常激烈的经济竞争中,因循守旧,墨守成规,因而错失良机,居人之后。也就是说,企业应该"揣切时宜,从便所为,以求其变",将创新思维应用于营销策略,使其进行在观念、产品、服务三个方面中实现创新。

1. 观念创新

所谓"观念创新"就是企业适应新的营销环境的客观变化而形成正确的认识或看法。由于它是企业开展营销活动的指导思想，或者说它支配着企业活动，所以，它是企业营销创新的灵魂。观念创新主要包括四个方面内容。

（1）树立正确的市场导向意识

这是观念创新的首要问题，认清楚自己的供应方向，找对需求者以及其所需求的物品。1996年是我国买方市场形成的关键年，由于经济"软着陆"的成功，我国市场开始出现全面过剩现象。据国内贸易局提供的资料表明，1999年上半年，在605种主要商品中，供大于求的品种占72.2%，其余的品种也基本利于供求平衡状况。不仅生活资料、生产资料过剩，甚至连长期困扰我国经济发展的"瓶颈"行业如电力、煤炭、交通等也出现供过于求的状况。"铁老大"已没有了"老大"派头，"电老虎"也失去了昔日的威风，中国市场已由过去的卖方市场进入到买方市场。在卖方市场条件下，总供给小于总需求，企业只要仿效别人的生产和营销做法就能获利。而在买方市场条件下，由于总供给大于总需求，因而企业只是仿效别人的生产和营销则难以成功，只有走创新之路，形成自己的营销特色，才能真正得以生存与发展。21世纪的我国市场是一个长期的买方市场，坚持营销创新，是企业立足于买方市场之宝。

（2）树立正确质量意识

应该认识到，产品的质量不仅仅指技术质量，还应该包括消费者的认知质量，这是消费者是否接受企业产品的重要影响因素。同时，企业还应认识到产品质量具有稳定性和动态性相结合的特点。企业在产品开发过程中，一方面应按照国家标准、国际标准进行创新，符合ISO 9000、ISO 14000等国际认证标准的要求；另一方面也不宜机械地照搬某一标准。而应以消费者要求为最终标准，力求使产品最大限度地满足消费者需要。不断加速产品的更新换代，适时推出新品种、新花色、新样式，以变应变。同时，包装创新也要与产品的特性和价值相符，进行适度包装，防止过度包装和过简包装，包装材料的选用也要从有利于环保出发，尽量节约有限资源。目前，应注意纠正社会上对"包装"的变异理想，防止"货卖一张皮"的现象蔓延。

（3）增强竞争意识

这是营销创新的内在推动力。有了压力才有动力，在动力的不断作用下才会拥有更大的进步。当1999年前程无忧网站开通时，它并不是最早的、更不是唯一的开展网络招聘服务的机构，但是它是唯一的一家既有网络平台，又有平面平台《前程周刊》，并在全国开展业务的公司。在前程无忧的发展进程中，它所推出的每一项服务项目都不具备"人无我有"的先天优势，但是和竞争对手比，它之所以能在发展态势与企业规模上大大胜出，最终靠的是"人有我新"——每一项业务前程都要求与别人有所不同，要求一定要有自己的独特定位。

（4）强化合作意识

整体大于部分之和。合作能产生联合优势。营销创新最终目的是通过更好地满足消费者需求获得更大的市场份额和更多经济效益，调整企业组织结构，消除部门之间的隔膜，提高营销效率和创新效率，相关职能部门共同致力于市场需求的满足。在信息交流开放化的时代，知其所好，听其所意，才能更好地抓住商机。

2. 产品创新

一个企业是否具有生命力，其重要的标志就是它的产品是否能够不断创新。不断地满足消费者不断变化的需求是企业营销创新的直接目的，为此，企业产品需不断创新，产品创新是营销创新的核心内容。原有的技术不进行创新便无法适应市场的需求吗，而直接拿来的新兴技术则如同手持鸡肋，食之无用，弃之可惜。于是，我们就应当运用创新这把利器，将旧的元素进行新的组合，从而创新出属于自己，适宜自己的新产品。做到顺应国际大趋势，朝着多能化、多样化、微型化、简便化、健美化、舒适化、环保化、新奇化等方向发展，并注重实施产品陈旧化战略。根据市场需求变化规律有意识地淘汰老产品、推出新产品，通过对产品加以否定而不断地注入"新鲜血液"，使得企业成长曲线呈平稳上升态势。

3. 服务创新

服务作为一种特殊的产品，属无形产品，它与有形产品一样，也是市场客体的重要组成部分。由于服务常伴随产品销售而发生，属于向消费者提供的各种附加利益。所以，服务又为整体产品的重要组成部分。又由于消费者对商品的需求常常是需求整体产品，因而在核心产品和形式产品比较接近的情况下，服务常成为提高消费者满意度从而击败竞争对手的切入点。广告宣传就是个很好的例子。现行的广告不能够仅限于广而告之，在媒体宣传上，包括硬广告、软文、电视广告，DM资料的制作上点的切入要精准，市场定位要明确。将创新思维运用到广告创作上，使消费者对产品品牌有着新的认识和较深的印象，从而提高产品的购买率。例如，不仅仅只是广告，长虹公司就曾借助柯受良驾车飞越黄河的重要事件来宣传产品、扩大市场，最终还获得意想不到的成功。其充分抓好和利用某一有影响的事件，并把它与企业营销有机地结合起来，达到"借助过海""借风扬帆"的目的。

现实告诉我们，事物发展结构不都是说一就一，或一分为二的，有时则是一分为三或一分为多。事物这种一分为多和多元发展，从某种意义上，更具普遍性和规律性。在自然界，很多动物是四足或多足的，很多花是多瓣的，很多植物是多根、多枝、多叶、多果的，很多山脉是多峰的，所有的河流都是多弯的。也就是说，日常生活中，类似上述困扰我们的难题比比皆是。如果我们创新思维能力很高超，很独特，就会有胆有识，信心百倍，思路就宽，办法就多，就能迎刃而解，将营销市场做得更大更成功。

6.1.4 营销管理模式的创新

创新思维在企业营销管理中的应用,最终的结果必然是营销管理模式的创新。所谓企业营销模式创新,与其他经营模式或商业模式创新一样,就是要找到提高顾客让渡价值的源泉和方法。在提高客户总价值方面,就是发现并聚焦于目标顾客现实或潜在的最迫切的需求,以此进行产品和服务的设计与组合,同时要注重有效传播与互动沟通,提升品牌形象,以提高顾客的价值感知;而在降低顾客总成本方面,主要是围绕目标顾客的消费行为来优化产品交付、信息查询、服务提供等环节的便利、快捷与可靠性。可以说,一个成功的营销模式就是在这两方面或至少一个方面能做到卓越。我们认为现代企业的营销模式创新主要有以下几种。

1. OTO 模式下的营销模式创新

任何忽略线上渠道和线下传播的企业都有可能受到市场的惩罚。从战略上考虑,市场营销的 OTO 模式已经形成,未来 3~5 年代内,其会发挥远超人们想象的作用。

从某种程度上说,现在很多企业都在探索 OTO 营销模式的发展路径,包括实体企业、商业企业等都涉足线上营销领域,但能够形成并建立有效的 OTO 营销模式或者线上营销模式的企业还并不多,原因有两个,一方面,线上渠道和线上传播渠道变化频繁,另一方面,企业接触线上渠道和线上传播的时间较短。

专家指出,传统企业进军线上渠道营销及营销传播,首先可以独立地建立起线上营销渠道和线下营销传播策略,这样,线上营销渠道与线下营销渠道之间基本不会产生相互影响,线上营销传播会对线下营销产生影响,以至于线上渠道与线下渠道之间不会产生渠道冲突和竞争,这一点,有条件的企业必须在产品线、价格体系等方面做出区隔,以免线上线下渠道冲突产生。其次,企业应该寻求建立 OTO 营销模式,使企业的线下和线上营销渠道之间产生互补和互动,使线下线上营销传播变成真正的整合营销传播。

事实证明,很多企业开始专门为线上营销渠道打造产品,使线上线下营销渠道之间的冲突和竞争压低到最小化。罗莱家纺为网络直销推出 LOVO 品牌,优质、时尚、个性化家纺品牌,LOVO 领导"健康、快乐、环保、可持续"的核心理念。

2. 自下而上式的变革式营销模式创新

营销模式创新自下而上式的变革是很多企业都采用过的。从满足消费需求的理念上着手,建立符合企业能力的满足消费需求的方式,从机制上快速便利地满足目标市场的消费需求。然后再从终端售点、各级分销商、经销商直到企业营销团队的逐级向上推进,实施层层变革,实现营销模式的创新计划。

这种自下而上式的变革营销模式创新,在越接近终端的营销变革越要采取大刀阔斧的动作,设定阶段性改革目标和创新点,在规定时间内完成变革目标和创新点的改造,不要受到任何感情、关系、利益的影响,该砍掉的渠道层级必须砍掉,该变更的渠道职能必须做出变更,渠道利益的分配必须科学、合理、公平、公正。只有这样,才会保证渠道变革过程中的稳定性和执行能力。在这期间，任何面对变革的市场不要谋求特区，更不能留下特区，斩断变革阻力。

3. 自上而下式的推动式营销模式创新

自上而下式的推动式营销模式创新，是从企业内部出发，做好内部的组织变革和营销模式变革计划，按照计划，一步步地推动变革落地和创新点的达成。通常来讲，这种营销模式创新的关键是营销政策的变革和营销运营流程的调整。

通常来说，这种自上而下式的营销模式创新的阻力主要来自于经销商以下层级的分销商和终端零售商，这时，企业必须做好各种可能预见到的预案，防止出现分销商和零售终端集体抑制的现象发生。当然，如果企业能够拥有足够的变革时间的话，企业可以制定循序渐进的营销政策，一级一级地按照营销政策落实营销变革和营销流程调整，推动一级变革之后，再推动另一级的变革，最终实现完全的营销模式创新变革。

4. 深度分销型营销模式创新

很多企业在谋求营销模式创新变革之前，狠抓一段时间的深度分销，将企业的深度分销工作做扎实、做透，这样，就可以保证企业为做深度分销型营销模式创新打下了坚实的市场基础，当然，也提供了足够的经验积累、物料储备和人力资源储备，在此基础上，再做出整个渠道的营销模式变更，便非常容易实现，任何可能的阻力在强大的深度分销面前都显得不足轻重，这时，阻力很有可能顺势而为转化为营销模式创新的动力，助推创新走向正轨。

深度分销型营销模式创新一般不会对营销渠道层级做出大的改变，但极有可能对于营销组织和营销管理系统做出大的改进，大中型企业还有可能引入现代市场营销管理工具和管理软件，来辅助进行营销管理，这要求企业做出预案。实践表明，失去管理和控制的深度分销将会使执行力下降，导致营销成本升高、营销队伍效率下降，对于最终实现营销模式创新影响巨大。

5. 渠道拓展型营销模式创新

对于传统渠道、现代渠道和网络渠道之间的渠道拓展是目前很多企业追求的营销模式创新的首选，原因很简单，中国很多企业期待通过营销模式创新进军线上营销渠道，也有大量的企业过去专注于传统营销渠道而忽略了现代营销渠道，这都是渠道拓展型营销模式创新的根源。

无论如何，营销的最终结果都是执行落地，据此带来良好的销售业绩表现。否则，再好的营销策划方案和营销计划可能都归于空泛。

6.2 创新思维与网络营销

信息技术与企业营销管理的结合就形成了网络营销，这是企业管理，特别是营销管理中最具活力与创造力的内容，是创新思维与管理的鲜活结合点。

网络营销是企业整体营销战略的一个组成部分，是为实现企业总体经营目标所进行的，以互联网为基本手段营造网上经营环境的各种活动。其中可以利用多种手段，如E-mail 营销、博客与微博营销、网络广告营销、视频营销、媒体营销、竞价推广营销、SEO 优化排名营销、大学生网络营销能力等。总体来讲，凡是以互联网或移动互联为主要平台开展的各种营销活动，都可称之为整合网络营销。简单地说，网络营销就是以互联网为主要平台进行的，为达到一定营销目的的全面营销活动。简言之就是以互联网为主要手段进行的，为达到一定营销目的的营销活动，也可简单理解为"网络营销＝网络＋营销"。

6.2.1 创新思维下的新营销视角

移动互联网时代已经到来，移动互联网营销也方兴未艾，无论是品牌传播、产品促销还是渠道建设方面，企业都面临着全面的变革压力。因此，企业要么主动创新参与到这场变革的洪流当中，成为先驱者，要么就在踟蹰犹豫中被洪流迅速吞没。

具体而言，企业营销策略的出发点是营销视角，因此，企业首先需要解决的是如何审视自己的传统营销思路，并结合新时代的规则寻找属于自己的新的营销视角。

1. 视角一：新媒体取代传统媒体

传统媒体的生存、作用空间不断被压缩，新媒体不断崛起，营销者需要重新考虑自己的媒介资源分配。之前那些让你付出昂贵代价的媒体（报刊、广播、电视等），虽然并未失去营销价值，但营销性价比已大大降低。新媒体，尤其是移动互联网的投资回报比则远远超过你的想象，尤其在手机 APP 这一块，其卓越的娱乐性与互动性使得企业的营销能力大大加强。

📚 案例

慢享咖啡

2013 年 8 月 1 日，世界知名咖啡品牌 Costa 咖啡与网易新闻手机客户端联合推出了"慢享咖啡，速阅天下"的互动咖啡调配游戏活动，该活动主推"在手机上调咖啡"的新奇体验。8 月 1～30 日活动期间，只要是装有网易新闻手机客户端的用户，都可以在手机上"调制"咖啡，完成从"研磨咖啡豆"到"添加热水"再到"配比原料"的咖啡制作步骤，并依据配比结果立刻获得 Costa 咖啡的"买一送一"或"免费升杯"电子优惠码。

另外，为了进一步加深用户对优质咖啡的理解和喜爱，该客户端还会在咖啡制作过程中弹出一些"咖啡小贴士"，帮助用户了解咖啡文化。这次的强强合作营销不仅成功使得 Costa 咖啡的"咖啡个性化"品牌理念深入人心。并通过优惠码吸引了大量用户去其门店消费，还进一步提高了网易新闻手机客户端的知名度和影响力，达到了双赢的结果。

我们看到，传统企业越来越重视新媒体的力量，并逐渐加大了移动端的营销投入，这也预示着像网易新闻手机客户端之类用户数量大、活跃度高的手机 APP 将成为新营销的主要阵地。

2. 视角二：精准投放取代撒网营销

精确营销将取代传统的撒网式营销。移动互联网广告的投放将更加精准，这种精确不仅体现在投放的准度上，也体现在投放内容的个性化上面，所以对消费者的刺激作用更加明显。

首先，使用移动互联网的用户的信息是可以被追踪、搜集和分析的，消费者的兴趣和需求可以被判断。其次，通过各种新技术，尤其是大数据，企业可以将客户关系管理数据库与人格营销联系起来，对具有不同人格和偏好的群体设计不同的营销、沟通方案，确保营销过程不被客户妨碍。

案例

阿迪达斯的精准广告投放

2006 年 5 月，世界著名运动品牌阿迪达斯在中国联通手机平台上进行了广告的精准投放，它选择了 WAP PUSH（又叫服务信息或推送信息）和"互动视界"文字链接两种广告形式。相比传统的随机广告弹窗。这次精准投放的效果很理想：文字链接的点击率是 4.25%，WAP PUSH 的点击率是 4.38%，注册率也达到了 4.32%，而用户投诉率为 0。通过这些数据，我们可以看到，手机广告的精准投放达到的平均 4% 以上的点击率远远大于网络随机广告弹窗千分之几的点击率，其购买转化率更是令企业惊喜不已。

移动互联网时代，想用手机赚钱，就不能放过手机广告精准投放的巨大价值，因为这种精准投放及其后续营销拥有其他媒介不具备的绝对优势。

3. 视角三：互动策略取代单向推销

相比传统媒体的单向推销，移动互联网的最大优势就是拥有更加丰富的互动性。如今的消费者变得更加主动，他们会随时随地通过移动互联网来搜寻自己想要的信息，同时，他们也会主动忽略或屏蔽那些自己不喜欢的营销广告。这种变化要求企业及时跟进，通过 APP、微信、微博等诸多渠道和移动互联网用户进行频繁、深入的互动，打破自己原有的冷冰冰的企业形象，在移动互联网上塑造一个亲民的"人化"形象。

案例

多芬的"真美运动"

联合利华公司旗下品牌多芬近年持续推广崇尚美丽的"真美运动"，通过深入的互动极大地提高了人气与销量。多芬不仅强调用户与品牌的互动，还看重用户与用户之间的互动。

首先，多芬推出了"真美运动"的官方网站，提出了互动话题"什么是真正的美丽"，并设置讨论区供用户互动讨论。很快，这个网站成了女性讨论美丽话题的全球性社区，同时，多芬还在网站上开设专家专区，并提供与美丽有关的各种调查、白皮书、报道等。

其次，多芬开展了"评选真美女性"的互动活动，该评选由大众评审投票决定。为了调动用户参与的积极性，多芬在纽约时代广场做了一块互动式投票显示屏，使得每个人都有表达意见的机会。

在系列互动取得广泛关注后，多芬又及时推出了互动网络短片。这个一分钟左右的短片用真实的镜头记录了一个长相普通的女孩是如何通过化妆、PS等成为超级模特的，视频最后的字幕写道："毫无疑问，我们的审美被扭曲了。"借此向公众传递多芬的"自然美"观念。该视频在网络上的点击率与转发量惊人，并引起了广泛的争论。

这一系列互动营销活动推出仅两个月，多芬在美国的销量就上升了600%；半年之后，其在欧洲的销量也上升了700%。

移动互联网消费者不喜欢单向、强制式地接受广告，他们希望自己去体验、发现、感受，同时，他们也渴望与其他人分享这种亲身体会的感受。因此，企业不仅要学会主动和用户互动，还要帮用户与用户之间搭建一个交流的平台

4. 视角四：粉丝经济成为主流

在诸多刚刚兴起的移动互联网营销思路中，最博人眼球的就是"粉丝经济"了。大部分使用移动互联网的人都有自己的社交网站账号：人人、微博、微信……网络社交生活化已成为不可避免的趋势，因此。社交网站的基础——好友，也就是俗称的粉丝，成了一个重要的营销落脚点。

移动互联网时代，粉丝经济至少可以有两种解读：一是通过对企业品牌的塑造，吸引一批十分认同企业价值观的忠实客户，例如赞赏苹果创新与个性精神的果粉就为苹果创造了大部分的收入；二是通过对企业在移动互联网社交门户上的长期经营和推广，积聚一大批关注者，并据此开展各种营销活动，利用舆论热度来提高营销效果。对企业来说，这两者都不容忽视。

6.2.2　创新网络营销的策略

和传统的营销模式不同，网络营销有其自身的特点。因此，要想做好互联网营销，我们就必须依据其特点，采用新的营销策略。那么，今天有哪些互联网营销策略可以应用呢？

1. 搜索引擎

搜索引擎营销（search engine marketing，SEM）是网络营销的一种重要形式，对于网站推广、网络品牌、产品推广、在线销售等具有明显的效果。它通过较高的搜索引擎

排名来增加网站的点击率，即浏览量，从而获得产品或服务销售额的飙升。根据网络调研数据，排名前 10 名的网站占据了 72% 的点击率，排名第 10～20 之间的网站拥有 17.9%，而排名 20 以后的所有网站只有 10% 的点击率。

SEM 营销方法内容包括：搜索引擎优化（搜索引擎自然排名）、分类目录登录、搜索引擎登录、付费搜索引擎广告、关键词广告、竞价排名、地址栏搜索、网站链接策略等。

国内比较有名的搜索引擎有百度、谷歌等，企业可以和这些搜索引擎公司合作，可以采取关键词广告、竞价排名等手段，网友在通过搜索引擎搜索相关信息时，产品、企业网站能够在第一时间进入网友视线，抢占网友眼球，赢得销售机会。

2. 博客论坛

在互联网广告的投放上，市场也对定向精准的分众广告愈加重视。具备明确目标用户受众群体和可量化广告效果数据的广告模式，迅速激发了广告主的投放热情。博客和论坛就是这类模式。

案例

五粮液的博客体验营销

2007 年，中国酒业巨头五粮液集团国邑公司就大胆地尝试了博客体验式口碑传播营销。他们与当时国内最大的专业博客传播平台博拉网（WWW.BOLAA.COM）合作，通过该平台在博客红酒爱好者中组织了一次大规模的红酒新产品体验主题活动。活动开展后短短几天报名参加体验活动的人数就突破了 6000 多人，最终五粮液葡萄酒公司在其中挑选了来自全国各地的 500 名知名的博客红酒爱好者参加了此次活动，分别寄送了其新产品国邑干红以供博主品尝。博主们体验新产品后，纷纷在其博客上发表了对五粮液国邑干红的口味感受和评价，迅速在博客圈内引发了一股关于五粮液国邑干红的评价热潮，得到了业界的普遍关注。

通过让博主真实品尝国邑干红葡萄酒，不仅能在第一时间获得用户体验的第一手资料，而且通过博主体验进行的口碑传播，更能使红酒品牌得到广泛的传播，激发消费者的购买欲望，培育忠实用户群体，博主体验不失为一种十分有效的营销方式。获得国邑干红葡萄酒的博主纷纷表示这样的体验方式很好，不仅可以优先免费获得最新产品的体验机会，而且整个主题活动和产品本身具备的文化韵味可以更好地唤起人们心中的情感记录，很能让人产生共鸣。

由此我们可以预见，以博客为载体的传播方式则具备了受众精准和高信任度传播的特点，在提升企业品牌的同时，也更易于激发销售行为。红酒可以通过博客为载体进行网络传播，那么一样可以采取这种方式进行营销，可以选择畅享网、校内网、榕树下、天涯社区、西祠胡同等知名博客论坛来进行新产品体验活动或者口味大征集等活动，应该也会有比较理想的效果。

3. 资源合作推广

所谓"资源合作推广",就是指企业之间通过交换各自的优势资源,以达到相互宣传推广效果的活动,比如典型的广告互换、流量互换等。而用这种推广获得利润的营销模式就叫资源合作营销。

这种营销方式最大的特点和优势是能够在投入资金的情况下,利用自己手中已有的资源实现推广营销、扩大收益的目的,可以让手中的资源发挥最大的效用,且适合于任何规模的公司、单位,甚至个人。

由于资源合作营销有着化腐朽为神奇的效果,所以很多公司对它越来越重视,资源合作营销甚至演变成了一个专门的部门和职位,名字叫 BD,即 Business Development,翻译成中文为商务拓展。在一些公司,BD 部门的重要性已经可以比肩甚至超越了传统的市场部。

案例

京东商城推出京东众筹

京东众筹是京东金融推出的一个名叫"凑份子"的业务,其众筹的种类主要为四大类:产品众筹、公益众筹、股权众筹、债权众筹。"凑份子"首期上线的 12 个项目均为产品众筹,出资人对众筹项目进行投资,获得产品或服务。

众筹项目由项目发起者发起,由多人参与支持。发起人根据项目的真实情况和进展实时公布,设定参与时间,最低支持金额,并承诺参与者应得到的项目回报。而参与者只需使用京东账号登录京东金融进入众筹项目页面,浏览了解项目后即可点击购买支持的项目金额,待项目完成后即可获得项目承诺的回报。

资源合作营销也有一定的局限性,那就是其成功的关键在于如何深入挖掘自身资源,有效扩大资源价值,这就需要人们在实际操作时,充分发挥想象力、创造力,合作方式要不拘一格,只有好的合作创意才能带来更好的效果。

4. 病毒式营销

病毒式营销是南欧莱礼媒体公司总裁兼 CEO 提姆·奥莱理提出的。奥莱理是美国 IT 业界公认的传奇式人物,也是开放源码概念的缔造者。

病毒式营销常用于进行网站推广、品牌推广等,其传播途径是用户口碑传播,即从一位用户传播到另外一位用户那里,这种用户彼此接触的营销,过去也被称为"口碑营销"。

在互联网上,这种"口碑传播"更为方便,可以像病毒一样迅速蔓延。病毒式营销鼓励用户将营销信息传播给他人,并为信息的曝光和影响创造潜在的增长动力,使之呈几何级数增长。

病毒式营销包含三要素:病原体、易感人群和传播方式。病原体即被推广的产品或事物,它依靠对目标群体的利益、爱好、信息接收方式等的分析制造传播点,从而增加关注度；易感人群是可能接收信息并将信息传递下去的人群；传播方式即传播的手段和渠道。

由于这种营销的传播是用户之间自发进行的。因此，它几乎不需要费用。正是因为这种营销模式存在先天的优势，所以，目前很多销售或推广活动都更乐于采用这种方式。2014年，网上疯传的"冰桶挑战赛"就是一个很好的病毒营销的案例：

案例

冰桶挑战赛

2014年入夏以来，冰桶挑战风靡全球。这个由美国ALS（肌萎缩性脊髓侧索硬化症）协会发起的慈善活动，要求参与者在网上发布自己被浇冰水的视频，再点名其他人参与。被邀请者要么在24小时内接受挑战，要么选择捐出1.01美元，比尔·盖茨、马克·扎克伯格、科比、雷军、刘德华等各界大佬名流纷纷迎战。

伴随持续发酵的名人效应，从7月29日到8月12日，ALS协会总部共收到230万美元的捐款。而2013年同期收到的捐赠只有2.5万美元，截至8月20日，捐款数已高达1 140万美元。

美国著名电子商务顾问拉尔夫F. 威尔逊博士认为，"冰桶挑战"是一场成功的病毒式营销。"冰桶挑战"的病原体并非具体产品，而是以慈善为目的，期望引起大众对肌萎缩性脊髓侧索硬化症的关注，募集善款。其病原体并未刻意设计和制造，有影响力的易感人群的参与，是其成功的关键之一。"冰桶挑战"中，全球政、商、文娱等各界标杆人物纷纷被点名参与，他们拥有的话语权与关注度，本身就是一种巨大的传播力。

天下没有免费的午餐，任何信息的传播都要为渠道的使用付费。而在上述案例中，我们却看到病毒式营销几乎是零成本的，但这种零成本并不是绝对的，这种营销利用的是目标消费者的参与热情。但渠道使用的推广成本依然存在，只不过目标消费者受商家的信息刺激自愿参与到后续的传播过程中，原本应由商家承担的广告成本转嫁到了目标消费者身上。

他们为什么自愿提供传播渠道？原因在于，第一传播者传递给目标群的信息不是赤裸裸的广告信息，而是经过加工的、具有很大吸引力的产品和品牌信息，而正是这一披着漂亮外衣的广告信息，突破了消费者戒备心理的"防火墙"，促使其完成从纯粹受众到积极传播者的变化。

这一案例也给采用病毒式营销的企业或个人一个很重要的启示，那就是：运用这种营销模式，首先一定要确保源信息披着漂亮的"外衣"，不能让广告信息太过明显，引发传播者的反感，否则，营销效果就会大打折扣。

5. 互联网交易平台

国内有名的互联网交易平台有阿里巴巴、拍拍网、淘宝网等，这些交易平台都聚集着大量的人气，存在着无限的商机。无论是B2B（商家对商家）、B2C（商家对个人）还是C2C（个人对个人）的交易模式，企业都可以尝试，在这些平台上建立自己的店铺和发布信息，当然主要是以B2B的交易模式为主，但是其他两种模式也可以建立，不一定是销售，但是可以通过它们来宣传企业，营造良好的网络营销气势。像即墨花雕酒、善好等都在阿里巴巴建立了自己的商铺，这样采购商或者消费者在阿里巴巴里搜索时，就很容易找到它们，从而产生交易的机会。

6. 企业网站

企业网站是企业在互联网世界中安的一个"家"，是企业信息化建设的重要组成部分，是企业用来宣传产品、展示实力和形象的窗口。因此建设和利用好企业网站对企业的营销也起到很大作用。

企业首先要建立一个结构合理而且很有特色的企业网站，网站建设的水平直接关系到网络营销的效果，网站功能是否可以从网站上表现出来是网站是否专业化的重要标志。

其次企业要充分利用好企业网站。顾客访问网站的主要目的是为了对公司的产品和服务进行深入的了解，企业网站的价值也就在于灵活地向用户展示产品说明及图片甚至多媒体信息，即使一个功能简单的网站至少也相当于一本可以随时更新的产品宣传资料。

产品展示是信息发布的一种形式，但信息发布的含义显然要更广泛一些，网站是一个信息载体，在法律许可的范围内，可以发布一切有利于企业形象、顾客服务以及促进销售的企业新闻、产品信息、各种促销信息、招标信息、合作信息，甚至人员招聘信息等，没有充分发挥网站的信息发布功能，显然是对营销资源的浪费。

通过企业网站可以为客户和消费者提供各种在线服务和帮助信息，比如常见问题解答（FAQ）、详尽的联系信息、在线填写寻求帮助的表单、通过聊天实时回答顾客的咨询，等等。同时，利用网站还可以实现增进顾客关系的目的，比如通过发行各种免费邮件列表、提供有奖竞猜等方式吸引用户的参与。

通过网站上的在线调查表，可以获得用户的反馈信息，用于产品调查、消费者行为调查、品牌形象调查等，是获得第一手市场资料有效的调查工具。

最后，网络要有专人经常来维护。网站的维护对其是否能充分发挥功能起到至关重要的作用。有些企业网站时常打不开，信息是很久以前的信息，没有及时更新，消费者或者商家在网站留言得不到反映，这对消费者和商家了解企业造成很大影响，可能失去很多交易机会，因此企业网站的信息要经常更新，要经常维护，要及时解答消费者和客户留言和问题，在网络上形成互动，这样才能使网站发挥作用。这方面会稽山做得还是不错的，它的网站信息更新得还是比较及时的，而且网站运行的速度也是比较快的。

网络已经深入到亿万人的生活中，能抓住网络、会利用网络是聪明的，企业也要审时度势，充分利用好这一全世界性的资源，再整合传统渠道，那么是大有未来的。

6.2.3 网络营销与创业

创新思维与网络营销的结合，另一个惊人的结果就是，造就了互联网时代的创业浪潮。

首先，网络营销是一个系统性的工程，其涵盖了网络营销策略规划、网站策划建设、网络整合推广传播、网站销售力策划执行、数据分析、团队组建、运营管理等这几大模块，这就为创业者提供了良好的创业技术平台。其次，网络营销创业的门槛并不高。简单地做个网站，然后做做推广，发发帖、维护下微博、更新下博客、做做竞价，就可以踏入电子商务创业的大门了。当然，网络营销创业也有相应的客观规律，我们认为创业者主要需要关注以下七个方面。

1. 网络营销战略规划

凡事预则立，不预则废。只有通过对市场、竞争对手、目标受众、自身企业品牌产品的 360 度洞察分析，才能科学合理地规划出公司网络营销模式、提炼出独特销售主张（USP）、明确发展阶段步骤、合理的规划团队、清晰投入和预期收益等。也只有理清了思路、明确了方向，方能"做正确的事，正确地做事"，实现企业持续盈利能力的增长。彻底解决企业网络营销难题，获得突破性增长，实现超常规的发展和持续的盈利能力。

2. 营销型网站策划建设

"网站打天下，转化率是核心"。企业网站是开展网络营销工作的基础，若要使网站溢价增值，脱离同质化，实现销售力、公信力、传播力于一体，有效提升转化率，成为真正的营销利器，须以客户体验为核心。对企业营销型网站而言，技术永远是为思想、为营销所服务的！我们必须先从营销角度来看待规划网站，然后利用技术来实现。综合营销战略、客户体验、建站功能技术、SEO 等范畴，在分析行业、企业、客户、竞争对手的基础上，从网站定位、网站结构、视觉表现、销售力、传播力、公信力、技术功能这七大优秀网站（网店）必备因素入手，这样才能建设一个真正的转化率高的营销型网站。

3. 网站销售力策划执行

要想自己的产品服务信息在网络上从众多的竞争对手中脱颖而出，必须通过产品和品牌的策划运作，扩大同竞品的差异化，突出产品品牌核心价值。提升网站销售力，该做什么？怎么做？

网站销售力具体工作上一般主要体现在网站内容整体策略、网站品牌背书文案、网站服务产品销售文案、资讯内容、网站广告文案等方面，尤其是网站产品服务文案。

商品展示是网站规划的核心要素，能不能打动用户，主要就是商品页面是否具备强有力的销售力。商品展示的销售力其核心关键就在于提炼产品的核心卖点（USP），然后利用图、文、视频等各种形式围绕和强化核心卖点。另外就是网站关于公司和品牌或者企业文化等方面的内容，也要有公信力，千万不要随意夸张，让客户不信任。

4. 网络推广传播

网络推广更应该理解为网络传播，即利用互联网向目标受众传递有效信息。我们认为可以从下面三点来全面地理解网络推广。

从过程来说，网络推广要经过三个步骤：首先要确定目标受众，即向谁说？其次，要策划传播内容信息，即说什么？最后，采取什么方式推广，即怎么说？只有经过这三个有机组合的策划，才能构成一个成功的传播案，达到传播的目的。

从方式来说，网络传播推广可分为：活动创意、话题事件病毒、信息发布、互动游戏、创意软文、图片视频多媒体，等等。

从传播管道来说，网络推广可分为：SEM、SEO、论坛推广、博客推广、微博推广、新闻软文推广、B2B平台推广、电子书推广、邮件推广、广告投放、广告联盟等各种各样的传播管道形式。

21世纪，"眼球"已成为稀缺资源，传播已成为企业营销的最大难题，只有充分地利用网络的互动、草根、娱乐、扎圈等文化特性和网络技术手段形成病毒传播的倍乘效果，才能彻底解决企业传播难题。

5. 网络营销数据分析

网络营销这个系统性工程的核心就是销售转化，而数据统计分析是将网络营销系统各环节有机整合的重要环节，数据可以让他们发现问题，从而调整策略、解决问题，提升整体运营效率。

通过建立涵盖搜索引擎排名监测分析、网站访问统计分析、网站咨询统计分析、网站销售统计分析等一整套科学数据分析，提升企业网络营销运营策略和效率。重视并用好数据监测统计分析，是提高网络营销效率、优化网络营销效果的重要一环。毫不夸张地说，数据分析是网络营销的支点，利用好能产生巨大的能量。

6. 网络营销团队

很多中小企业开展做网络营销工作的就一两个人，没有太多预算雇请组建一个完整的团队。其实，网络营销项目运营是一个完整的系统，必须要有一个统一的策略来统筹全局。如果预算充足可以组建专业团队来做，如果预算少，一两个人也可以，但是一定要思路清晰、策略目标明确，日常执行形成规范化，这也是项目运营规划。

至于团队运营管理。需要多少岗位？各岗位的职责权限怎么规划？岗位招聘、培训、薪酬、考核、激励怎么弄？团队日常管理又怎么管？等等。这也需要依托总体战略来配置组建和管理，不同的网络营销策略模式，需要的人员是完全不同的。

7. 健全的客服销售体系

客服沟通是整个体系中关键的一个环节。做完上面所有的工作，最终的一个目的就是要让来到我们网站上的有意向客户拿起电话，或通过如邮件等其他方式与我们取得进一步的联系。然而最终能否与客户达成合作协议，就要看后续负责销售跟进工作人员的能力了。因此，此时的在线客服在一定意义上更多承担的是一个销售人员的角色。这就需要我们客服人员一定要专业，对产品或服务细节都了如指掌，并且具备较强的销售技巧和能力。

总之，不论什么类型什么规模的企业，也不论其网络营销项目的大小，要想其效果好必须首先从项目角度去审视，从项目策略规划、网站规划、传播规划、数据分析、团队组建、日常运营维护、团队管理等方面系统整合，也只有这样才能让你的网络营销工作达到预期的效果。

本章小结

　　市场营销管理创新，是指改变传统的市场营销模式，确立以市场需求为中心的营销观念、营销手段和营销方法，用新思想、新技术和新方法对营销管理系统（包括管理观念、组织战略、组织结构、管理技术、管理文化和管理流程等）进行重新评价、设计、改造与重构，促进管理系统的动态发展，达到不断提高组织管理效能的目标的活动。

　　创新思维在企业营销管理中的应用，首先就体现在营销管理理论的历史发展路径中。经历了近百年的发展，营销管理已经成了一门成熟的学科，其发展的一般规律也逐渐显现出来。营销模式创新的根本在于满足消费者需求，而消费者需求又处于不断发展变化之中，并呈现出新的特点，这就需要有新的营销模式与之相适应，这就是营销管理创新的根本原则。

　　我们应该将创新思维应用于营销策略，使其在观念、产品、服务三个方面中实现创新。这种应用最终的结果必然是实现营销管理模式的创新。

　　信息技术与企业营销管理的结合就形成了网络营销，这是企业管理、特别是营销管理中最具活力与创造力的内容，是创新思维与管理的鲜活结合点。面对移动互联网时代，无论是品牌传播、产品促销还是渠道建设方面，企业都面临着全面的变革压力。企业要么主动创新参与到这场变革的洪流当中，成为先驱者，要么就在踟蹰犹豫中被洪流迅速吞没。具体而言，企业首先需要解决的是如何审视自己的传统营销思路，并结合新时代的规则寻找属于自己的新的营销视角。

　　创新思维与网络营销的结合，另一个惊人的结果就是，造就了互联网时代的创业浪潮。

　　首先，网络营销为创业者提供了良好的创业技术平台。其次，网络营销创业的门槛并不高。创业者需要注意网络营销的七个方面的管理问题。

思考题

1. 什么是营销管理创新？
2. 你会选择在天猫还是在京东上开设网店？为什么？
3. 你怎么看微信朋友圈中的营销活动？

Chapter 7
第 7 章

创新思维与人力资源管理

导读案例

腾讯——用产品思维做人力资源

人力资源这份工作看起来容易,但是做好却很难。有什么好的方法吗?著名企业腾讯对 HR 的特色要求就是要像产品经理一样思考。那么,腾讯是如何用产品思维来做人力资源的呢?

腾讯最有名的福利是安居计划,应用的产品思维是从表面现象挖掘本质,找到员工的真实需求。对员工流失情况做数据分析是腾讯 HR 日常重点关注的内容之一。2012 年,HR 发现,毕业进公司满 3 年的毕业生流失率非常高,达到了普通员工流失率的 3 倍。而入职 3 年的毕业生正是公司投入大量资源刚刚培养起来的骨干。所以,分析他们的离职率很有必要。

如果单从数据表面看,离职理由主要有三个:继续深造、职业发展和家庭原因。但是,HR 团队做了深入访谈,结果发现了一个没想到的关键因素,那就是丈母娘。要知道,2012 年前后刚好是深圳房价快速攀升的阶段,毕业三年又到了结婚年龄,很多人就会选择回到家乡或二线城市,因为这样可以满足丈母娘结婚必须有房子的要求。

了解到真实原因后,腾讯后来就推出了安居计划:公司拿出一笔基金,免息提供给符合条件的员工,帮助员工提早买房。毕竟,这些员工将来一定是买得起房子的,只不过需要把这个周期提前,如果找银行贷款也贷不到很多钱,更何况腾讯账上有很多现金,本金和利息成本也是腾讯在人才保留上愿意投入的。结果几年下来,在人才竞争非常激烈的外部环境下,参与安居计划的员工流失率不到 1%。

如何做新员工的企业文化培训,腾讯公司应用的产品思维是:变被动为互动,让员工参与其中,理解和收获才会更大。很多公司的新员工培训都会"灌输"公司企业文化,俗称"洗脑式"培训。腾讯最早的新员工培训也是这样,但是后来做了改革,腾讯缩短了授课时间,同时增加了一项课后作业,那就是要求新员工找一位公司老同事访谈,挖掘他们身上最能体现企业文化的故事,回来后分组讨论分享。这个小变化带来了很好的效果：过去，新员工特别是技术员工比较害羞内向，只是跟自己的团队交流，但有了"达人访谈"后，他们在公司电梯和食堂里，都会主动跟老同事攀谈，也对公司文化有了更深的感性认识，同时还建立了人脉。

腾讯在绩效体系的改进，应用的产品思维是：小步快跑，逐步迭代，既能响应业务需求又能不断纠错、完善方案。腾讯早期的绩效考核分 S、A、B、C 四档，其中 S 最优秀，C 最差。随着公司快速发展，很多业务成为行业第一，管理者和 HR 都希望考核更弹性化，把考核结果调整为五档，肯定大部分员工的表现，凸显一头一尾，好的表彰和发展，不好的鞭策甚至淘汰。但是，旧的绩效体系运作了十几年了，根深蒂固，改变起来很困难。这该怎么办呢？HR 就思考能不能像做游戏产品一样，先逐步测试，磨合之后再把实践中发现的问题逐步解决。因此在这个"四档变五档"的一年半里，一共做了三轮迭代。

第一轮，腾讯 HR 先遵循那句话"自己出的狗粮自己先尝"。所以考核变革先在 300 人规模的 HR 团队试点，收到很多吐槽，根据吐槽点又对方案做了修改；第二轮，寻找 3 000 人规模的典型业务部门进行试水，又发现了很多问题，比如业务部门对 HR 术语不理解，也会有一些新的矛盾，等等。基于这些反馈，又对方案做了一轮优化，第三轮就是全公司推广。经过前面两轮试水，在全公司推广时，虽然还会听到一些不同声音，但已经大大降低了员工对新体系的不适应或排斥心理。

思考题：
1. 腾讯的用产品思维进行人力资源管理的方法给你带来了哪些启示？
2. 你觉得应该如何创新人力资源管理呢？

7.1 创新思维与人力资源管理

创新人力资源管理主要分为以下六个方面：① 如何创新人才的培养；② 如何创新选拔人才；③ 如何创新人才的考核；④ 如何创新人才的招聘；⑤ 如何创新人才的盘点；⑥ 如何创新人才的估值。本节将从上述六个方面来详细阐述创新思维与人力资源管理的问题。

7.1.1 培养创新人才

一说到中国缺乏创造性人才，第一个被诟病的就是教育。著名科学家钱学森生前就提出过一个著名的"钱学森之问"："为什么我们的学校总是培养不出杰出人才呢？"那么，到底该如何培养创新人才呢？

首先，人的创造力从哪来？清华大学钱颖一教授有一个假说：**创造力 = 知识 ×（好奇心 + 想象力）**。也就是说，知识越多，未必创造力越大。放在教育上我们会发现，知识一般会随着教育年限的增多而增多，但是好奇心和想象力就不一定。如果教育环境和方法不对，甚至可能随着教育年限的增加而下降。

这就形成了一个悖论：教育一方面可能通过增加知识，提高创造性；另一方面又可能会减少好奇心和想象力，从而降低创造性。所以，要想预测教育是不是有利于提高学生的创造性就很难。但是。这能解释一个现象，就是为什么有些辍学的大学生很有创造性。

2016年《纽约时报》的一篇报道，印证了钱颖一教授的这个假说。报道说，有一项针对大学生"批判性思维"能力的比较研究，对比的是中国、美国、俄罗斯三国的电子工程和计算机专业的大学生。经过初步的比较发现，大一的学生中，中国学生的批判性思维能力测试最高。但是，美国和俄罗斯的学生是大三时比大一时批判性思维能力高，而中国正相反，大三的学生反而比大一学生批判思维能力弱。

由于批判性思维跟创造性思维有一定的相关性，所以我们认为：不是我们的学校培养不出杰出人才，而是我们的学校在增加学生知识的同时，减少了创造力必要的其他元素。如果这个说法是对的，它对大学教育改革就有重要的意义：大学除了教学生知识外，还要创造一种环境，尽力保护和鼓励学生的好奇心和想象力。

于是，之前的公式可做一下扩展，改成：**创造力 = 知识 × 心智模式**。心智模式这个概念就包含了前面讲的好奇心、想象力、批判性思维等。也就是说，中国的教育偏重于知识的培养，而忽视了心智模式的培养。

什么样的心智模式具有创新性呢？有创造性的人，他们心智模式的特征都有哪些？如何培养创新人才呢？

第一个是爱因斯坦的"简洁思维"。这种心智模式相信，世界可以用简洁的公式来表述。爱因斯坦有句话讲："如果你无法简单地解释，就说明你没有理解透彻。"在他看来，科学研究不是为了智力上的快感，不是为了纯粹功利的目的，而是想以最适当的方式来画出一幅简化的和容易领悟的世界图像。所以，推动他创造性的动力不是来自深思熟虑或计划，而是来自激情。

第二个是乔布斯的"不同思维"。在面对IBM这样的大公司在计算机领域的霸主地位时，乔布斯的心智模式是"我要与你不同"。1997年，乔布斯重返苹果，公司正处于低谷，他花重金为苹果设计了一个划时代的广告，广告词是"Think different"，就是"不同思维"。

第三个是马斯克的"反直觉思维"。马斯克从量子力学中受到了启发，他发现在量子层面的物理规律与我们在宏观层面的物理学直觉往往相反，但却是正确的。所以他领悟到，不能跟着在通常世界中形成的直觉走。

第四个是《从0到1》这本书的作者彼得·蒂尔的"逆向思维"。这种思维模式强调，要想别人没有思考过的维度，要思考别人还没有想到的领域。比如，当别人都在讨论技术问题时，你要提出商业模式问题；当别人都在纠缠商业模式时，你要更多集中于技术创新。

简洁思维、不同思维、反直觉思维和逆向思维，这四种心智模式虽然很难讲授，但是员工可在感悟中塑造。所以公司要做的就是尽力创造条件，制造出一种宽松、宽容的环境和氛围，让员工自己"悟"出来。

7.1.2 创新人才的选拔

如何选出最好的人才，是每一个管理者都头疼不已的事。芬尼克兹创始人兼总裁宗毅提出了一个令人匪夷所思的方法，说完全可以让钱来告诉你。那具体他是怎么做的呢？

2004年的时候，宗毅公司的营销总监突然辞职了，跑到外面开了家一模一样的公司，这让宗毅的公司受到很大的冲击。为了不让这种事再发生，宗毅在公司建立了一种新的制度。后来有好的项目，他干脆就不是自己直接做，而是成立一个新公司来做。宗毅公司的员工可以直接往这个新公司投资。有个人投了10万元，就成了新公司的总经理；还有三个人各投了5万元，就当了新公司的大股东。自己的钱投进来以后，这些人都玩命干活，结果把新公司经营得特别好，不但当年就收回了自己的投资，还有不少的盈利。宗毅看效果特别好，后来共弄出4个新公司，全都经营得蒸蒸日上。

2008年金融危机的时候，整个行业都受到了非常大的冲击，这个时候，宗毅决定把公司由传统制造企业向互联网电商转型。但要进入这个全新的领域，肯定需要最好的人才，那怎么才能在公司内部选出最好的人才呢？通常民营企业是个独裁社会，老板认为谁行，谁就有机会上位，老板认为谁不行，你再努力似乎也没用。但宗毅就别出心裁，想了个特别牛的办法。他举办了一个选拔新公司总经理的大赛，一共吸引了公司内部的14个团队参加。比赛那天，他让全公司的员工投票选出获胜的团队。

具体怎么选呢？很简单，他让每个员工在选票上填写两个内容：第一，你支持谁；第二，你愿意在他们身上投资多少钱。而且，这个钱你还必须得兑现，得投进去，要是你写在选票上的金额不兑现，就罚你上一年年收入的20%。最后，获得最多投资的那个团队获胜。结果，比赛的场面非常火爆，最后员工投资有将近1 000万元。用这个办法选出的管理团队，也果然出类拔萃，帮助公司顺利实现了转型。

为什么用钱投票能选出最好的人才呢？

首先，用钱选出来的人，人品一定很好。比如说，如果某员工在工作中有过污点，这事儿老板不一定知道，但是一定有员工知道。要是该员工参与竞选，知情的员工不但不会选他，还会把他的劣迹告知其他员工。因为大家的利益是一致的，所以就不会有腐败，公司就会变得廉洁。

其次，用钱选出来的人，经营能力一定很强。因为投下去的是真金白银，每个投资人都会很慎重，提前做很多调查。而每个员工的调查结果汇总在一起，肯定能找到最有能力的获选者。最后选出的人德才兼备，自然就是最好的人才了。

宗毅用自己的实验告诉我们，在选拔人才方面，钱是世界上最聪明的东西。润米咨询董事长刘润，就把宗毅在芬尼克兹举办的创业大赛，比作是美国的民主选举：跟个人利益深度绑定，迫使投票人更加谨慎地对待自己的选票，最后选出的人一定是最有能力的人。

除了宗毅用钱选拔人才的方式，阿里巴巴也有创新性选拔新人的三种方式。

第一，多观察。在开不同的业务会议时，管理者除了听工作汇报，就是观察人，发现人才苗子。

第二，晋升面试。HR 们会对特定员工进行各方面测试。

第三，阿里巴巴还有一个特别的选拔人才的方式，就是玩德州扑克。玩德州扑克的时候。HR 的人会混在其中，管理者们也会作为观察员到处晃。在这个游戏的背后，要看员工的两个特质：一，他的个性是什么；二，他有多少勇气和胆量。因为德州扑克输赢不是靠运气而是靠智慧。再加上输赢时间短，可能一把牌，胜负就分出来了。游戏结束后，高层们会看回放录像。重点关注三种人，第一种属于年轻一派。冲劲儿足，但谋略不够，要把他放到新业务。第二种属于守得很好的人，谨慎有耐心，这种人要放到阿里以守为主的业务上。第三种是有勇有谋的人，既好斗又沉稳，非常适合激烈的业务。个性不同，任务不同。

7.1.3 创新人才的考核

现在有很多公司都在采用 KPI，也就是关键绩效指标，考核和管理员工，但其实 KPI 是很危险的，必须警惕。

2016 年春晚的红包大战，微信根本没把它看成是一场战争。从一开始，微信的策略就是思考，怎么能帮用户更高效地抢到红包，而不是要做出一个多么大的数据。这里面的逻辑是有区别的，是完全不同的思考点。

如果只是为了让数字变得很大，让更多人抢更多次数、花更多时间，那整个产品围绕这个目标去做，最后的方法就会变成，让用户抢 100 次才抢到一个红包，这么干的话，参与的人数和次数最多。而如果思考点是让用户高效抢红包，产品的逻辑就会变成废除所有多余过程，让用户尽可能少花时间在微信里。

两个不同的目标，产生的结果自然也不一样。对用户来说，花尽可能少的时间抢到红包，是最令他愉快的。尽管这么做，数字上看不会最大，但这种对用户有价值的做法，最后获得了特别好的口碑，数据也就不会难看。

这很明显地反映出不同的目标驱动，会产生不同的方法，最后也会得到不一样的结果。现在很多公司都把目标聚焦在数据上，这是很危险的、需要反思的。因为用户的增长有一个很自然的过程，不需要太过关注。而满足用户某一种使用需求和愉悦需求，才是更应该关注的，做好这些，用户自然会被吸引过来。

再举一个负面的例子来说明公司要警惕 KPI。

"城市服务"是微信里一个重要的入口，城市服务团队给了张小龙一个年度目标，列出了第二年的年访问量、年 PV（page view）——也就是年页面浏览量能达到多少。张小龙就很疑惑，什么时候有了年 PV 这种说法了？他最多只听过日 PV 和周 PV。团队解释说是因为日 PV 的数据太小了，不好看。

这看起来只是个技巧，而我们应该少用这种技巧。不要去看年 PV 这种很大的数据，而应该去看城市服务里头，是不是每一项的质量、可操作性都越来越好。也不想去看用户进入某个功能的次数有多少。因为就像前面说过的那样，提出一个目标方向，努力的方向就一定会随着这个目标改变；当提出一个纯数据目标，努力方向就会围绕数据去做。

微信在流量方面其实很保守、很谨慎，这是因为他们所有的业务不管是商业还是非商业的，都要去衡量它给用户带来的价值是不是真的很大，然后再决定要不要用这个流量。比如说，微信广告从上线到现在，几乎没有用户抵触，甚至有用户抱怨自己看不到广告，这么好的效果并不是他们刻意要达到的，而是即使像广告这种非常商业化的东西，也要首先考虑用户是不是把它当作很友善、很好的功能在用，而不是去测试用户的忍耐力下限。

美国最火的视频网站之一 Netflix 也在人力资源考核方面进行了创新。Netflix 取消了正式的考核制度，用"非正式的"360 度考评来取而代之。具体做法，是 HR 用探讨的方式与员工交流，让员工互相评价。HR 通过提出问题，例如你觉得你的同事"应该做什么""不要做什么"，来评估一个员工的工作表现。这种考核方式，可不是鼓励大家背后打小报告，而是可以反映出同事们，对同一个被考核人的不同看法，有效防止被考核人急功近利的行为，例如只做与绩效挂钩的工作。而且，通过将考核的结果反馈给被考核人，还有助于他多方面能力的提升，效果远远好过正式的考核制度。

7.1.4　创新人才的招聘

1. 加大"光圈"甄才

一般招聘主管的光圈很小，只会考虑已经拥有一定头衔并且当下能把事做好的人。然而把光圈调大，物色一些经验不足但有潜力的人（学习型人才），通常能为企业带来出人意料的创举。谷歌在此曾有过一个特别惨痛的经历，有一个叫作凯文的市场专员想要调职到助理产品经理岗位。但谷歌没有对他放大光圈，否决了调职请求，于是他选择离开谷歌，创建了一家公司叫 Instagram，成立不到一年就被 Facebook 用 10 亿美元收购了。

2. 把时间花在招聘上永远都不会浪费

乔纳森来谷歌面试的时候是被推荐的，因为在这之前他已经是功成名就。一番寒暄之后，谢尔盖向乔纳森抛出了他在面试中最喜欢问的问题："你能不能把一个我不懂的复杂问题解释清楚？"竟然还真要接受面试？这让乔纳森出乎意料。平复了一下心情之后他开始解释一条经济学定律，不一会儿，谢尔盖已经开始看窗外了。于是乔纳森赶紧调整，重新解释另外一个话题。谢尔盖渐渐来了兴致，最后录用了他。即便是这么高层级的人也依然要经过严格的面试才能够进入谷歌，所以招人对于公司管理者来讲是最重要的一件事。

3. 平行评估

要持续雇用顶尖人才，就要摒弃层级制，而应该通过同事评估、招聘委员会定夺。

传统公司里决定大权掌握在用人部门的经理手中，而如果该部门经理离职，那么当初被这个经理招进来的成员可能无法很好地跟其他成员协作。如果采用招聘委员会的模式，每个成员通过打分来筛选新的合作伙伴，根据分数情况来决定是否需要下一轮面试，这个人就更有可能接近整个团队的要求。同时，当成员挑选别人的时候其实也在不断地提高对自己的要求。谷歌研究得出，面试经过四轮以后分值开始趋同，所以得出五轮面试是最合适的。

4. 机场测试

应聘者放下戒心时是什么样子？假如你跟他被困在机场有六个小时哪都去不了，你能与他开心聊天打发时间吗？机场测试更推进一步还可以与应聘者吃晚餐，甚至共度周末。

5. 全员出动招募人才

要把招募人才纳入每位员工的职责，并进行评估。建立一种成功的招聘文化，让企业规模更容易翻倍。因为顶尖的人才就像羊群，人们之间会互相交往，优质人才会为你带来更优质的人才。

6. 爱他就让他走

即使你为顶尖人才准备了充实的任务和刺激的调整，他们还是会打另谋高就的算盘。在这种情况下，谷歌会问想要自立门户的员工："如果我是一名潜在投资者，你会对我说些什么？"如果发现给出的答案不充分，他们显然还没做好离职的准备。那怎么办？先留下来，一边继续为公司效力，一边完善自己的构想。一旦时机成熟，不仅欣然送行，说不定还会递上投资资金。

7.1.5 创新人才的盘点

人才是一家公司非常重要的资产，既然是资产，时不时地盘点一下就很有价值。比如看看哪些员工增值了？哪些员工挪一挪位置，就能给组织带来新的发展？那人才要怎么盘点呢？以阿里巴巴公司为例，看看如何进行人才的盘点。

第一，视人为人，也就是把人当人看。很多管理者做盘点时会说那个人今年34岁，研究生毕业，工作勤勤恳恳。这不是讲人，是在描述一个东西。盘点的过程中一定要有温度地看人性，看人的本质。

第二，问题导向。一项业务每年都存在人才短缺的问题，那到底是业务吸引力不足呢？还是对人才的培养不够？从问题出发，谨慎判断。

第三，自上而下。马云在做人才盘点时永远能发现那个人身上的闪光点，然后给他平台和土壤。CEO就是一个好的伯乐。

阿里巴巴盘点人才都盘些什么人呢？

针对阿里的员工有四种比喻，分别是明星、野狗、黄牛和小白兔。明星是指有才又有德的员工，野狗是指有才无德的员工，能力差一点但任劳任怨的员工是黄牛，有德无才的是小白兔。

这些人分别该怎么用呢？对明星要大胆用，对野狗要限制用，对黄牛要放心用，小白兔最好就不要用。当公司很小的时候，对公司伤害最大的永远是野狗。但当公司大了，机制又完整了以后，对公司伤害最大的就变成了小白兔。他们看起来兢兢业业，其实没什么产出，偶尔还会说点风凉话，这些人是阿里要重点盘的。因为他们不仅会抢占新人的机会，更会让新人丧失对公司的信任。针对这些人，阿里每年都会有列表，充分讨论哪些该被辞退，哪些该被换岗，哪些该被降级。用这种方式，确保整个组织不断往前走。

7.1.6 创新人才的估值

创业公司在人才估值上需要树立的几个正确理念。

第一，不要把人才的成本当作价值。创始人谋求的应该是这个人能给你创造什么价值，而不是你要给他多少钱。就像在股市里，老手一般都知道，便宜的股票没有什么上涨的可能，反而是那些贵的股票，你越觉得它贵，越不敢买，它越涨。所以人才招聘时，要看重的是人才未来能带来的价值。

第二，不要光顾着维持横向薪资平衡。创始人在招人时，可能会遇到这样的困境，就是副总裁候选人要 60 万元年薪，但是现任的几位副总裁最高的只有 40 万元。如果把这位候选人招进来，原来的那几位要不要涨工资呢？如果一直纠结这种博弈和平衡，那么牛人就始终进不来，公司的人才结构也就没法升级。

第三，市场薪资数据对标是个伪命题。市场的薪酬水平是一个普遍的数字，还可能片面，但是创业公司任用核心人才是个性化的，人才带来的价值也不一样，很难用统计学数据进行限定。

在选择人才之前，创始人必须明确自己的战略目标。因为这样才能明确判断，什么样的人能帮你实现这个目标，以及给一位关键人才付 100 万元年薪到底值不值。所以，有些创始人觉得，候选人要价太高，雇不起，实际上是你的平台没法提供让他发挥更大价值的空间，这样他的价格就显得不合理。如果你能判断，他能帮助公司实现战略目标，带来很大的价值，那借钱把他请来也是值得的。

明确了战略目标之后，创业公司应该怎样评估人才价值呢？

有一个人才估值模型，就是人才估值等于人才创造的价值减去人才的成本。很多决策者死盯着成本不放，实际上应该死磕"人才创造的价值"。

在引进人才之前，创始人可以问自己几个问题，来判断人才可能会创造的价值。可以问：这个人过来主要帮我解决什么问题？该怎么吸引？渠道有哪些？我该怎么明确界定他的业绩？又该为他准备什么样的环境和条件？如果这个人不行，该怎么及时止损？

如果这几个问题有了答案，人才创造的价值就不是模糊不清的概念了。

总结一下，对于创业公司来说，在选择人才之前，先要明确自己的战略目标。雇用人才关键要看他如何给你带来价值，以及带来多少价值。如果能带来很大的价值，那借钱请来也是值得的。

7.1.7 以谷歌公司为例看人力资源管理的创新

世界知名公司谷歌是如何进行人力资源管理的创新的呢？

第一个环节：构建良好人际关系。基本原则是只聘用比自己优秀的人。

第一，一线经理人承担了很大的压力，他们不是倾向于招到比自己优秀的人，而是能解决眼前问题的人。

第二，谷歌应对的办法是，收回了项目经理人对招聘员工的最终决定权。

第三，优秀的人和优秀的人在一起，形成了自己的圈子。所以谷歌内部推荐的人的招聘成功率大约是其他渠道的六倍。因此谷歌大力发展内部推荐，全员招聘。

第四，谷歌找人才的方法是让员工成为伯乐。因为员工最知道公司需要什么样的人才。那怎么才能让员工积极推荐人才呢？一个很重要的做法，就是让员工知道自己推荐人才之后的进展。

比如，谷歌有一段时间发现，自己员工内部推荐人才的比例有所下降。开始谷歌觉得是奖金太少，于是把推荐奖金从 2 000 美元变成 4 000 美元，但没什么用。后来谷歌经过分析，发现员工之所以推荐身边的朋友，是因为他们喜欢在谷歌工作，并希望与更多的人分享；所以，提高员工推荐率的关键，就是让员工及时知道，自己的推荐到底进展到哪一步了，否则他们的积极性就会受打击。于是谷歌做了调整，把招聘进展及时告诉员工，这样他们的积极性又被调动起来了。

第五，员工需求越来越大，内部推荐赶不上团队扩张的速度。谷歌的应对办法是人脉大检查，情景回忆法。

激发员工自发性活动，一共有四种办法：招聘具有创始人心态的人；给员工们赋予工作的意义；限制经理人的权力，给员工足够的自由度；关注员工成长进步胜过考评。

第一，招聘具有创始人心态的人。

创始人心态就是你把自己当成老板一样去干活。贝尔实验室在 20 世纪 50 年代左右的时候有一位总裁叫凯利，他只是一个雇员，花了 26 年的时间一步一步地爬到总裁这个位置，上任没多久他就做了一件事情，就是给贝尔实验室重新盖办公大楼，并且亲自去督导设计。凯利给大楼做了一个长长的长廊，贯通所有的办公室，在长廊的两边是一个一个的办公室，让长廊两边的员工增加他们交流和见面的机会，从而促进员工之间的熟知、认知和可能性的碰撞。他给员工赋予很多的自由，比如他两年没有问项目的进展和绩效，正是在他这样管理下很多新的，过去看起来都无法去想到的一些方案被提了出来。

创始人心态的人不仅关心产品、利润，更关心公司是一个怎样的组织，怎样的环境，如何影响别人，如何让大家努力达成共识，并赋予积极行动。

第二，给员工赋予工作的意义。

曾有人做了一项实验。实验人员找了三组工作人员，工作人员的工作是给不同的人打电话，给学校的学生募集奖学金。这三组人，第一组很正常，你去打电话，去寻找募集资金；第二组做了一个小的要求，阅读其他工作人员的总结，分享其他员工的经验；第三组的人员，阅读了那些获得了这些奖学金的学生生活发生了什么样的变化。

实验结果是第一组和第二组募集资金的结果没有什么大的差别，但是第三组，也就是了解他们的奖学金将怎么帮助那些学生的工作人员，他们募集资金的数量和募集资金的人数都是其他两组的 1.5 倍。

根据以上实验结果，我们能够得出结论：当我们团队的成员能够将自己日常的工作和所创造的最终价值联系起来时，就能极大地激发每个人的自主性和动力。

谷歌是怎么做的呢？谷歌录了一个视频，采访那些在谷歌上面投放了广告的业主，是怎样在一个小乡村中因为谷歌广告的帮助让整个家庭发生了天翻地覆的变化的。谷歌的销售人员看到了这个视频之后，看到了他们的工作如何影响了这些客户，整个团队深受鼓舞，业绩大增。

第三，限制经理人的权力，给员工足够的自由度。

管理者真正重要的职责是，当有一万个人说"No"的时候，你是那个说"Yes"的人。管理者一个重要的角色是做决策，要限制经理人插手下属的工作，和不信任下属。因此要让经理承担起做最终决定责任的人，从而形成员工在面对具体解决方案的时候可以尽可能发挥他们的主观能动性，去想各种新的可能性，去尝试解决方案。这个解决方案和解决思路或者这个新的商业可能性到底合不合适？最后是要有人来做决策的。

第四，关注员工成长进步胜过考评。

绩效评估的核心是在于要校准。每个团队的领导者不一样，风格不一样，这显然是不公平的，谷歌增加一个校准环节，把不同团队员工的绩效评估拿到一块来公开讨论，不同人的风格影响尽量地弱化。

谷歌就是把在考评当中考评人最容易犯的错误、最容易掉入的陷阱列到一张检查清单当中。每次在考评之前给所有的考评人发这份检查清单，让他们根据检查清单中所列到的注意事项去考虑自己避免这样的问题。

如果你希望员工成长的话，你就不要同时进行两项谈话，而是要通过持续地和员工讨论，怎么样帮助他成长，最后实现好的绩效，而不是每次绩效之后告诉他要怎么做。把绩效考评和员工发展谈话分成两次独立的谈话，而且要把时间给隔开。

7.2 创新思维与创业团队管理

团队管理是人力资源管理的重要部分，那么又该如何利用创新思维去进行创业团队管理方面的创新呢?

7.2.1 团队的分类

大多数团队可以归为以下三类中的一类:建议型团队、实干型团队、管理型团队(见表 7-1)。每一类团队都面临着一系列独特的挑战。

表 7-1 团队的分类

团队的分类	定义
建议型团队	包括那些被要求研究和解决特定问题的任务小组、项目小组,以及审计、质量或安全小组。建议型团队几乎总有预先确定的任务完成期限。这样的团队面临两个独特的关键问题:其一,要迅速取得一个富有建议性的开端;其二,要处理好将建议落实下去所必需的最终的工作移交
实干型团队	包括那些处于或靠近第一线的员工。他们负责制造、开发、运营、市场营销、销售、服务等基本的工作以及其他增值型的业务活动。除了一些例外情况,比如负责新产品研发或流程设计的团队之外,实干型团队往往没有固定的完成期限,因为他们的活动是一直持续进行的
管理型团队	只要它监管着某个业务、某个正在进行的项目或者某项重大的职能活动,它就是一个管理型团队。这些团队面临的主要问题是,对成立一个真正的团队是不是正确的选择做出判断。很多管理型团队在作为工作团体时要比团队更有成效。关键的判断标准是,群体中个人最大优势的总和是否足以应对当前的绩效挑战,或者该群体是否必须真正地联手工作才能不断大幅提高绩效

1. 建议型团队

这种团队包括那些被要求研究和解决特定问题的任务小组、项目小组,以及审计、质量或安全小组。建议型团队几乎总有预先确定的任务完成期限。这样的团队面临两个独特的关键问题。

其一,要迅速取得一个富有建议性的开端;

其二,要处理好将建议落实下去所必需的最终的工作移交。

第一个问题的关键在于团队规章的明确性以及成员的构成。除了想要了解自己的工作为何重要以及如何重要之外,任务小组需要知道管理层对小组的成员构成以及投入时间的明确要求。管理层可以通过确保团队包括了那些拥有某些技能和影响力的成员来对团队提供帮助,因为这些技能和影响力对于拟定出在整个组织中举足轻重的实用性建议是必不可少的。此外,管理层还可以通过敞开大门以及处理政治性障碍来帮助团队获得必要的合作。

不能成功地进行工作移交几乎一直是困扰着建议型团队的问题。要避免这种情况,将责任转移给那些必须执行建议的人就需要高级管理层付出时间并加以关注。最高管理层越是以为建议会"自动落实",它们就越是不可落实。任务小组的成员越是更多地参与落实自己的建议,这些建议就越有可能得到落实。

由于是任务小组之外的人来实施,因此在早期阶段(当然是早在建议最终定下来之前)就经常让任务小组以外来的人员参与,这一点是至关重要的。这样的参与可能有多种形式,包括参加访谈、帮助分析、提供建议或对建议提出批评,以及进行实验和测试。至少,责任实施的任何人都应当在任务开始时得到关于任务小组的意图、方法和目标的简要介绍，并定期得到关于工作进度的评估报告。

2. 实干型团队

这些团队包括那些处于或靠近第一线的员工。他们负责制造、开发、运营、市场营销、销售、服务等基本的工作以及其他增值型的业务活动。除了一些例外情况，比如负责新产品研发或流程设计的团队之外，实干型团队往往没有固定的完成期限，因为他们的活动是一直持续进行的。在判断团队业绩将在哪里产生最大影响时，最高管理层应该把注意力放在我们称为公司"关键产出点"的地方，也就是企业中最直接决定公司产品及服务的成本和价值的地方。

这些关键产出点可能包括管理账目的地方、进行客户服务的地方、设计产品的地方，以及决定生产率的地方。如果关键产出点的绩效依赖于实时把多种技能、视角和判断集合起来，那么，团队就是最精明的选择。

当一家企业确实在关键产出点上需要许多团队时，光是使这么多团队的业绩最大化这一挑战，就需要一系列周密规划、专注于业绩的管理流程。最高管理层在这里所面临的问题是，如何建立起必要的体系和流程支持，而又不落入那些似乎为了团队而团队的陷阱。

最高管理层必须对团队自身提出明确的、强制性的要求，然后对团队自身和业绩成果两个方面的进展不断保持关注。这意味着要关注具体的团队和具体的业绩挑战。否则，"业绩"就会像"团队"一样，变成陈词滥调。

3. 管理型团队

尽管很多领导者把向自己汇报的一群下属称为团队，但这样的群体很少是真正的团队。而那些真正成为团队的群体又很少将自己看成是团队，因为他们太专注于业绩成果了。然而，从企业最高层一直到企业的各个部门或职能的层级，各个群体都有机会成为管理型团队。不管这个团体是管理成千上万的人还是只管理少数几个人，只要它监管着某个业务、某个正在进行的项目或者某项重大的职能活动，它就是一个管理型团队。

这些团队面临的主要问题是，对成立一个真正的团队是不是正确的选择做出判断。很多管理型团队在作为工作团体时要比团队更有成效。关键的判断标准是，群体中个人最大优势的总和是否足以应对当前的绩效挑战，或者该群体是否必须真正地联手工作才能不断大幅提高绩效。尽管团队能带来更高的绩效，但也带来了更大的风险，经理人在衡量这些得失时必须非常客观。

任何人生来都不愿意把自己的命运托付给别人，团队的成员也不得不克服这种心理。虚假团队的代价是非常大的。最好的结果是：成员偏离个人的目标，付出的成本比得到的好处多，人们对强加给自己的时间要求和优先事项怒气冲天。而最坏的结果是：团队内部会产生巨大的仇恨情绪，这甚至会削弱采取团体工作这一方式时，每个人潜在的最佳表现。

相比之下，工作团体的风险要少一些。卓有成效的工作团体几乎不需要花时间去制定其宗旨，因为该团体的领导者通常会自己设立。在工作团体内，根据安排好了的优先次序召开会议，通过向个人分派具体的任务和责任来执行决策。因此，在绝大多数情况下，如果每个人做好各自工作就能达到期望的绩效，工作团体比难以把握的团队更适合，风险更小，也更容易建立团队就能完成业绩目标，努力提高工作团体的成效比勉强成为团队更有意义。

尽管如此，我们相信团队能取得的高绩效对越来越多的公司来说正变得极为重要，尤其是在这些公司经历重大变革，而公司的绩效又依赖于广泛的行为变化之际。当公司最高管理层利用团队来进行管理时，他们必须保证团队能够成功地确定具体的宗旨和目标。

我们确信，每家公司都面临着一些特殊的业绩挑战，而团队是高级主管们应对这些挑战最实际、最强大的工具。因此，高级经理们最关键的任务就是把公司业绩放在心上，并考虑何种团队能够取得这样的业绩。这就是说，高管层必须认识到团队取得良好业绩的独特潜力，必须在团队是完成工作的最佳工具时战略性地设立团队，并且在组织内贯彻使团队高效运作的基本法则。这样，高管层就能创造出使团队、个人和组织取得高绩效的组织环境。

7.2.2 提出团队效率的四大元素

管理学家乔恩·卡岑巴赫和道格拉斯·史密斯把团队定义为"具有互补技能，致力于一个共同的宗旨、一组共同的业绩目标、一个共同的方法，并且共同对此负责的一小群人"。这一定义确立了高效团队必须遵守的法则。

卡岑巴赫和史密斯提出团队效率的四大元素：共同的承诺和宗旨、团队业绩目标制定、互补性的技能组合、相互负责（见图7-1）。

图7-1 团队效率的四大元素

1. 共同的承诺和宗旨

团队的本质在于共同的承诺。这种共同承诺要求有一个能让团队成员相信的宗旨。无论这个宗旨是为了"把供应商的贡献转化为客户的满意度"，还是"使我们公司再次成为让我们引以为豪的公司"，或者是"证明所有的孩子都能学习"，可信的团队宗旨都与取胜、成为第一、变革或者领先有关。

通过设立一个有意义的宗旨，团队可以确定行动方向、获得动力并做出承诺。然后，培养团队的主人翁精神和奉献精神。

多数成功的团队根据摆在他们面前的一个要求或者机会来设定宗旨。通常，这个要求或机会来自其上级管理层。这有助于团队通过确定公司希望自己取得什么样的业绩来开展工作。管理层负责向团队阐明规章要求、成立团队的原因以及团队面临的业绩挑战，但是，管理层也必须给团队留有足够的余地，使之可以围绕自己的宗旨、具体目标、时间安排和方法来做出承诺。

最出色的团队会投入大量时间和精力去研究、制定一个既属于团队又属于个人的宗旨，并对此达成一致意见。这种"与宗旨有关"的活动会贯穿该团队存在的始终。与此形成对照的是，失败的团队很少确立一个共同的宗旨。无论由于哪一种原因（不够重视业绩也好，不够努力也好，领导无方也好），失败的团队都没有围绕一个有挑战性的宏伟目标凝聚在一起。

2. 团队业绩目标的制定

最出色的团队还会把自己的共同宗旨转化为具体的业绩目标，如把供应商的退货率减少50%，或者把毕业生的数学成绩的合格率从40%提高到95%。的确，如果一个团队不能设定具体的业绩目标，或者这些具体目标与团队总的宗旨并不直接相关，团队成员就会感到困惑，变成一盘散沙，从而回落到平庸的业绩水平上。相反，如果宗旨和目标相互关联，并与团队的承诺结合在一起，团队就会成为推动业绩的强大发动机。

一个团队要想给自己的成员设定一个有意义的宗旨，第一步要做的就是把宽泛的指令转换成具体的、可评估的业绩目标。具体的目标，如用少于正常时间一半的时间把新产品推向市场，在24小时内响应所有客户等，都会为团队提供坚实的立足点。

原因如下。

第一，具体的团队业绩目标有助于确定一套不同于整个组织的使命又不同于个人工作目标的工作成果。因此，这样的工作成果要求团队成员共同努力来完成某个具体任务，从而给最终结果增加真正的价值。相比之下，仅仅不时聚在一起做决策是不能维持团队高绩效的。

第二，具体的业绩目标可以促进团队内部透明沟通和建设性冲突。例如，当一个工厂级的团队设定目标，要把机器换线的平均时间减少到2小时的时候，明确的目标迫使团队全神贯注于完成目标或者重新设定目标上。当这样的目标很明确时，讨论就可以集中在如何完成这些目标或者是否加以改变上；当目标含糊不清或者不存在时，讨论就远没有这样有成效。

第三，具体目标的可实现性，有助于团队把注意力始终集中在取得成果上。

美国礼来公司辅助系统事业部的一个产品开发团队，为一种超声波探测器的市场导入设立了明确的衡量标准，这种探测器能帮助医生确定深层静脉和动脉的位置。他们设定的具体目标包括：探测器必须能产生可通过规定的组织厚度的声波信号，并能够以每天100台的速度生产，单位成本要少于预先设定量。由于该团队能够根据这些具体目标来一一衡量自己的进展，所以在整个开发过程中都清楚自己所处的位置，也清楚自己是否已经达到了目标。

第四，明确的目标会产生一个导致团队行为的拉平效益。当一小群人挑战自我，要超过一堵墙或者把周期时间减少50%时，他们各自的头衔、特权以及其他等级之分逐渐在团队中消化消失。成功的团队会评估每个成员怎样才能最好地为团队目标做贡献以及贡献什么，并且更为重要的是，它们是根据业绩目标本身而不是团队成员的地位或个性来这样做的。

第五，具体的目标使团队在追求更大的目标时能时常获得小小的成功。在实现长期目标的漫长过程中，这些小小的成功对于培养责任感和克服那些不可避免的障碍来说是无价之宝。

第六，业绩目标的制定颇具说服力。它们是成就的象征，能激发斗志、鼓舞人心。它们要求团队成员作为一个团队来全力以赴，发挥影响力。激情、紧迫感和对失败的一种有益的担心。这一切结合起来推动着团队前进，而团队成员都注视着那个可以达到但又具有挑战性的目标。除了团队，无人可以达到这个目标。这就是他们面临的挑战。宗旨与具体目标的结合对业绩来说十分重要。两者互相依存，互为前提。明确的业绩目标有助于团队跟踪了解工作进展，对自己负责；团队宗旨中更远大、更高尚的抱负即使团队成员感到了工作的意义，又为他们提供了情感力量。

3. 互补性的技能组合

除了找到合适的规模之外，团队必须培养合适的技能组合，也就是完成团队工作所必需的所有互补性技能。尽管听起来很简单，但这却是潜在团队的一个常见的失误。一般来说，技能需求可以分为三个显而易见的类别。

第一，技术性或职能性技能。一群医生到法庭上参与审理一个雇用歧视的诉讼案是没有多大意义的，但一个由医生和律师组成的团队却会经常参与审理医疗过错或个人伤害的案子。同样，仅仅由市场营销人员或者仅仅由工程技术人员组成的产品开发小组，与那些同时具备这两种互补技能的小组相比，取得成功的可能性要小一些。

第二，解决问题和做决策的技能。团队必须能够确定自己所面临的问题和机遇，评估继续前进所面临的各种选择方案，然后做出必要的取舍和如何前进的决定。尽管实际工作是许多人培养这些技能最理想的场所，但大多数团队还是从一开始就需要一些具备这些技能的成员。

第三，人际交往的技能。没有有效的沟通和建设性冲突就不可能达成共同的认识和宗旨，而有效的沟通和建设性冲突又依赖于人际交往的技能。这些技能包括承担风险、进行有益的批评、保持客观公正、积极的倾听、把他人往好处想，以及承认他人的利益和成就。

4. 相互负责

第一，形成一个共同的工作方法。

富有成效的团队能使团队成员致力于一个共同的方法。换句话说，就是他们将如何同心协力实现团队的宗旨。团队成员必须对谁将承担哪些具体工作、如何确定并遵守工作进度表、需要培养哪些技能、如何赢得继续成为团队成员的资格，以及集体如何做出并修改决策等方面达成共识。这种对工作方式的承诺，与对团队的宗旨和具体目标的承诺一样，对团队的业绩来说同等重要。

要形成一个共同的工作方法，其核心是对工作的具体细节以及如何整合团队成员的技能并提高团队业绩达成一致意见。也许有一点很清楚，将所有的实际工作都分配给少数几个成员，并依赖评估和会议来体现仅有的"合作"，这种工作方法并不能使一个真正的团队维持下去。在一个成功的团队中，每个成员都承担同等的实际工作：所有成员，包括团队领导者，都以各种具体的方式为团队的工作成果做贡献。这是推动团队业绩的感情逻辑所具有的一个非常重要的因素。

当人们来到一个团队，尤其是企业的一个团队时，每个人都带着以往的工作经历以及自己的优势和弱点，这反映了团队成员不同的背景、才能、个性和偏见。

一个团队只有通过共同的发现和弄清如何将团队的所有人力资源都服务于共同的宗旨，才能找到实现自身目标的最佳方法，并对之达成共识。在这场旷日持久、优势甚至困难重重的相互交流中，存在着一种培养奉献精神的过程。在此过程中，团队可以坦诚地商讨哪一个成员最适合于某项任务，以及如何将团队中的各个角色整合在一体。实际上，团队会在成员中间形成一种与团队对目标有关的社会契约，从而指导并规定团队成员之间必须如何合作。

第二，形成一个共同的责任感。

除非能作为一个团队来承担责任，否则没有哪个团队能真正成为一个团队。如同共同的宗旨和共同的方法一样，共同负责也是一项严峻的考验。比如，想一想"老板要我负责"和"我们让自己负责"这两句话之间微妙却至关重要的差别吧。第一种情形有时也可以导致第二种情形；但假如没有第二种情形，就不可能有团队。

从本质上说，团队共同负责就是指我们对自己和对他人做出的真挚的承诺，这些承诺支撑了卓有成效的团队的两个重要方面：奉献精神和相互信任。我们大多数人在进入潜在的团队时都会小心翼翼，因为根深蒂固的个人主义和经验使我们不愿将自己的命运交付于他人之手，也不愿为他人承担责任。如果忽视这样的行为或对此视而不见，团队就不会获得成功。

让人们形成共同的责任感并不比让人们相互信任更容易。但是，当一个团队拥有了共同的宗旨、目标和方法时，共同的责任感就会油然而生。在确定团队要完成什么目标以及如何以最佳方式达到这一目标的过程中，团队会投入时间、精力并采取行动，责任感就是在这个过程中得以形成并加强的。

当团队成员向一个共同的目标一起努力之时，信任感和奉献精神就会随之产生。这样一来，拥有强大的共同目标和有效方法的团队，就会不可避免地为团队业绩担起负责——即作为个人也作为一个团队来承担责任。这种共同的责任感还会产生丰厚的回报，所有成员共同分享团队的成就。我们从富有成效的团队的成员那里一再听到的是，他们发现，这种体验能激发斗志、鼓舞人心，而他们"正常的"工作是永远无法做到的。

另一方面，正如许多公司在尝试采用了从未将"质量"转化为具体目标的质量管理小组之后的糟糕感觉所表明的那样，那些主要为了成为一个团队或为了加强工作、沟通、提高组织效率或业绩而建立的团队，几乎不可能成为富有成效的团队。只有确立了恰当的业绩目标之后，讨论这些目标以及工作方法的过程才能给予团队成员一个越来越明确的选择：他们可以不同意团队所选择的某个目标和实现目标的途径，并进而退出团队，也可以全身心投入，并与自己的队友共同负责，相互负责。

7.2.3 组建初创团队最易犯的错误

1. 领导者缺失

柳传志曾经说过："领军人物好比是阿拉伯数字中的1，有了这个1，带上一个0，它就是10，两个0就是100，三个0是1000。"这句话很好地概括了公司里老大的重要性。表面来看，每一个初创团队都会有一个名义上的老大（大部分情况下是CEO），这个问题似乎不足为虑。但事实上，初创公司经常出现隐性的老大缺失问题，主要包括下面三种情况。

第一，高管不服管，名义老大没有足够的威信。老大招聘过来的人大多跟老大是旧识，这本身并没有太多问题。然而如果有的团队成员因为种种原因（例如老大的老领导或老师），自认为比老大的能力高，发自内心地缺乏对CEO的尊重，进而在团队沟通和讨论的过程中有意无意地体现出自我的优越感并散布对老大的不信任，就会给团队管理带来极大的困难和障碍。在这种情况下，就应该明白合伙创业千万不能"中国式合伙"，以太多感情因素和老皇历的自我认知占据了理性因素本该所在的位置。

第二，公司CEO成为整个公司的对立面，成为公司内部公认的麻烦制造者和公司所有问题的根源。虽然CEO本来就应该对公司的所有问题承担责任，但是如果出现公司"千夫所指"，全部问题都仅仅归咎于CEO的情况，还是很独特的。如果说上一种情况还只是公司个别高管不服管束，这种情况就是公司上下都缺乏对CEO的基本敬意。缺少一个可以服众的领袖，这个企业的分崩离析只是个时间问题。

第三，权分两半，两人联合创业、各管一摊。能撑起摊子创业的人必然都是比较有想法和强势的人，那么假如有两个这样的人在一起共同创业，各管一摊会怎样？俗话说，一山难容二虎，两个同样强势和同样能干的人往往难以做到长期合作与和谐共处。平均不可能永远都是最优的解决方案，一个公司还是需要一个绝对的领导者的。

2. 股份结构太过分散、平均

在个人主导创业的时代，融资之前创始人个人持有公司80%以上股份的情况并不罕见。但是随着联合创业成了主流，公司股份需要在多个团队成员间进行分配，CEO的股份占比显著降低。

事实上，从一个中长期的角度来看，过于分散、平均的股权结构对公司可能是隐忧，乃至于成为公司发展道路上的一个"暗雷"。许多知名投资机构就提过相关的投资建议：融资之前，CEO的股份最好不低于60%。这样经过融资后，CEO还能持有公司50%以上的股份比例。

初创团队中必须推选出明确的领导人（CEO）来做绝对的大股东。如果创业初期，大家的贡献和条件相差不大，建议CEO通过个人向公司注资的方式获得更高的股权。股份上的明显优势对于CEO树立在团队内部的影响力和话语权也是很有帮助的。但与此同时，CEO也不能持有过高的股份比例，需要为创始团队留出股份，也为员工和后续核心成员留出期权的空间。

3. 没有提前制定好游戏规则和退出协定

合伙创业的时候，大多是因为惺惺相惜、理念相同；而分道扬镳的原因却可以有很多：有人承诺带来订单和资源，拿到股份后就不见人影；有人不适应创业的生活，时间不长就退出接着回归朝九晚五的上班生活去了；有人说得天花乱坠，却一开始动手就被打回原形；还有人虽然能力很强，却无法和团队和谐相处。

为了在出现这种窘境时尽可能地保护公司和全体股东的利益，创业之前一定要丑话说在前面，提前签好退出协议，明确不同退出情况下的股份处理和转让相关条款、机制。如果创业之前顾及"兄弟"情面，没有明确规定出现问题后的应对和调整机制，一旦不利情况发生，公司和剩余股东将陷于被动的境地之中。这就好比结婚前大家先签好了离婚协议，听起来很伤感情，但可能是对彼此最好的保护。

4. 团队背景过于接近

团队内部讨论的时候，如果两个人的意见总是一致，说明其中至少有一个人是多余的、可以去掉。然而在组建初创团队的时候，不少人却往往忘记了这一点，组建团队的时候，一味地根据喜好和认同感吸纳团队成员。

我们经常看到主要成员来自同一个学校、同一个公司，或同一个地方的公司。

团队核心成员的背景太一致，容易形成"核心圈子"，圈子之外的人，能力再强、位置再高也会觉得自己是外围。更重要的是，太封闭的团队，其生命力和适应性是有限的。

每一个初创企业都应该组建背景多样化的团队，有着兼收并蓄、开放、平等、自由的文化。

5. 不重视团队人才组合

创业公司只有几条枪，每一个人都要独当一面甚至好几面，任何一个人拖后腿都将直接影响整体进程，每一个创业伙伴都至关重要。所以务必要在人选的问题上谨慎再谨慎、斟酌再斟酌，尽最大可能去寻找合适的人选，不能指望天上今天掉下个CTO，过几天再掉下来个COO……随意地决定一起创业小伙伴的人选，无疑是一开始就在公司安放了一个滴滴作响的定时炸弹。

但是，还是有不少CEO在选择创业伙伴的时候随意得令人发指：有人在小区跑步，认识一个比较聊得来的邻居，就不顾对方的背景、性格、年龄等因素，尽管他完全不懂业务，也没有接触过行业，就直接拉过来当CXO，这样的两人合伙能一起走多远？

还有人不管新公司和原公司的业务是否一致，直接从原公司挖来整套人马，也不考虑考虑这么做是否合适。

6. 贸然和不熟悉的人一起创业

很多人都会纠结：组建团队的时候，是寻找知根知底，但是能力、经历、个性等方面稍有不足的熟人来做创业伙伴，还是更主动地寻找更加合适的队员？为了搭建更有战斗力的团队，需要打开视野，在不熟悉的圈子里寻找合适的创业伙伴。然而，前提是必须在新人正式加入之前就擦亮眼睛仔细甄选，先进行一定的磨合，做到知己知彼。一般来说，如此找到的牛人经常是你不熟悉的，那么该怎么办呢？这就需要提前做好工作，通过多方面的调查和多次深入沟通来了解你的准创业伙伴，以期在最短的时间内达到彼此之间的熟悉和了解。下面是一些实际操作的方法。

第一，多谈几次，每次多花点时间谈透，多谈业务和工作的细节。要提防"面霸"，他们面试时表现很好，很能打动人，所以往往能拿到不错的职位，但是实际能力非常一般。其实这种人也容易分辨，多问业务方面的细节并听听他的回答是否言之有物。只要问问细节，南郭先生其实是很容易原形毕露的。

第二，多场景接触，比如说一起吃饭、喝茶、爬山、打球等，多谈点与工作无关的事情，从不同的场景中来对创业伙伴做出综合判断。此外，重要合伙人一定要跟对方的家人或准家人接触，因为创业不仅仅是工作选择，更是生活方式的选择，没有家人的支持是很难坚持下去的。

第三，找参谋一起谈。这个参谋可以是团队中经验和阅历比较丰富的那个人，也可以是投资人。投资人的工作性质决定了他们需要跟不同的牛人接触，阅人无数之后，自然识人的能力也会高一些。事实上，投资的投后服务工作重点之一就是帮已投项目找人或看人。

第四，做背景调查。背景调查是很有效的方法，尤其是如果能找到了解对方情况、眼光犀利且愿意跟你开诚布公的人，将会事半功倍。之所以把这条放到最后，是因为你需要具备用前三种方法，自己排除掉95%地雷的能力；同时，不是所有情况下都能找到合适的人去做背景调查。所以，为了能找到合适的创业合伙人，创业者需要提前布局，扩展人脉。

7. 一开始就组建一个豪华团队

部分创业者比较理想化，一开始就想着组建一个梦之队。但实际上，梦之队往往都是以惨败收场的。原因很简单，在创业初期选择精益创业方式可以最大可能地提升生存概率，而反其道而行之则容易加速死亡。初创企业的资金都很有限，每一分钱都得用到刀刃上，否则天使轮的几百万还不够半年烧的。因此，初创企业的人员数量上不能太多，能满足基本的需求就可以了，否则会增加内耗，造成不必要的麻烦。

组建团队时，如果过于求全求好，就会主要出现这两个方面的问题。

第一，团队成员的背景过好，超出了公司早期业务的需求。我们有时可以看到一些创业者在挑选创业伙伴时，一定要求是同行业大企业的管理层加盟，否则似乎就不够高大上。然而，习惯管理大企业的人，不一定能接地气，也不一定能挽起袖子亲自动手，因此开展业务不一定就会如在大企业那样得心应手。同时，大企业管理层的人力成本也不是初创企业能承担的。另外，大家背景都差不多，谁也不会服谁，在团队股份比例和领导权方面会增加不必要的内耗。

第二，团队太完善，各种关键、不关键的岗位全部到齐。有的创业者似乎已经被过往从业经历中的层级划分、岗位界定洗脑了：就算公司创立的前半年只是在开发产品，也提前配备好市场和营销人员。更有甚者，有些才开始融资的团队，已经有 CFO 了。

8. 引入中看不中用的人

一些投资者曾指出，有些团队一眼看去团队成员的背景非常好，且经验和人脉正好是公司业务发展所需求的。但是跟团队成员细细聊过之后，发现不是那么回事，有些团队成员的背景看着非常令人印象深刻，但是一聊到业务细节就漏洞百出。

大公司里边难免会有滥竽充数之辈，但是对小公司来说，如果关键岗位请到的是南郭先生，那很有可能是个灾难。更有甚者，部分创业者的商业模式是 2VC（商业模式有三种，分别是 2B、2C、2VC），为了募资时谈个好价钱，明知道是南郭先生也要招进团队。

9. 所有成员都是兼职创业

创业是一种生活方式，一旦市场的枪声响起，就要夺命狂奔。创业的日子里，每个人都恨不得每天都有 48 个小时。随着市场环境的发展和竞争的步调加快，如果你看到了一个市场机会，只要判断距离市场的爆发不会太远，请不要犹豫，尽快全身心投入其中吧。否则，等你觉得自己准备好了可以创业的时候，没准市场上已经有上百个竞争对手了。

10. 不重视人品的问题

如果创业核心成员出现如下的问题，将成为团队团结的障碍。

第一，品性有问题的人，这种人不仅自己坏，还影响整个公司的文化和气氛；

第二，太喜欢公司政治的人；

第三，太难以与团队进行配合的人。

初创企业，招聘是非常重要的工作，也是创始人需要花大力气的三个重点之一（团队、融资和战略）。但是招聘是个技术活，需要在长期的工作中练就一对火眼金睛，快速对候选人做出综合判断。

在选人方面，YC 创始人 Paul Graham 给出了一个很好的实操建议：如果你在跟候选人沟通的时候，对方看起来令人印象深刻，但是你自己个人总感觉有疑虑，那么，你要相信你的直觉。

世界上没有完美的个人，但有接近完美的团队；创业者需要做的，就是建立起一支能熬过困难、能越战越勇、能持续学习并最终夺取胜利的团队。

一个好的创业合伙人，会在企业困难的时候迎难而上并帮助企业实现腾飞；同样的，一个不合格的合伙人，不仅仅会延误战机，更可能给企业带来灾难。对创业者而言，选择创业伙伴则意味着未来好几年内你将和他休戚与共，共同决定公司未来几年内的走向。所以你需要选择内在价值观一致、能力互补的创业伙伴，并通过提前制定好规则、坦率而真诚的交流以及彼此之间的包容，努力打造一个富有战斗力和生命力的团队。

7.2.4 以谷歌公司为例看团队管理的创新

谷歌公司是如何进行团队管理的创新呢？从团队的视角上看，谷歌如何激发团队的自主热情呢？

（1）关注表现最好和表现最差的两端，这两者对团队影响最大。绝大多数公司员工的表现不是正态分布，而是符合幂律分布的。是指少数个人的表现是远远的要优于大多数常人。

（2）研究那些表现最好的项目经理人和表现差的项目经理人，看看他们有什么样的差别，再把这些重要的差别总结出来当成标杆案例推广给其他员工，推广给其他的项目经理。

（3）关注那些表现最差的后5%的员工。培训之后不行再换岗。大多数过去表现差的员工经过更换到合适的岗位以后，他们的考评得分都能到平均水平。要尽可能地尝试在不同的领域，帮助一个员工去成长和进步。

（4）用各种各样的办法来创造灵活的奖励方式，不仅是现金。比如谷歌在公司中有欢乐墙，这堵墙上印着办公室同事的头像，所有人都可以在下面贴上自己感谢的话语，还有团队度假，带父母上班等。

📖 本章小结

新创企业应该创新培养人才的简洁思维、不同思维、反直觉思维和逆向思维。

创新人才的选拔可采用钱选拔人才的方式，也可借鉴阿里巴巴的创新性选拔新人的三种方式：多观察，晋升面试，玩德州扑克。新创企业单一用 KPI 去考核人才可能会限制员工的创造性，减低工作效率，可参考硅谷知名视频网站公司 Netflix 的"非正式的"360度考评来取而代之正式的考核制度。

创新人才的招聘应从以下六方面进行：① 加大"光圈"甄才；② 把时间花在招聘上永远都不会浪费；③ 要持续雇用顶尖人才，就要摒弃层级制，而应该通过同事评估、招聘委员会定夺；④ 机场测试；⑤ 全员出动招募人才；⑥ 爱他就让他走。

创新人才的盘点要学习阿里巴巴的经验，从以下三点着手：① 视人为人，也就是把人当人看；② 问题导向；③ 自上而下。

创新人才的估值应注意：第一，不要把人才的成本当作价值；第二，不要光顾着维持横向薪资平衡；第三，市场薪资数据对标是个伪命题。对于创业公司来说，在选择人才之前，先要明确自己的战略目标。雇用人才关键要看他如何给你带来价值，以及带来多少价值。如果能带来很大的价值，那借钱请来也是值得的。

大多数团队可以归为以下三类中的一类：建议型团队、实干型团队、管理型团队。每一类团队都面临着一系列独特的挑战。管理学家乔恩·卡岑巴赫和道格拉斯·史密斯把团队定义为"具有互补技能，致力于一个共同的宗旨、一组共同的业绩目标、一个共同的方法，并且共同对此负责的一小群人"。这一定义确立了高效团队必须遵守的法则。卡岑巴赫和史密斯提出团队效率的四大元素：共同的承诺和宗旨、团队业绩目标制定、互补性的技能组合、相互负责。

组建初创团队最为常见、最致命的10个错误包括：① 领导者缺失；② 股份结构太过分散、平均；③ 没有提前制定好游戏规则和退出协定；④ 团队背景过于接近；⑤ 不重视团队人才组合；⑥ 贸然和不熟悉的人一起创业；⑦ 一开始就组建一个豪华团队；⑧ 引入中看不中用的人；⑨ 所有成员都是兼职创业；⑩ 不重视人品的问题。

思考题

1. 新创企业该如何创新人力资源管理？
2. 新创企业与成熟期企业在人力资源管理方面有何不同？
3. 新创企业在招人时你觉得人品更重要还是能力更重要，为什么？
4. 新创企业如何创新团队管理？

Chapter 8
第 8 章

创新思维与企业财务管理

导读案例

浦发交易银行的"e 企行"重构银企生态圈

距离浦发银行交易银行部成立过去一年多，在这期间，交易银行部在创新方面小步快跑硕果累累。2017 年 7 月 18 日推出的"e 企行"综合服务平台正是其用互联网思维整合贸易与现金管理业务后的一大成果，未来有望成为浦发银行吸引客户，提高黏性，整合生态圈资源，构建底层数据库的利器。

浦发交易银行部总经理杨斌接受《证券日报》记者采访时表示："我们要走出金融做金融。e 企行体现的是我们从银行客户思维向用户思维转变，从中小微企业切实需求出发，提升对客户服务服务能力，除了提供融资服务，我们还提供支付结算，甚至向企业开放在线会计管理工具帮助中小企业主节约成本提高经营效率。"

1. "e 企行"减负企业财务管理成本

浦发银行此次专门为中小微企业打造的是基于互联网和云技术的云端服务平台——"e 企行"综合服务平台。据介绍，"e 企行"秉承"开放、共享、便捷、友好"的理念，提供了集在线会计、在线进销存、在线订单、在线融资和专业服务等一整套云端在线综合解决方案。

以财务管理为例，"e 企行"在线会计专门打造了云端会计系统，免安装、免维护、免升级、专业便捷、智能高效，帮助中小微企业的会计人员随时随地记账、查询、报税、分析企业的经营状况，大幅降低了中小微企业财务成本，保障了财务数据安全，有效提升中小微企业财务管理信息化水平。

杨斌对《证券日报》记者透露，该云平台是浦发联合业内合作伙伴共同开发，目前主要面向浦发银行客户，他行客户也可以申请注册"。

他说，"e 企行"有多层含义，第一，"e 企行"的 e 是指用互联网思维，用户思维构建开放平台服务好客户；第二，"e 企行"是与合作伙伴一起，比如我们这次引进了业内一流的代账公司。浦发提供的在线财务管理平台完全免费，但如果中小企业有财务外包的需求，我们平台上也有专业机构可提供相关服务，今后还将围绕企业需求引入律师团队等合作伙伴；第三，"e企行"是与客户一起，比如与供应链金融中的核心企业一起为上下游小微企业提供服务，未来该平台上有望嵌入更多社交功能，打造中小微企业经营生态圈。

业内人士认为，随着越来越多企业参与云平台以及多维数据沉淀，浦发银行有望利用此开放平台构建底层数据库从而解决信息不对称问题，真正解决中小企业融资难题。

浦发银行相关负责人表示，"e企行"综合服务平台的推出，既是交易银行业务助力中小微企业发展、创新服务模式的新尝试和新探索，也是浦发银行推进数字化发展战略、重构中小微企业经营生态圈的重要举措。

2. 交易银行创新硕果累累

近两年，国内股份制银行纷纷向"轻资产，调结构"转型，多家银行整合成立了交易银行部门。2016年2月，浦发银行将贸易与现金管理部调整为交易银行部，定位为总行一级部门，杨斌出任部门一把手。

用互联网思维改造后的浦发银行交易银行部正式成立一年多来成果显著。截至2016年年末，交易银行特色业务量同比增长134%，达到5.6万亿元；交易银行部中间业务收入近66亿元，同比2015年提升12%，为公司业务贡献比例约63%。带动日均结算性存款增长2 500亿元。

杨斌告诉记者：交易银行部成立后从三方面进行了改革：第一，做好基础顶层设计，形成7处2中心的部门架构，同时提出集产品、客户、渠道、服务四位一体，前、中、后台相融合的交易银行战略布局；第二，以客户为导向，按照行业对客户进行细分，梳理行业客户特点，产品体系进一步整合，站在客户角度看问题，不仅仅将自己定位为传统银行，而是系统性，综合服务的提供者；第三，开放合作，与第三方支付，互联网金融平台等外部机构加强交流合作，借鉴运作体系经验，提升综合服务能力。

浦发银行交易业务目前主打三块特色业务，分别为"e企付"、国际结算业务和集中代收付业务。其中，"e企付"是浦发银行利用互联网技术，在企业资金收付过程中，以提高到账效率、降低支付成本、提升资金收益为目的，为资金收付双方提供的集合资金收付、电子台账、自动投资及信息通知等的组合金融服务。业务量占比为49.6%。

杨斌举例道："e企付实际上是对公直销银行的小探索，作为一项互联网思维的创新业务，是获客的新路径和手段。"杨斌表示表示，浦发银行交易银行业务坚持以客户为中心，提供量身打造的综合金融服务，此次发布的e企行综合服务平台充分体现了这一理念。未来，浦发银行将在e企行平台上继续整合更丰富的服务资源、持续破解中小企业经营难题，伴随中小微企业共同成长。

资料来源：证券日报·中国资本证券网 2017.07.19 http://www.ccstock.cn

思考题：

1. 浦发银行为什么要专门为中小微企业打造的是基于互联网和云技术的云端服务平台？
2. 从这个案例中，你怎么看信息技术对于企业财务管理创新的作用？

财务管理是企业管理的核心部分，是企业生存和发展的基础，是企业经营管理活动顺利进行的前提，贯穿于企业经营中的各个环节，涵盖了筹资、投资、预算、分配等诸多环节。当前，为适应知识经济发展的要求，企业财务管理要从管理目标、融资内容、资本结构、风险管理方法、财务分析以及分配方式等方面进行创新，实现知识经济下的财务管理创新是一个重大的理论和实践课题。

因此，本章将重点讨论"企业财务管理创新及意义""传统企业财务管理中的思维定式及其表现""现代企业财务管理的变革与创新"与"创新思维在企业财务管理中的应用"这四个重要问题。

8.1 企业财务管理创新及意义

财务管理创新是指企业财务管理在实现了量的渐进积累之后，由于相关因素的影响和改变，实现了质的突变飞跃，这一交替演进过程就是企业财务管理的继承和创新过程。财务管理创新是知识经济发展和经济全球化的客观要求，是企业融入知识经济竞争和经济全球化浪潮的必然选择。

一方面，知识经济时代知识资本成为财务管理的研究对象，企业要树立知识经济理念，重视知识资本，将知识资本引入现代企业财务管理内容之中，实现知识资本与财务管理的紧密结合，认识到知识资本在企业发展过程中的重要作用，研究如何利用知识资本，实现生产要素的合理组合与配置，实现企业资本优化，为企业创造更多的物质财富。

另一方面，经济全球化背景下企业经营国际化，市场竞争日趋激烈，市场信息瞬息万变，国际资本流动日益频繁，企业财务管理创新能给企业带来巨大的收益。财务管理创新具有扩散、群聚、加速和更新效应，科学技术在企业财务管理中广泛运用，率先进行财务管理创新的企业会获得短期超额利润，迅速扩大企业的市场份额，会带来众多企业的效仿，企业财务管理创新的速度越来越快，财务管理创新为技术创新、机制创新和其他方面创新提供财力支持，通过财务管理创新活动，提高企业管理经营能力，实现企业资源的优化配置与整合，提高企业经济效益，知识经济和经济全球化的来临，更加凸显了企业财务管理创新的必要性和迫切性。

8.2 传统企业财务管理中的思维定式及其表现

企业财务管理活动是管理者在企业经营中有目的地追求财务管理目标的一种行为活动。当前，企业财务管理创新面临的障碍之一就是存在着特定的财务管理思维定式。

思维定式是一种相对固定的思维框架模式。人们在一定社会生活和日常生活中对方方面面问题的看待都有其思维定式。它是客观存在的。不同的群体不同条件的人都有其不同的思维定式。因此说，思维定式由人所处的环境条件、价值追求和认识能力等所决定，并对人的活动行为和承受能力有巨大的导向作用。

企业财务管理领域的思维定式将左右企业财务管理的行为方略和战略目标的实施。从我国企业财务管理的总体现状看,由于企业管理水平偏低和现代化管理手段应用较少或应用时间较短,不少企业(包括一些它采用了网络财务的企业)的财务管理仍处于传统模式状态,与之相适应的是一种较为保守和谨慎的理财思维定式,它具有如下特点。

第一,重生产,轻管理。这是目前一些企业中较为典型的现象。他们认为企业是靠生产来取胜的,只有生产出质优适销的产品,企业才能有竞争力,才会出效益。管理工作只起辅助作用,它不会带来明显的经济效益。因此这些企业在资金预算和资金运作中全力向生产方面倾斜,而在企业管理方面却不肯有较多投入。

第二,重稳健,轻创新。一些企业对市场变化的不确定性感到难以把握,因而他们更愿意对现有产品生产和现有市场营销进行投入。而对科技研发和人力资源后续开发方面的投入明显偏少,这会使企业的创新活动失去最基本的基础。

第三,重规模,轻质量。一些企业非常看重企业的资产规模和数量不予余力地追求"企业做大做强"而对企业资产的内在质量却不甚看重。在融资方面力求多多益善,对外向兼并扩张情有独钟。相比之下,对盘活自身的存量资产,对企业经营资金的适度性把握,和提高企业资本的报酬率等方面的问题却较少关心。

第四,重筹划,轻实用。一些企业财务管理中较为注重财务筹划、财务决策分析方面的工作。但由于物流和资金流动态运行的不对称,职能部门的业务关系划定不甚合理,使得财务预算往往难以有效监控,决策分析中也往往由于其参数不符合实际而难以有效采用,因而财务管理工作有相当部分实用性不强。

8.3 现代企业财务管理的变革与创新

当前信息技术的高速发展、知识经济的爆炸,极大地推动了网络财务技术手段的普及与应用,这使得现代企业财务管理的环境与条件发生了巨大的变化。客观现实的变化,则必然推动企业财务管理思想的变革与创新,并进而诱发财务管理的全面革新。

8.3.1 现代企业财务管理的任务环境变化

1. 企业财务管理的视野得以空前扩展

网络财务技术手段的应用使企业有条件快速获取上下游企业的有关业务信息和市场行情信息,并有能力快速对信息进行再加工分类和检索,使过去难以及时获知的商业信息和供应链上的资源信息变得容易得到。包括当前供货商的可供货量、到货时间、主要客户的求货数量和求购时间、市场上这些货物的价格波动区间等方面的动态数据企业都有条件及时掌握。企业财务管理活动可以从内部资源向外部资源积极扩展。过去难以掌握的消费者个性化需求和产品寿命周期也能较容易地应用网络财务手段分析得出。企业财务管理的平台可以大大地向外部延伸了。

2. 企业财务管理手段实现了软件化和智能化

网络财务环境下，企业财务管理中的有关指标计算，预测模型分析都可借助财务软件来进行。可对海量信息进行快速处理，能快速计算同一指标不同期间的数值水平。能对同一分析模型进行多次替代分析。对一些非结构化的财务决策问题，可以采用智能化决策支持系统进行辅助决策，如新项目的投资或新产品的开发等方面的决策。这就使财务管理工作更加高效和准确。传统管理中的分析技术和指标计算技术就变得不重要了，这些事务都可用财务软件来处理，财务管理人员可以从事务性管理工作向创造性管理工作过渡他们可以用更多的精力去构建新的财务分析模型，去搜集更丰富的战略性财务信息，开拓财务管理工作中的新思路。

3. 实现了业务数据和财务数据处理的一体化

网络财务环境下，通过财务软件的应用供销存等业务部门将有关业务活动数据输入计算机后，同时可以自动生成相应的会计信息并可即时形成相应财务指标。如果财务指标和计划数有出入，可即时发出警示。这样，资金流的变动总能跟踪物流的变动，并能快速响应外部环境的变化，这就可以将传统财务管理中的事后财务监控变为即时财务监控通过动态财务监控来自动进行业务活动监控。

8.3.2 现代企业财务管理思维的创新

1."开放型"财务管理思想

由于企业财务管理平台有条件向外大为延伸了，企业在财务管理中可以充分利用供应链关系价值，积极利用外部资源来理财，竖立"开放型"财务管理思想，包括和主要客户建立良好的业务合作关系。取得他们的支持，保持应收账款的及时回收和销售渠道的稳定畅通；和供应商保持密切关系充分取得他们的信任和支持，这样可保持购货的合理性以减少存货占用时间和市场价格风险。并通过积极合理的财务筹划来提高资金全报酬率。

2."积极型"财务管理思想

有了软件化、智能化财务管理技术，使得企业的市场分析和财务预测的精确度大为提高，对财务流程的控制驾驭能力也大为提高。这样市场的不确定性程度就相对降低了，不可控风险也减弱了。在这种情况下，企业就应该实施"积极型"财务管理战略。一是大胆减少保留性运营资金占用，提高资金利用率而不需过多考虑"缓冲"因素；二是积极去研究和把握市场机遇，积极推出自己的新项目新产品。

3."有限管理和适度管理"的财务管理思想

传统财务管理中由于对市场变化难以把握和不愿承担太大的风险，一般主张多元化理财即"不把鸡蛋放在一个篮子里"以分散风险。同时，也为了扩充方便，对资金规模也力求越多越好。其结果往往容易造成摊子过于分散和规模过大，超出企业的有限管理能力而造成管理不到位使财务管理目标难以实现。在网络财务下由于市场把握能力和财务预测能力大大提高，经营风险被有效降低，企业可集中精力在专门领域进行经营。同时由于财务驾驭能力增强，也不必留有闲置资金以防急用，只需要适度资金便可。这样，管理的资金量保持在一个合理水平和管理的方面集中于专门领域，就有利于收紧管理拳头，减少涉及面。从而更有利用提高综合资金报酬率和减少财务风险。

4."多部门互动式"财务管理思想

由于物流管理和资金流管理实现了同步，企业在财务计划确定上应充分考虑业务部门物流信息的反馈作用，保持财务计划有一定的动态性和阶段性。在财务计划的执行上，充分发挥业务部门的能动作用由业务部门根据财务计划去自动监控其业务活动，适当减少管理层对财务计划的单边主导作用这样可减少因物流管理和资金流管理相脱节而造成的财务风险和经营风险。

8.3.3　现代企业财务管理创新的内容

财务管理思维的创新，必然导致财务管理实务在理念、目标、内容、方式及风险管理等方面的全面革新。

1. 财务管理理念创新

财务管理理念创新是企业财务管理创新的前提和基础，财务管理人员要认识到财务管理创新的重要性，及时更新财务管理理念，将财务管理创新理念贯穿于企业经营活动全过程，通过财务管理创新活动提高企业管理水平和抵御风险的能力，实现企业持续健康地发展。

知识化管理理念兴起。现代社会已经进入知识经济时代，知识成为重要的生产要素和新的经济增长点，知识资本与物质资本结合在一起构成企业资本主体，知识成为财务管理创新的关键因素，应当将知识资本管理引入企业财务管理之中，未来的财务管理是一种知识化管理。

人本化理财理念兴起。重视人的全面发展是知识经济时代的基本要求，人力资源是一种特殊的经济资源，企业的生产经营活动主要依靠掌握一定知识和技能的人来完成，充分挖掘和发挥人的潜能，调动人的创造性、主体性和自觉性，提升企业财务管理人员的职业素养和能力，做到以人为本，尊重知识，尊重人才，发挥人才在企业中的作用，培育良好的企业文化及人际关系环境。

风险防范理念兴起。知识经济时代互联网技术广泛应用，信息交流日益频繁，在瞬息万变的经营活动中，资本流动不断加快，客观上存在着发生各种风险的可能性，要求企业财务管理人员善于对未来环境变化带来的不确定性因素进行科学预测，根据情况变化对企业财务管理目标进行及时调整，建立健全财务预警机制，在收益与风险之间找到最佳的平衡点，尽可能降低风险，提高企业的抗风险能力。

竞争与合作相统一的理念兴起。在经济全球化的背景下，原来相互竞争的企业开展合作的浪潮，企业之间既竞争又合作，实行各种形式的经济联盟，在市场划分、信息交流、技术合作以及利益分配等方面达成协调一致，在合作中竞争，在竞争中发展，共同开发市场，实现"双赢"的市场格局。

2. 财务管理目标创新

知识经济时代的来临和市场经济的发展，需要企业财务管理目标创新。财务管理作为现代企业管理的核心，其目标必须与企业发展战略目标相一致，与市场变化相吻合，同社会发展紧密相连。财务管理目标是指企业进行财务活动所要达到的根本目的，是企业财务管理在一定环境和条件下所应达到的预期结果，决定企业财务管理的基本方向，是整个企业财务管理工作的出发点和归宿。

当前，世界经济向知识经济转化的过程，深刻影响着企业生产经营管理活动的各个方面，使得企业财务管理目标向高层次演化，企业财务管理目标经历了"利润最大化""股东财富最大化"到"企业价值最大化"等演变。知识经济时代企业价值最大化的财务管理目标已经转向知识最大化，从过去以物质资本筹资为主转向以知识资本筹资为主，企业财务管理目标价值最大化与知识最大化并存，知识最大化的财务目标不排斥企业价值最大化，帮助企业更好地实现企业价值最大化，实现企业价值最大化与知识最大化相协调，达到企业内部和外部利益双兼顾，企业与社会融为一体，使得企业实现自身发展目标的同时，也能够实现社会责任目标，达到企业经营目标和社会发展目标的和谐统一。

3. 财务管理内容创新

随着知识经济时代企业的生产方式和组织结构日益柔性化和科学化，不断提升企业财务管理的信息化水平，拓宽了财务管理的范围，改变了财务管理方式，丰富了财务管理内容，实现了财务管理创新。知识经济拓展了企业资产范围，资产结构更加全面，既有物质资产，也有知识资产，知识资产作为企业的重要资产，物质资产具有的地位相对下降，知识资产的地位持续上升，改变了企业的经营行为与财务管理方式。知识资产在企业中的比重越来越大，知识资产比物质资产更加重要。工业经济时期主要管理固定资本和货币资本，知识经济时代企业的资本结构更加全面，专利、商标和知识产权等知识资本逐渐成为企业重要的资本组成形式，物质资本和知识资本进行合理的配置，以寻求最佳的利用。实行财务成果分配方式的创新，工业经济时代主要是以有形资本投入来作为分配依据，知识经济时代知识资本与物质资本实行最佳组合，将物质资本与知识资本有机结合起来，改变了企业利润分配方式，知识资本作为生产要素参与企业利润分配，知识资本在企业生产经营与财务成果分配中的地位受到重视，成为决定企业财富分配的核心要素。

4. 财务管理方式创新

知识经济时代也是信息时代，网络技术飞速发展，信息传递迅速快捷，企业交易活动和经营决策可在瞬间完成，信息成为市场经济活动的重要媒介，谁掌握了信息，谁就掌握了市场的主动权，企业经营活动范围变成"媒体空间"，财务管理向网络财务管理方式转变，财务管理控制活动贯穿于企业经营全过程，信息技术加速财务管理手段现代化进程，任何物理距离都将变成鼠标距离，财务工作办公由离线变为在线方式，财务信息传递电子化，财务管理的能力可以延伸到全球任何一个结点，极大地拓展和延伸了财务管理能力。财务管理运营模式从过去的局部管理、分散管理向远程处理和集中式管理转变，企业集团利用互联网，实现经营管理和财务管理动态化与实时化，企业生产运营与资金流动和信息传递协同进行，可以实现对下属部门实行各种数据的远程传送与处理、远程报账、远程查账、远程财务监控，实时监控企业的财务运行与资金安全，实现了财务信息动态实时显示和随时监控，随时掌握企业产品生产、销售和库存增减变化情况，使得经营管理与财务管理从静态走向动态，加快信息传递速度，加强了部门内部之间的沟通与协调，极大地提高了企业生产管理和财务管理效率，提高企业管理水平和经济效益，增强了企业竞争力。

5. 财务管理新风险的防范

随着知识经济时代的来临和经济全球化的发展，企业生存环境的不确定性和风险性不断增加，资本运营呈现高风险、高收益和多样化的特征，因外部金融市场和企业内部财务结构的变化使财务风险变得更为复杂化和多样化，企业风险向着多元化方向发展。企业筹资、投资、资金收回、收益分配各个环节相互联系和相互影响，风险管理贯穿于企业财务管理的全过程和各个环节，知识资本在企业产品中所占的比重越来越大，产品的技术含量增加，产品的高科技风险加大，经营风险扩大；企业股票上市、巨额贷款、网上结算以及国际汇率变动等都可能存在金融风险；在经济全球化背景下，企业是国际市场的成员，不再是一个孤立的个体，国际市场供求存在着多变性与不确定性，也加剧了企业市场风险；企业在进行投资决策时，也可能存在着投资风险，必须对企业投资规模、投资结构、投资项目进行可行性分析，充分考虑到市场的需要与变化，做好分散投资，尽可能地降低投资风险。面对存在的各种风险，企业必须增强风险意识，增强防范、识别和处理风险的能力，加强风险管理，及时规避风险，争取以最小的风险取得最大的收益。

8.4 创新思维在企业财务管理中的应用

鉴于管理创新在企业财务管理中的重要意义，现代企业有必要积极应用创新思维对自身的财务管理主动进行变革与创新。我们认为，在企业财务管理中，创新思维在财务预测、财务决策、财务计划、财务控制、财务分析等领域都发挥着巨大作用。

8.4.1 创新思维在企业财务管理活动中的表现

1. 创新思维在财务预测中的表现

财务预测是根据财务活动的历史资料,考虑现实的要求和条件,对企业未来的财务活动和财务成果做出科学的预测和测算。在这一环节中,如果具有创新思维,就可以明确预测对象和目的,可以更加科学地搜集和整理资料,选择更加符合自身的预测模型,从而实施更加科学的财务预测,财务预测是企业财务管理的初始环节,如果在这一环节上,管理者能有效地运用创新思维,就可以为企业制定出更加科学的财务预测,为企业的健康发展提供保证。

2. 创新思维在财务决策中的表现

财务决策是根据企业经营战略的要求和国家宏观经济政策的要求,从提高企业的经济效益的理财目标出发,选取一个最优的财务方案的过程。如果在这个换届中,具有创新思维就可以明确确定决策目标、最大范围地拟定备选方案,更加科学地评价各种方案,从而选取一个最优的经济管理方案。

3. 创新思维在制定财务计划中的表现

财务计划是一种运用科学的技术手段和数学方法,对目标进行综合平衡,协调各项计划指标的平衡发展方法。在这一环节中,如果具备创新思维,就可以科学地反洗主客观条件,从而确定出主要指标;可以更加有效地安排生产要素,综合平衡各项指标;可以更科学地编制计划表格,为财务管理的顺利进行打下基础。

4. 创新思维在财务控制中的表现

财务控制是在生产经营活动中,利用特定手段对各单位财务活动进行调节。在这一环节中,如果拥有创新思维,就可以科学制定控制标准,分解落实责任,可以及时确定执行差异,可以更加科学地评价单位业绩,做好考核奖惩工作,财务控制在企业的财务管理中占据很重要的地位,这一环节的把握,对整个财务管理活动的进展有着十分重要的意义,而创新思维在这一环节中也显得尤为重要。

5. 创新思维在财务分析中的表现

财务分析,是以核算资料为主要依据,对企业财务活动的过程和结果进行评价和剖析的一项工作,在这一环节中,如果具有创新思维,就可以更加广泛地搜集资料,更加真实地掌握情况;可以更有效地进行对比分析,揭露矛盾;可以提出更有效的改进措施。财务分析是企业财务活动的最后一关,这一关对整个企业财务管理起着很重要的作用,而运用创新思维,能更好地完成财务分析,为企业今后的财务管理活动提供更可靠的依据,可以推动企业财务管理的顺利进行。

8.4.2 创新型思维对企业财务管理的作用

创新首先是一种思想以及在这种思想指导下的实践，是一种原则以及在这种原则指导下的具体活动，是管理的一种基本职能。在企业管理的任何环节都必须要具备相应的创新思维。创新是一个民族、一个国家进步的灵魂，是一个国家和民族发展的不竭动力。创新，就要不断地解放思想、实事求是、与时俱进。创新思维的培养是我国现代企业财务管理的灵魂和根本发展之道。而在财务管理中，这种职能显得尤其重要。创新思维在企业财务管理主要起着以下几点作用。

1. 创新思维是企业财务管理过程中的重要一环

拥有创新型思维可以确定系统的财务管理目标，财务管理目标又称理财目标，是指企业进行财务活动所要达到的根本目的。一般来说，企业财务管理要追求六大目标，即经济效益最大化、利润最大化、权益资本利润率最大化、股东财富最大化、企业价值最大化、履行社会责任。每一个目标的确定与实现都会影响着该企业的发展，在某种意义上，我们可以说一个企业拥有什么样的目标追求，在一定程度上就能反映该企业的实力与命运，财务管理目标的制定恰当与否，对整个企业的发展尤为重要，在制定财务管理目标时，必须运用创新思维，综合分析整个市场的发展趋势，同时，应该借鉴其他企业的成功之道，并在其基础上，通过与本企业的实际情况做比较，运用创新思维，制定出一套符合自身发展的财务管理目标，这样才可以明确企业全部活动所要实现的全部目标。如果没有创新思维，就无法真正实现企业的最终目标，也就不能为企业的长远发展提供强有力的保证。

2. 创新思维是重要的财务管理活动

创新对于企业财务管理来说是至关重要的。首先，创新是企业发展的基础，是企业获得经济增长的源泉。在现代市场经济迅猛发展的条件下，创新是经济发展的核心，创新使得物质繁荣的增长更加便利；其次，创新是企业谋取竞争优势的利器。当今社会，各类企业迅速发展，竞争也越来越激烈，要想在这种竞争激烈的经济活动中取得有利地位，就必须将创新摆在突出的地位。竞争的压力要求企业家们不得不改进已有的制度，采用新的技术，推出新的产品，增加新的服务，这样企业才有相对的竞争优势。财务管理活动是企业诸多活动中的一种重要的活动，在这一活动中，创新思维尤为重要，只有具备创新思维，才能让企业的财务管理更加有效有序地进行，可以运用最先进的技术，最短暂的时间将企业财务管理活动更有效更科学地进展下去，从而推动整个企业的发展速度。

3. 创新思维可以更加有效地使用信息化技术，为企业的发展注入新的力量

在当代全球经济一体化迅猛发展的新形势下，信息成为一个企业获得竞争优势的有效手段，在各种信息日益泛滥的情形下，并非每一种信息都对企业的财务管理有价值，这里就需要运用创新思维去筛选和最终选取具有高质量、及时和完全的信息，只有运用了对企业有价值的信息,才可能在短暂的时间制定出最有效的财务管理方案,为企业赢得市场优势提供有力的保障。

创新型思维可以培养财务管理人员与时俱进的思维方式。市场经济在不断地发展,一个企业要想创造一份属于自己的天地,就必须具备与时俱进的技术和人力资源,在财务管理活动中,具有创新思维的管理人员可以着眼于整个市场的发展动态,抓住最有利的机遇,运用最先进的技术,制定出一套新型的完整的财务管理方案,可以将企业的发展融于整个市场发展中。

从上述可以看出,创新对于企业的财务管理具有至关重要的作用,只有拥有了创新思维,企业才能更有效更迅猛地发展,才能在激烈的市场竞争中谋取有利的竞争优势,可以说,创新思维在很大程度上关系着企业的发展命运。

8.4.3　培养企业财务管理人才创新思维的途径

我们认为,在实际的财务管理活动中,企业应该从以下几个方面去培养财务管理人员的创新思维,为企业的发展打下良好的基础。

1. 培养财务管理目标创新的能力

企业是在一定的经济环境中从事经营活动的,特定的环境要求企业按照特定的方式提供特定的产品。一旦环境发生变化,就要求企业从各个方面必须要采取相应的调整,在财务管理活动中,管理人员必须根据企业经济环境的变化,制定出相应的目标,这就要求管理人员必须根据经济环境的各种变化,对企业的财务管理做出适当的调整,而不能一味地坚持一种方案,在企业发展的各个时期,必须根据市场环境的变化制定出符合市场经济发展规律的财务管理方案,每一次调整都是一种创新。

2. 培养财务管理人员的技术创新能力

技术创新是企业创新的主要内容,在现代企业生产经营活动中,主要包括要素创新、要素组合方法的创新以及要素组合结果的创新三大创新,而在财务管理中,如果管理人员通过不断地提高自身的职业技能,能够运用新的管理方法和技术来组织财务管理活动,那么就可以使企业在竞争中脱颖而出,为企业提供更加科学的财务管理方法,推动企业的发展。

3. 培养财务管理人员的制度创新精神

企业的制度主要包括产权制度、经营制度和管理制度三大方面,企业的财务管理则属于企业的管理制度,管理制度是行使经营权、企业日常经营的各种规则的总称,财务管理主要包括财务预测、财务决策、财务计划、财务控制和财务分析五大方面,每一方面的实现都需要具有创新思维,这样就可以制定出有效的财务预测,做出科学的财务决策,制订完善的财务计划,推动企业财务管理的科学发展。

总之,创新在企业财务管理中起着至关重要的作用,可以推动企业财务管理活动科学有效地进行,从而可以推动企业的发展,提高企业的竞争优势。因此,在未来的发展中,财务管理人员应从各方面去培养自己的创新能力,使创新思维能真正融于企业的经营管理中去。

8.4.4 创新思维在企业财务管理中的应用路径

在培养了相应的具备创新思维能力的财务管理人才后,企业要注意引导这些人才将创新思维与企业的财务管理相结合,实现创新思维的实践应用。

1. 强化理念更新,是财务管理创新的根本

创新思维与财务管理的结合是企业财务管理创新的根本所在,财务管理人员只有从观念思想上全面地转变,才能进一步从方法手段上开拓创新。在网络新时期的影响与带动下,企业财务管理的多个环节都要从计算机入手,通过网络化管理模式完成;尽管目前仍有一些节点和步骤还未能实现联网或计算机操作,但财务网络化管理必然是未来发展的总趋势。包括原料的采购、物流、产品订单、配料、生产、销售、保险、银行汇兑、关税等,无一不涉及财务问题,也无一不需要更加智能化地通过网络来完成。

网络时代的特性,要求财务管理人员必须逐渐适应网上办公、远程处理、业务协同、电子化管理等管理模式,完全打破传统财务管理方式的人工化、面对面地交流与协作;同时,现代财务管理还加大了对财务管理人员办公环境的要求,必须支持在线办公、适应移动操作等,越来越成为一种必然的办公方式。这种巨大的变化与反差,造成了一些管理人员难以适应而影响了管理能力的提升和企业的整体发展,需要从思想观念方面入手,加强企业财务管理人员在新时期财务管理方面的理念更新,从而加速企业财务管理创新方法的探索与实施。

要做到理念更新,首先要注重企业和部门的财务管理目标的多元化与目标性。①信息时代的到来,使得企业关注的客户目标也在发生着转变与创新,单纯从对客户的服务角度而言,企业就应该尽快适应与客户的新的沟通与订出货方式,加快业务流程的变革。②财务管理与办公的公共性与可转移性成为信息资源转变的必然,越是有利于共享与移动的资本资源,越将占据企业财务管理和市场的主导地位。③打破时空界限、提升服务质量和工作效率,是网络化财务管理所追求的另一个特点。④企业财务管理目标的设定还应考虑诸多因素,这些目标一是要体现企业与其相关利益者的收益状况,二是注重企业成长发展与未来效益增长的附加值,三是不可忽视企业自身的社会责任,提升企业的社会价值。

2. 加速企业财务管理体系的建立与健全

企业财务管理体系,包括制度管理、人力资源以及信息系统诸多方面,是帮助企业财务部门尽快转变思想、改革财务管理模式、促进发展与时代接轨的重要依据。

企业立威,制度先行,因此财务管理模式要想得到顺利转变,就必须有强有力的公司制度做保障,从而督促和规划相关人员的工作内容与方向。而人力资源,则是从人员安排的角度上适应新的财务管理架构，从而使工作更加得心应手，效率更高。

信息系统是网络时代进行财务管理的硬件设施，没有它，企业很难真正意义上地实现信息化与网络办公。依据目前的科技发展水平，企业财务管理信息系统必须被建立在互联网、Extra-net 和 Intra-net 的基础之上，网络信息交流可以直接通过信息系统传达到客户、供应商、政府部门，以及内部相关人员当中，实现了信息的即时性与保有量。信息系统还将综合多媒体、超过文本等技术，实现文字、图片、视频、音频等的传输、存储、调取与修改，从而加大数据库内信息的保有量与多样性。尤其是对采用电子商务为主要办公模式的企业而言，广泛使用智能化网络管理，能够为其实现极大幅度提升的财务管理绩效。

3. 网络时代必须加强企业财务管理的安全性防护

网络的普及也随之带来了网络安全的重要话题，网络安全目前已经是各国进行网络化渗透与发展中的一个重点关注因素，它很可能影响着企业内部信息的泄露与遗失。尤其是企业的财务数据，更是企业所要保护的重点信息资源。在网络引入到企业财务管理的同时，不可忽视地就是安全防护的体系建设，以此来抵御不必要的风险、避免损失、确保系统资源安全。

本章小结

财务管理是企业管理的核心部分，是企业生存和发展的基础，是企业经营管理活动顺利进行的前提，贯穿于企业经营中的各个环节，涵盖了筹资、投资、预算、分配等诸多环节。财务管理创新是指企业财务管理在实现了量的渐进积累之后，由于相关因素的影响和改变，实现了质的突变飞跃，这一交替演进过程就是企业财务管理的继承和创新过程。

现代企业财务管理的环境与条件发生了巨大的变化。客观现实的变化，则必然推动企业财务管理思想的变革与创新，并进而诱发财务管理的全面革新，理念、目标、内容、方式及风险管理等方面。

在企业财务管理中，创新思维在财务预测、财务决策、财务计划、财务控制、财务分析等领域发挥着巨大作用。因此，企业应该积极培养管理人员的创新思维，为企业的发展打下良好的基础。在培养了相应的具备创新思维能力的财务管理人才后，企业要注意引导这些人才将创新思维与企业的财务管理相结合，实现创新思维的实践应用。

思考题

1. 什么是财务管理创新？
2. 信息时代条件下财务管理创新的意义与作用是什么？
3. 财务管理的创新主要包含哪些内容？
4. 如何在财务管理创新中发挥创新思维的作用？

Chapter 9
第 9 章

创新思维与现代物流管理

导读案例

美的走在自我超越的道路上

随着自身业务在全球范围内的不断扩大,美的已经形成了一个覆盖全球,从生产制造、供应商、物流、渠道到客户的庞大企业供应链群。2010年,美的制定"十二五"发展规划,定下了5年内进入世界500强,成为全球白色家电前三位的具备全球竞争力的国际化企业集团的发展目标。

美的创业于1968年,旗下拥有四家上市公司、四大产业集团,是一家以家电业为主,涉足房产、物流等领域的大型综合性现代化企业集团,是中国最具规模的白色家电生产基地和出口基地之一。美的在全球设有60多个海外分支机构,产品销往200多个国家和地区,年均增长速度超过30%。

目前市场竞争已经由企业与企业之间的竞争变为供应链与供应链之间的竞争,要实现既定目标,成为一个屹立全球市场的企业,就要进一步联合上下游的业务伙伴,构建紧密合作关系,加强供应链一体化管理。

1. 先进的信息系统平台

美的利用电子数据交换 electronic data interchange(EDI)方案来实现美的与供应链合作伙伴之间的实时、安全、高效和准确的业务单据交互,从而提高供应链的运作效率,降低运营成本。美的针对供应链的库存问题,利用信息化技术手段,一方面从原材料的库存管理做起,追求零库存标准。美的采用"供应商管理库存"和"经销商管理库存"等信息系统,在全国范围内实现了产销信息的共享。

供应商可以通过对信息的实时把握做一些适当的库存调整,而美的也可以依靠供应商管理库存,降低供应链上产品库存,抑制牛鞭效应。另一方面针对销售商,以建立合理库存为目标,从供应链的两端实施挤压,美的资金占用降低、资金利用率提高、资金风险降低、库存成本直线下降,实现了供应链的整合成本优势,保证了企业的核心竞争力。

2. 有效的销售管理

美的对前端销售体系的管理进行渗透,在经销商管理环节上利用销售管理系统统计经销商的销售信息为经销商管理库存。通过 EDI 可以达到存货管理上的前移,美的可以有效地削减存货,而不是任其堵塞在渠道中,让其占用经销商的大量资金。

3. 供应链整合

美的以空调为核心对整条供应链资源进行整合,使更多的优秀供应商纳入美的空调的供应体系,提升了美的空调供应体系的整体素质。美的对供应资源布局进行了结构性调整,优化供应链布局满足制造模式"柔性"和"速度"的要求。通过厂商的共同努力,整体供应链在成本、品质、响应期等方面的专业化能力得到了不同程度的培养,供应链能力得到提升。

4. 与专业第三方物流企业合作

美的与安得物流进行合作,美的每年超过 80% 的物流业务由安得承担。安得物流在全国各大中城市拥有 100 多个网点,结成了高效的物流网络,具备全国性的综合物流服务能力,为美的提供快准运输、高效仓储、精益配送等物流服务,并提供方案策划、物流咨询、条码管理、库存分析、批次管理、包装加工等增值服务,对美的供应链的整合有着重要意义。

美的通过与上下游合作伙伴的紧密关系及有效的供应链管理,实现了资源整合利用,降低了企业物流运作成本,增强了企业的市场竞争力,这将为企业进一步实现进入世界五百强奠定坚实基础。

资料来源:智库资讯。第三条道路:美的的成功与挑战 http://news.mbalib.com/story/611

思考题:

1. 美的集团为什么要改善物流?
2. 你对美的集团的物流还有什么建议?

从历史发展来看,人类历史上曾经有过两个大量提供利润的领域。第一个是资源领域,主要表现在农业生产和以农副产品加工为主的工业生产过程中。这个领域习惯称为"第一利润源泉"。第二个是工业生产领域。在企业生产经营过程中,从所得收入中扣除全部支出就是企业毛利。当前,上述两个利润源泉几乎被人们挖掘殆尽,一般工商企业的利润率普遍大幅度下降时,这就要求人们运用创新思维,把寻找利润的目光从生产领域扩展到流通领域,以提高对用户的服务水平为主线,从战略上系统考虑供应商、生产商、送货商围绕货物实体的联盟互动管理,从而实现多家企业共赢的目的。

因此本章将着重讲述"创新思维与物流服务创业"与"现代企业物流管理创新"这两个主要问题。

9.1 创新思维与物流服务创业

今天,高效的现代物流产业本身是信息技术创新与创新思维的结果,其能够为创业者们提供支持或者进行物流服务供需信息的交互或交换平台。通过建设与应用物流信息平台，新创企业可以几乎免费地将自身信息、商品信息等展现给消费者，消费者通过线上筛选服务，线下比较、体验后有选择地消费，在线下进行支付，从而形成物流O2O模式。当这一进程跨越国境后，创新型的跨境电子商务就形成了。

因此，本节我们将首先讨论新时代条件下物流服务领域创业的技术基础问题，物流信息平台；随后介绍基于该信息平台的O2O企业经营模式；最后阐述当前最火热的跨境电商创业现象。

9.1.1 物流信息平台

一般认为，凡是能够支持或者进行物流服务供需信息的交互或交换的网站，均可视为物流信息平台。这是信息技术创新思维的物化结果。比如一个物流公司为方便公司与其用户的联系而设计了一个信息交换系统，使得用户和公司可以保持便捷的联系，那么这个系统就具备了物流信息平台的性质。一个专业的物流信息服务网站就是一个典型的物流信息平台，比如亿顺物流网、发啦网、中国物通网、物流全搜索等。

1. 物流信息平台的分类

根据不同的分类标准，物流信息平台有不同的分类办法。

以服务区域而言，可以分为地方性的物流信息平台和全国性的物流信息平台，比如：长江物流网、宁波物流信息网很明显属于地方性的物流信息平台，发啦网、中国物通网的用户遍布全国各地，是当前知名的全国性物流信息平台。

以网站运营方的性质分，可以分为主体自身运营的物流信息平台和第三方物流信息平台，其中主体自身运营的物流信息平台往往以提高主体的工作效率为目标，而第三方物流信息平台则专业为物流供需方提供信息服务，其运营方一般不涉及物流服务的具体运作。

2. 物流信息平台的意义和作用

高质量的物流信息平台还意味着物流服务需求方可以享受到更快速、更便宜的物流服务，提高其工作效率或者生活品质。在我国物流行业发展相对滞后的情况下，发展物流公共信息平台尤其是第三方物流公共信息平台将具有重大的意义。

物流信息在物流活动中具有十分重要的作用，通过物流信息平台对物流信息的收集、传递、存储、处理、输出等，成为决策依据，对整个物流活动起指挥、协调、支持和保障作用，其主要作用为：

沟通联系的作用：物流系统是由许多个行业、部门以及众多企业群体构成的大系统，系统内部正是通过各种指令、计划、文件、数据、报表、凭证、广告、商情等物流信息，建立起各种联系，沟通生产厂、批发商、零售商、物流服务商和消费者，满足各方的需要。因此，物流信息是沟通物流活动各环节的桥梁。

引导和协调的作用：物流信息随着货物流、资金流、凭证流及物流当事人的姓名等信息载体进入物流供应链中，同时信息的反馈也随着信息载体反馈给供应链上的各个环节，依靠物流信息及其反馈可以引导供应链结构的变动和物流布局的优化；协调物资结构，使供需之间平衡；协调人、财、物等物流资源的配置，促进物流资源的整合和合理利用。

管理控制的作用：通过移动通信、计算机信息网、电子数据交换（EDI）、全球定位系统（GPS）、短信平台（GMS）、物流一卡通等技术实现物流活动的电子化，如货物实时跟踪、车辆实时跟踪、库存自动报警、代收款实时查询等，用信息化代替传统的手工作业，实现物流运行、服务质量和成本等的管理控制。

缩短物流流程的作用：为了应付需求波动，在物流供应链的不同节点上通常设置有库存，包括中间库存和最终库存，如部件、制成品的库存等，这些库存增加了供应链的长度，提高了供应链成本。但是，如果能够实时地掌握供应链上不同节点的信息，如知道在供应管道中，什么时候、什么地方、多少数量的货物可以到达目的地，那么就可以发现供应链上的过多库存并进行缩减，从而缩短物流链，提高物流服务水平。

辅助决策分析的作用：物流信息是制定决策方案的重要基础和关键一局，物流管理决策过程的本身就是对物流信息进行深加工的过程，是对物流活动的发展变化规律性认识的过程。物流信息可以协助物流管理者鉴别、评估经比较物流战略和策略后的可选方案，如车辆调度、库存管理、设施选址、流程设计以及成本—收益分析等均是在物流信息的帮助下才能做出的科学决策。

价值增值的作用：物流信息本身是有价值的，而在物流领域中，流通信息在实现其使用价值的同时，其自身的价值又呈现增长的趋势，即物流信息本身具有增值特征。另外，物流信息是影响物流的重要因素，它把物流的各个要素以及有关因素有机地组合并联结起来，以形成现实的生产力和创造出更高的社会生产力。物流信息对提高经济效益也起着非常重要的作用。

3. 物流信息平台间的内在联系

"公用"与"共用"物流信息平台的众多不同之处，并不意味着它们之间是没有关系的。不同的物流信息平台之间有着必然的内在联系。

为了明确叙述"公用"与"共用"物流信息平台的内在关系，我们引入"专用"的概念。"公用"包含有通用的意思，与它相对应的是专用；"共用"同时包含有通用和专用二重意思，是小范围的通用和相对大的范围的专用；用 O、S、P 分别表示"专用""共用"和"公用"，则有：$O \leq S \leq P$。另外，它们之间也存在一定的相互转换关系，尤其是在不考虑所有权问题时，"共用"和"公用"的概念在一定程度上是近似的。那么，此时可以考虑用"公共"来表示。

根据物流企业不同的内在特点，为自身所用而构建的信息系统，属于专用平台；部分企业为了实现相互之间服务、需求信息有效范围内共享而投资建设的信息平台，称之为共用信息平台；具有跨行业、跨地域、多学科交叉、技术密集、多方参与、系统扩展性强、开放性好等特点，实现全社会资源共享构建的平台是公用信息平台。随着信息化程度的进一步提高，物流企业可以依托公共物流信息平台，利用庞大的资料库以及开放功能，实现企业资源的最优化整合。

通过对"公用"和"公共"物流信息平台的讨论，以及物流业在我国目前的发展状况，不难发现，规划和投资区域性公用物流信息平台，如县市级、省级甚至全国级的物流公用信息平台，无疑是现阶段较为合适的，也是迫切的选择，它既可以实现信息资源的相对优化整合，也可以通过政府的宏观调控，使得制造、物流运输和商业企业以及交通、港口、海关、银行等各行各业不同的主体实现协同工作。

案例

物流全搜索

物流全搜索是在《物流业调整和振兴规划》颁布后物流行业蓬勃发展的大趋势下，依托物流行业强大资源成长起来的物流行业搜索查询平台。该平台以专业、全面、简易、自助为平台标准，旨在打造成全球最大的中文物流搜索查询平台。平台以"行业搜索＋垂直门户"相结合的理念，坚持以成效第一、服务第一的客户服务理念，着力解决物流供需信息不对称难题。

物流全搜索提供全面的物流新闻资讯、及时的货源车源信息，以及物流设施设备、物流人才供需、物流软件、物流法规、物流黄页、物流百科知识、物流实用工具等多样化服务，并结合物流论坛、物流博客，增强平台的交互性，从而形成强大的受众群体，满足物流信息交流和物流产品服务供需对接。

物流全搜索始终致力于全球最大的中文物流搜索平台建设，树立全球中文物流搜索第一品牌，平台提供全新的搜索体验，只需简单的选择或输入简单关键词就可精准地在指定的分类中搜索到你需要的信息，使用极其方便。

物流全搜索平台以功能强、内容全为亮点，平台内容涉及物流行业的方方面面，其丰富的内容和强大的功能能够满足物流行业及周边人员，实现物流及相关资料查询，将带来物流行业网络信息的聚集，实现一站满足所有物流人需求，引领中国物流企业迈进全新的互联网高速信息时代。

9.1.2 物流 O2O

O2O 即 Online To Offline，商家通过免费开网店将商家信息、商品信息等展现给消费者，消费者通过线上筛选服务，线下比较、体验后有选择地消费，在线下进行支付。O2O 物流模式需具备四大要素：独立网上商城、国家级权威行业可信网站认证、在线网络广告营销推广、全面社交媒体与客户在线互动。

1. 模式特点

O2O 的核心是在线预付，优势在于把网上和网下的优势完美结合。通过网购导购机，把互联网与地面店完美对接，实现互联网落地。让消费者在享受线上优惠价格的同时，又可享受线下贴身的服务。同时，O2O 模式还可实现不同商家的联盟。

O2O 模式充分利用了互联网跨地域、无边界、海量信息、海量用户的优势，同时充分挖掘线下资源，进而促成线上用户与线下商品与服务的交易，团购就是 O2O 的典型代表。

O2O 模式可以对商家的营销效果进行直观的统计和追踪评估，规避了传统营销模式的推广效果不可预测性，O2O 将线上订单和线下消费结合，所有的消费行为均可以准确统计，进而吸引更多的商家进来，为消费者提供更多优质的产品和服务。

O2O 在服务业中具有优势，价格便宜，购买方便，且折扣信息等能及时获知。将拓宽电子商务的发展方向，由规模化走向多元化。

2. 物流行业面临的 O2O 机会

（1）公路物流领域存在巨大的 O2O 平台

中国有 3 000 万卡车司机，大部分司机每天处于移动状态，据调查目前这些卡车司机的智能手机普及率已达 80%。消费上，每辆卡车的司机一个月消费上万元，包括找业务、吃、住、行、车辆维护等（燃油、罚款另算），一小撮司机已经形成自己固有的小圈子，但整个卡车司机的基于移动互联的平台尚未形成。如果能够依托目前全国的公路港为基础、物流园区为载体，打造一个司机的移动互联的 O2O 平台，为司机提供一体化的综合服务，这将是一个不错的 O2O 平台。

商业价值：3 000 万卡车司机 ×1 万元/月

前提：谁手上能整合这样的司机资源，能够具备协同公路港、物流园区商业化的能力？目前仅有几家公司拥有绝佳的机会。

（2）快递业存在的 O2O 精准营销和服务平台

中国国有和民营快递＋落地配一线人员将近 100 万人，他们渗透到每家每户，是实现线上线下 O2O 营销的重要资源，具备重要的大数据挖掘价值。2013 年"双 11"淘宝＋天猫产生 1.52 亿包裹，这些包裹可以看出这个平台 O2O 营销的商业价值。未来的营销是基于大数据挖掘的精准营销，电商能够接触到客户的就是最后一公里的物流服务的角色，在大数据驱动下快递员投递过程中顺道如果能帮助线上品牌实现精准营销（比如就是一个二维码营销），这将是一个不错的商机。

商业价值预估有 80 亿包裹，每个包裹上获得 0.5 元的营销费用，这将是 40 亿的市场；但前提是谁能抓住和控制住这些快递，谁能控制这些包裹的源头，当然有可能的是马云的"菜鸟"，这就是物流业末端潜伏的商业价值宝库。

（3）最后一公里物流服务站点 O2O 商业平台

目前一种新的商业模式正在兴起，这是从物流服务衍生出来的 O2O 商业平台。比如京东与唐久便利点的 O2O 融合、北京最近兴起的地铁提货服务、最后一公里的生活半径平台、阿里巴巴推动的猫屋等平台，这都是从最后一公里物流角度衍生出来的 O2O 商业平台。这个平台完全可以实现商品虚拟展示、移动互联下单的购物体验。商业价值暂时无法估量，但这是物流发展的趋势所向。

案例

京东–唐久 O2O 模式

京东从 2013 年 11 月开始尝试涉足 O2O 业务，与太原连锁品牌"唐久便利连锁店"进行线下合作。如今，京东高调宣布联合 11 000 多家店面对 O2O 进行深度涉足，标志着京东 O2O 试水工作结束，模式基本成型。其合作模式主要基于"物流配送"，即唐久便利店在京东开设了售卖专区，用户在下单后后台系统会自动匹配与用户所填地址最近的便利店进行送货，项目曝光不久，京东又宣布在此基础上推出 2 小时送达服务，显然该项目合作的核心主要有两点：其一，解决了京东最后 100 米物流问题。其二，大大节省了终端仓储的成本并提高了送货速度。

京东目前的 O2O 优势有三点：其一，京东相对于线下商家的影响力更广，用户量大；其二，京东的物流体系较为完善，并有大仓储的优势；其三，技术优势毋庸置疑。那么，京东在这件事中发挥的作用就很明显了"我来搭台你唱戏"，在联合了多家 ERP 供应商后，京东同时开放了其会员、供应链、采购等体系让线下商家接入。而这套体系显然将深入线下商家从商品到配送的各个环节，"捆绑"商家意义非常明显，后来者再想进入就难了。

而值得注意的是，在后台整合了各家资源后，京东未来还将发布一款 LBS 产品，在看过截图后可以发现，这一产品很像地图 App，正如高德地图中会显示阿里商家一样，未来这款产品也将显示你周围的"京东线下店"，让物流配送清晰化。

"最后 100 米"是物流行业中的一个"典型问题"，尤其是与食品相关的生鲜电商。目前来看，线下 1 万多家店面的最大意义就在于此，小区周围的一家便利店可以辐射整个小区甚至几个小区，在被京东改造后未来的线下便利店不仅仅是线下售卖终端，而是线下物流终端，店员们很可能每天 80% 的工作是配送，而非默默地站在货架后等着你来。

纵使巨头线上渠道再牛，没有接地气的发力所谓 O2O 战略绝对是白瞎。事实上，京东的 O2O 是电商行业的一个衍生品，它与腾讯"指引性消费"不同，京东的 O2O 是切实存在于你身边的，并进一步将电商行业延伸。而对于其他巨头来讲，线上指引消费者去店面消费或许是唯一的 O2O 渠道。

发力线上对于传统商家来说一直是个可遇不可求的问题，京东巧妙地抓住了这一点对商家进行了一番忽悠。我给你提供线上支持，你帮我线下投递，一举两得。这些商家也在一夜间拥有了自己的线上渠道。而万家商铺在京东上创造的数据价值或许将是京东与线下商家一笔共同的财富。

总之，京东的 O2O 服务目前来看，有如下意义。

1. 京东再次强化了自己的物流优势，将大仓储优势延续至终端。
2. 建立了以京东为中心的线下管道，其他巨头若想涉足颇难。
3. 联合线下商家变相扩充自身品类，且未占用自身的物流仓储。

9.1.3 跨境电商物流

跨境电商，又称为跨境贸易电子商务，是指不同国别或地区间的交易双方通过互联网及其相关信息平台实现交易，线下开展物流进出口业务操作的电子商务应用模式。跨境电商是一种全新的创业模式。跨境电商的交易主体分属不同国境，交易平台是互联网络，需要通过跨境物流实现货品的运输，是一种国际商业活动形式，物流是实现这一商业模式的核心环节。

1. 跨境电商物流配送方式

2013 年是中国跨境电商元年，此前的跨境电商多采用"海淘＋代购"模式。伴随京东、阿里巴巴等诸多电商巨头紧锣密鼓地布局海外市场，预示着中国跨境电商市场逐步成型。

当前，我国消费者海淘主要通过跨境进口电商平台、个人卖家代购以及海外电商平台三种模式，主要有海外直邮、保税进口、海外拼邮三种配送方式。

第一，针对平台型跨境电商平台，一般采用海外直邮模式，该模式在海外发货通过一次性快递配送到位，一般附有商品的采购途径，商品相对靠谱；

第二，针对平台型跨境电商，采用保税进口模式，该模式商品提前备货至国内保税仓，配送速度快，但或存在掺假概率；

第三，针对个人卖家和海外电商平台，一般采用海外拼邮模式，多位不同买家商品在海外使用同一包裹发货，到境内后再分拆包裹发货，该模式运费低，但物流时间长，商品经过分拆可能面临商品被调包、破损等问题，安全性最差。

2. 中国跨境电商的特征

第一，多边化：跨境电商促使贸易中的物流、商流、资金流、信息流从传统的双边线状演变成多边网状，即通过 A 国的交易平台、B 国的支付平台、C 国的物流平台实现其他国家间的直接贸易。

第二，直接化：跨境电商通过电子商务交易和服务平台，实现多国企业之间、企业与消费者之间的直接交易。

第三，小批量：跨境电商多是单个企业间或单个企业与单个消费者间的交易，大多是小批量或者单件交易。

第四，高频次：由于是单体直接交易，会即时按需采购、销售或消费，交易的次数和频率就比较高。

不仅如此，跨境电商还具有其他一些显著特点，如：订单周期短、地域分布广、货品种类杂、单票金额少等。

3. 中国跨境电商的物流困境

（1）物流成本高

物流成本一般为总成本的30%～40%，但是中国跨境电商的物流成本则更高。由于涉及跨境贸易和跨境物流，物流的产业链和环节更长，包括国内物流、国内海关、国际运输、国外海关、国外物流等多个环节，尤其是海关和商检，操作难度和风险更高，无形中增加了中国跨境电商的物流成本。

（2）运输及配送周期长

根据 Focal Price 的客户满意度调查，发现客户对跨境电商最大的抱怨集中在物流方面，而物流周期长又是客户抱怨的重点。跨境贸易自身的特点使得物流的产业链和环节更长，加上清关和商检的周期，导致中国跨境电商物流周期要远远长于国内电商物流。在跨境物流上，运输与配送时间问题突出，短则半个月一个月，长则数个月，遇到购物旺季，如圣诞节，物流时间会更久。许多电商止步于物流配送，加上清关和商检的时间，跨境物流的周期则更久，这已成为制约中国跨境电商发展的一道屏障。

（3）政治、文化、法律、海关等风险

依据波特的 PEST 模型，政治环境和社会环境的影响颇深。跨境电商涉及跨国交易，无法回避当地的政治、知识产权、区域习惯、政策变化等因素。乌克兰政变、越南政局动荡、巴西高赋税高福利、伊斯兰国家宗教信仰、东南亚排外政策和地方保护主义等诸多因素，对中国跨境电商物流都会产生较深的影响。

（4）汇率风险

跨境贸易涉及汇率兑换的问题。当一国货币贬值或升值时，税率就会发生变化，从而间接导致跨境电商利润的缩减。以卢布为例，自2013年起，卢布对美元和人民币的汇率下降，货币持续贬值。中国跨境电商在网上交易时用卢布结算，回款却是人民币，因为卢布的持续贬值，导致从事对俄业务的中国跨境电商利润下滑。

（5）退换货物流难以实现

中国跨境电商物流环节多、涉及面广，整个物流链条的各节点都会产生退换货物流，退换货也是困扰跨境电商的一大难题。电子商务的自身特点导致退换货比例高，物流周期长、货品质量问题、货品的丢失、海关和商检的风险、配送地址的错误等一系列问题，都导致了退换货物流的产生。尤其在欧美发达国家，当地"无理由退货"的消费习惯和文化，使得中国跨境电商的退换货率呈现持续增长趋势。由于涉及跨境通关和物流，退换货很难有一个顺畅的通道返回国内，各种相关成本的增加，甚至出现由退换货导致的费用严重超出货品价值的情况，这是中国跨境电商无法接受的，从而出现难以实现退换货的现象。

4. 中国跨境电商的物流对策建议

（1）海外仓可以大幅降低物流成本。在现代物流中，仓库是连接买卖双方的一个关键节点。通过设立海外仓，中国跨境电商将该节点放在海外，不仅能降低物流成本，还利于海外市场的开拓。根据市场业务量，中国跨境电商可以将货品批量运输到海外仓中。由于跨境电商具有小批量、多批次等特点，通过批量运输，可以降低运输、清关、商检等频次，大幅度降低以上环节中的成本，批量规模化也有效降低物流各环节中的风险，进而实现大幅度降低跨境电商物流成本的目的。有研究显示海外仓大约能降低60%的跨境电商物流成本。

（2）海外仓利于缩短运输及配送周期。海外仓可以为中国跨境电商提供仓储、分拣、包装、配送等一站式服务。通过批量运输，大大缩短货品的整体物流时间。海外仓还可以满足买家所在地本土发货，从而缩短了订单反应周期。当买家下单时，中国跨境电商能够在第一时间做出快速反应，及时通知海外仓进行货品的分拣和包装，提升了物流响应时间。此外，通过结合海外仓所在地的物流特点，实现货品准确、及时地配送，进而缩短了配送周期。

（3）海外仓能够规避汇率、政治、文化等风险。通过海外仓，中国跨境电商可以实现本地化运作，利于打破本地保护壁垒。通过海外仓预存货品，在较大程度上可以降低诸如乌克兰政治危机所带来的政治风险。本地仓库进行配送，易受到买家信任，降低当地消费习惯和文化所带来的风险。通过所建立的海外仓，中国跨境电商将收到的货币尽可能留在账户上，短期内不去结汇，而将货币用于支付海外仓产生的租赁或运营费用，如此操作，可以弥补因汇率变化带来的不利影响。

（4）海外仓可以实现退换货。海外仓能够实现本地退换货。当客户需要进行退换货时，货品可以回流到当地的海外仓，进而规避掉货品返回国内的跨境通关和物流，不仅使退换货成为可能，也可以避免二次跨境通关和商检、二次长途运输，节省掉很多的时间与成本。从海外仓进行配送和发货，可以降低物流时间，提高配送的准确率，降低货品在运输过程中的破损率等，从根本上降低退换货发生的概率。

案例

洋 码 头

洋码头，成立于2009年，是中国海外购物平台，满足了中国消费者不出国门就能购买到全球商品的需求。"洋码头"移动端App拥有首创的"扫货直播"频道；而另一特色频道"聚洋货"，则汇集全球各地知名品牌供应商，提供团购项目，认证商家一站式购物，保证海外商品现货库存，全球物流护航直邮。

为保证海外商品能安全、快速地运送到中国消费者手上，洋码头自建立以来就打造跨境物流体系——贝海国际。目前洋码头全球化布局已经完成，在海外建成十大国际物流仓储中心（纽约、旧金山、洛杉矶、芝加哥、墨尔本、法兰克福、东京、伦敦、悉尼、巴黎),并且与多家国际航空公司合作实施国际航班包机运输,每周40多驾全球班次航线入境,大大缩短了国内用户收到国际包裹的时间。

洋码头通过整合优化低效率运作的国际物流资源和全球零售供应链来促进在线零售的全球化进程,改造中间环节多,库存过高,市场门槛高的传统代理制跨国零售模式。

1. "扫货直播"频道体验真实的海外现场血拼

洋码头首创的海外卖场扫货场景式购物模式,自2013年12月正式上线至今,"扫货直播"频道已聚集了数万名海外认证买手,他们分布于美国、欧洲、澳洲、日韩等全球20多个国家和地区,现场直播血拼,体验同步折扣,洋码头跨过所有中间环节,降低了中国市场的进入门槛,让消费者体验真实的海外现场血拼。

从模式上看,"扫货直播"频道主要有两大特点。

(1)买手制:"扫货直播"频道的买手遍布全球,实时直播全球线下卖场、Outlets、百货公司等扫货现场实况。它是一种同步的海外购物C2C模式,买手实时发布商品和直播信息,消费者如有兴趣可直接付定金购买。

(2)限时特卖:由于"扫货直播"频道做的是海外特卖现场直播,所以特卖时间与海外基本同步。限时模式除了制造稀缺感外,一定程度上也将用户代入了现场体验。

2. "聚洋货"频道品质洋货一站团

"聚洋货"频道引入经过严格认证的海外零售商直接对接国内消费者,精选全球品牌特卖,品类涵盖服装鞋包、美妆护肤、母婴保健、食品居家等。

跨境进口B2C的供应链体系,大幅度降低了海外众多零售商、品牌商的进入门槛,让国内消费者可以收获海外精品。洋码头还自建有国际物流服务平台,海外部署三大分拨物流中心,保证以其低成本的国际订单配送服务,快速、合法的帮助海外零售商和国内消费者完成交易和购物,同时专门设立国内退货服务中心,方便退货。让国内消费者体海外直邮,一站式购物,同步全球品质生活;不仅如此,"聚洋货"频道还拥有海外库存保证。

3. "社区"频道全方位购物社交

"洋码头"APP的"社区"频道,会定期推出专题,传递最IN的流行时尚资讯;更有来自全球各地爱秀爱美的用户,实时晒出扫货战利品,分享其购物心情和攻略。在这里,用户可以即时刷新海外的"新奇特",找到志同道合的朋友,享受海外购物的乐趣。

同时,在社区中也活跃着一批达人,达人们定期分享自己在穿衣搭配、美妆护肤等方面心得,并推荐相关海外商品;如果有更多疑问,用户还可以通过评论与达人互动。分享与互动,不仅激起大家对海外商品的兴趣,也增进了用户对洋码头的黏着度。

9.2 创新思维与现代企业物流管理创新

随着经济全球化步伐的加快,全球商品贸易规模逐渐不断扩大,物资空间移动的深度和广度也随之扩展,因而对于物流的快速反应能力、物流信息化、物流活动的效率都提出了更高的要求。同时,物流需求高度化、个性化、多元化,要求物流服务企业必须不断改进和优化企业的经营模式,提升物流服务,有针对性地开发新型物流服务,以适应物流市场的变化,提高企业的竞争力。

企业如何保持核心竞争力?为何有的企业昙花一现,有的中途陨落,有的历经坎坷仍生生不息?纵观中外名企,现代化物流管理的创新极其重要,尤其是供应链管理对原材料供应商、工业企业、商业企业、零售业等组成的物流供应链在物流信息、资源配置、物流流程、成本控制等方面进行控制、创新和调整。

9.2.1 现代企业物流管理创新的背景

据相关机构统计,近年来,我国每年新增物流企业以超10%的速度增长,目前全国已有82万家物流企业或者物流相关企业和机构,但从网络、管理、功能、业绩、服务等方面综合评价,具有现代物流竞争力的企业却少之又少,规模以上的物流企业更是凤毛麟角。物流管理是指在生产过程中,根据物质资料实体流动的规律,应用管理的科学方法和基本原理,对物流活动进行指挥、计划、组织、协调、监控,使各项物流活动实现最佳配置,从而达到提高物流效率和经济效益,降低物流成本的最终目的。

尽可能低的总成本下最大程度实现客户要求,服务水平是实施物流管理的目的所在,即寻求成本优势和服务优势的一种动态平衡,并由此提升企业的战略优势。按照这个目标,物流管理需要面对的根本问题,就是把适当的产品以适当的数量和适当的价格在适当的地点和适当的时间提供给客户。

降低物流成本,优化企业内部物流管理已成为目前很多国内物流企业最为强烈的变革方向。面对激烈竞争、高深莫测的市场环境以及顾客需求个性化和多元化、消费层次不断提高的市场需求,传统企业看似完整但缺乏系统的生产、采购、销售模式,已没有办法适应需求,加强企业物流管理水平,缩短产品开发到流通的周期,降低从供应商到制造商再到终端用户的全过程的供应链管理系统成本,已成为提高企业在国内、外市场上的生存和竞争能力的主要手段。

9.2.2 现代企业物流管理的特征

随着时代的进步和发展,企业物流的概念也不断地发展和完善,不仅物流活动的功能范围不断扩大,物流的内涵也越来越丰富深入,并呈现出新的表现特征。

第一,现代物流是系统整合的协作物流。从企业内部来讲,它是对信息、运输、物料供应、搬运、存货管理、包装、仓储、实物配送等分散的物流作业流程的综合协调整合;从供应链战略管理的角度出发,现代物流管理指挥着跨企业组织的物流作业,实现供应链的协调。企业物流不仅要考虑自己的客户,而且要考虑自己的供应商;不仅要考虑到客户的客户,而且要考虑到供应商的供应商;不仅要致力于降低某物流作业的成本,更重要的是要致力于降低整个供应链运作的总成本。

第二，现代物流是物流策略的选择。在物流中，尽管就成本而言，它是非常重要的，但现代物流的重要性，不仅仅是节约成本，最重要的是要平衡成本与企业长期效益、客户服务水平的关系，并且在于企业如何选择物流策略来获取竞争优势。

第三，现代物流是客户服务物流，客户服务是物流创新的原动力。当今的经营管理理念的核心已从产品制造转向市场营销和客户服务，与此相适应，企业的物流动作在产品生产组织的基础上也同时向企业生产过程的上下游延伸，特别是增加了产品的售中和售后服务等一系列活动，现代物流将更多地以企业的客户服务为价值取向，强调物流动作客户导向性，成为客户驱动物流。

9.2.3 现代物流管理创新的意义

中国成为世界工厂和中国国内市场的不断发展密切相关，企业的成本优势或价值优势将是企业生存和成长必需取得的目标。企业的竞争优势可以通过管理创新、技术创新、市场创新等手段来获取。沿着价值优势的轴线，物流管理创新能够缩短提前期，增加可靠性，快速反应能力，提供个性化服务。

第一，现代物流管理创新的中心在于对现有企业的核心业务流程的创新。自工业化以来，企业的核心业务流程被不同的部门和人员分割成一个个孤立的步骤。这些分割了的业务流程，差错多、步骤多、周期长、反应慢，这些都是竞争力的杀手。创新就是要缩短周期、减少步骤、加快速度。伴随步骤减少，产品的积压和库存也就相应减少了，从而得到了更高生产效率。现代物流管理注重的是整个物流系统总成本的合理控制和整个供应链物流的管理。要提升整个企业的竞争力，企业的重点不能仅仅放在技术创新和生产线的优化上。向生产要利润、要成本降低的空间有限，我们要着手物流管理，提高物流效率，创造企业的成本优势，提高企业利润，增加企业市场份额。

第二，现代物流管理可以优化供应链的价值创造过程，提高企业核心竞争力。竞争优势来源于企业能比其他竞争企业创造出更高的价值，这种价值是通过成本高低差异来显现的。对于顾客来说，价值可以是独一无二的服务，也可以是低价格。价值优势就是与竞争对手的价值差异化能力。一个物流管理技术娴熟的企业，如果在存货的可得性、递送的及时性和交付的一贯性等方面领先于同行业的平均水平，就能成为有吸引力的供应商和理想的业务伙伴。一个拥有卓越物流能力的企业，可以通过向顾客提供优质服务获得竞争优势。

高效的物流管理水平决定了企业的利润水平，也同时决定了企业的核心竞争力。随着信息技术的发展以及互联网的广泛应用，一直扮演辅助角色的物流管理在构建企业核心竞争力中起着越来越重要的作用。

9.2.4 提高企业物流管理效率的途径

第一，建立物流信息系统，提供物流管理平台。现代化的管理主要体现在物流信息化的开发与应用上。物流管理信息化必备条件主要有三点：① 一套完整的物流信息管理系统，为物流运作提供电子化管理；② 一个能快速、方便、安全、可靠地交换数据的电子数据交换平台；③ 为用户提供个性化的物流信息服务。为此，企业应加大投入，建立计算机支持的物流信息系统。

第二，建立行业物流服务模式。行业物流服务模式是通过运用现代技术手段和专业化的经营管理方式，在拥有丰富目标行业经验和对客户需求深度理解的基础上，在某一行业领域内，提供全程或部分专业化物流服务的模式。这种经营模式主要特点是将物流服务的对象分为几个特定的行业领域，然后对这个行业进行深入细致的研究，掌握该行业的物流运作特性，提供具有特色的专业服务。行业物流服务模式集企业的经营理念、业务、管理、人才、资金等各方面优势于一体，是企业核心竞争力和竞争优势的集中体现。

第三，不断改进物流过程，增加新的服务内容。首先，实现库存合理化。库存水平在很大程度上影响着物流成本的高低。企业应在保证供应的前提下，尽量降低库存水平，争取达到"零库存"。如果缺乏优化控制，运输路线过长，运输批量过小或采用运输代价过高的运输方案，就会造成运输成本的直线上升。因此，应制定合理的运输批量，选择经济的运输路线和运输方案，以节约运输成本。再次，增加物流服务的内容，让顾客"参与"物流。最后，建立科学、合理、优化的配送网络和配送中心，产品能否通过供应链快速地到达目的地，这取决于物流配送网络的健全程度。

第四，实行企业物流服务整体外包。当前，企业应打破自办物流传统观念的束缚，树立第三方物流理念，积极寻求与第三方物流的合作。其优势在于从库存方面看，使用"第三仓库"可以一方面节省资金投入，减小企业财务方面的压力；另一方面也减少了企业的投资风险。

第五，设立专门的物流管理部门，进一步完善企业物流体制。企业内部属于物流业务的主要内容有：① 采购，采购谈判、采购方式、供应商管理等；② 库存管理，库存数量的决策，库存物品保管；③ 仓储设施，仓库数量与地点的决策，仓库的类型与设备的选择；④ 物料处理，物料的分装与拣选，包装材料选择与包装设计等；⑤ 信息管理，与物流有关有的信息管理；⑥ 运输，运输方式的决策、时间安排、路线的选择等，包括采购运输与销售运输；⑦ 供应计划，根据生产需求制订原材料。这些业务大多数早已存在，只是分属于各个职能管理部门，如采购部门，运输部门，流程控制部门，物资供应部门，市场营销部门等，现在需要重组这些业务部门，统一归物流部门实行全盘化管理。在重组大物流中，要求企业对从原材料进厂，中间存储过程，到最终产品出厂交给用户的物流全过程，统一实施计划、组织、管理和控制，形成企业内部物流一体化。

从国外优秀企业经验看，获利与物流管理已成常态，但国内现代物流业发展起步晚，基础差，技术和观念都有待提高，物流管理能否给国内企业带来丰厚回报，这需要行业的共同努力。随着中、西部大开发的影响，电子商务的发展，企业应抓住机遇，调整市场定位，找准市场位置，从国外引进先进物流技术，开发适合中国本土市场需求的产品，提高企业的综合竞争力与提高整个企业物流管理的整体水平。在不远的将来，企业物流管理必将成为真正的"第三利润源泉"。

9.2.5 物联网新思维

物联网是新一代信息技术的重要组成部分,也是"信息化"时代的重要发展阶段。其英文名称是 Internet of Things (IoT)。顾名思义,物联网就是物物相连的互联网。

1. 物联网的内涵

物联网有两层内涵:其一,物联网的核心和基础仍然是互联网,是在互联网基础上延伸和扩展的网络;其二,其用户端延伸和扩展到了任何物品与物品之间,进行信息交换和通信,也就是物物相息。物联网通过智能感知、识别技术与普适计算等通信感知技术,广泛应用于网络的融合中,也因此被称为继计算机、互联网之后世界信息产业发展的第三次浪潮。物联网是互联网的应用拓展,与其说物联网是网络,不如说物联网是业务和应用。因此,应用创新是物联网发展的核心,以用户体验为核心的创新是物联网发展的灵魂。

最初在 1999 年提出,即通过射频识别(RFID)(RFID+ 互联网)、红外感应器、全球定位系统、激光扫描器、气体感应器等信息传感设备,按约定的协议,把任何物品与互联网连接起来,进行信息交换和通讯,以实现智能化识别、定位、跟踪、监控和管理的一种网络。简而言之,物联网就是"物物相连的互联网"。

而在其著名的科技融合体模型中,提出了物联网是当下最接近该模型顶端的科技概念和应用。物联网是一个基于互联网、传统电信网等信息承载体,让所有能够被独立寻址的普通物理对象实现互联互通的网络。其具有:智能、先进、互联的三个重要特征。

国际电信联盟(ITU)发布的 ITU 互联网报告,对物联网做了如下定义:通过二维码识读设备、射频识别(RFID)装置、红外感应器、全球定位系统和激光扫描器等信息传感设备,按约定的协议,把任何物品与互联网相连接,进行信息交换和通信,以实现智能化识别、定位、跟踪、监控和管理的一种网络。

根据国际电信联盟(ITU)的定义,物联网主要解决物品与物品(Thing to Thing, T2T),人与物品(Human to Thing,H2T),人与人(Human to Human,H2H)之间的互联。但是与传统互联网不同的是,H2T 是指人利用通用装置与物品之间的连接,从而使得物品连接更加的简化,而 H2H 是指人之间不依赖于 PC 而进行的互连。因为互联网并没有考虑到对于任何物品连接的问题,故我们使用物联网来解决这个传统意义上的问题。物联网顾名思义就是连接物品的网络,许多学者讨论物联网时,经常会引入一个 M2M 的概念,可以解释成为人到人(Man to Man)、人到机器(Man to Machine)、机器到机器从本质上而言,在人与机器、机器与机器的交互,大部分是为了实现人与人之间的信息交互。

物联网是指通过各种信息传感设备,实时采集任何需要监控、连接、互动的物体或过程等各种需要的信息,与互联网结合形成的一个巨大网络。其目的是实现物与物、物与人,所有的物品与网络的连接,方便识别、管理和控制。其在 2011 年的产业规模超过 2 600 亿元人民币。构成物联网产业五个层级的支撑层、感知层、传输层、平台层,以及应用层分别占物联网产业规模的 2.7%、22.0%、33.1%、37.5% 和 4.7%。而物联网感知层、传输层参与厂商众多，成为产业中竞争最为激烈的领域。

产业分布上，国内物联网产业已初步形成环渤海、长三角、珠三角，以及中西部地区等四大区域集聚发展的总体产业空间格局。其中，长三角地区产业规模位列四大区域之首。

2. 传媒影响

第一，物联网对于传媒来讲在信息社会的信息基础之下为我们国家的信息传播拓展了新的疆界，物联网代表着人们生活方式的转变。

第二，传媒领域可以为我们国家物联网的发展提供一个很好的支持，这个过程离不开传媒领域的梳理和引导。

第三，物联网和传媒在未来人才需求上可以形成对接的接口，我们必须使信息技术的从业人员同时具有人际传播的素养。

最后一点也是比较重要的一点，我们要看到物联网和传媒在深远方向上的一个融合，传媒代表了大众化和信息化的一种载体，而物联网又使得万事万物进入到信息互联当中。

3. 关键技术

在物联网应用中有三项关键技术

第一，传感器技术：这也是计算机应用中的关键技术。大家都知道，到目前为止绝大部分计算机处理的都是数字信号。自从有计算机以来就需要传感器把模拟信号转换成数字信号计算机才能处理。

第二，RFID 标签：也是一种传感器技术，RFID 技术是融合了无线射频技术和嵌入式技术为一体的综合技术，RFID 在自动识别、物品物流管理有着广阔的应用前景。

第三，嵌入式系统技术：是综合了计算机软硬件、传感器技术、集成电路技术、电子应用技术为一体的复杂技术。经过几十年的演变，以嵌入式系统为特征的智能终端产品随处可见；小到人们身边的 MP3，大到航天航空的卫星系统。嵌入式系统正在改变着人们的生活，推动着工业生产以及国防工业的发展。如果把物联网用人体做一个简单比喻，传感器相当于人的眼睛、鼻子、皮肤等感官，网络就是神经系统用来传递信息，嵌入式系统则是人的大脑，在接收到信息后要进行分类处理。这个例子很形象地描述了传感器、嵌入式系统在物联网中的位置与作用。

4. 应用模式

根据其实质用途可以归结为两种基本应用模式。

对象的智能标签。通过 NFC、二维码、RFID 等技术标识特定的对象，用于区分对象个体，例如在生活中我们使用的各种智能卡，条码标签的基本用途就是用来获得对象的识别信息；此外通过智能标签还可以用于获得对象物品所包含的扩展信息，例如智能卡上的金额余额，二维码中所包含的网址和名称等。

对象的智能控制。物联网基于云计算平台和智能网络，可以依据传感器网络用获取的数据进行决策，改变对象的行为进行控制和反馈。例如根据光线的强弱调整路灯的亮度，根据车辆的流量自动调整红绿灯间隔等。

5. 建设情况

物联网在实际应用上的开展需要各行各业的参与，并且需要国家政府的主导以及相关法规政策上的扶助，物联网的开展具有规模性、广泛参与性、管理性、技术性、物的属性等特征，其中，技术上的问题是物联网最为关键的问题。

物联网技术是一项综合性的技术，是一项系统，国内还没有哪家公司可以全面负责物联网的整个系统规划和建设，理论上的研究已经在各行各业展开，而实际应用还仅局限于行业内部。关于物联网的规划和设计以及研发关键在于 RFID、传感器、嵌入式软件以及传输数据计算等领域的研究。

9.2.6　创新物流管理实例：终端"智能柜"

传统快递行业采用的都是快递上门的方法，优点就是可以实现"商户到顾客，按时按需地送货上门"。但随着天猫，京东，当当，亚马逊等电商的不断发展壮大，以及"双11""双12"促销活动的刺激，"爆仓"这个字眼大家逐渐开始熟悉。

物流行业的最后一公里问题越来越明显，智能物流柜应运而生。目前，包括阿里巴巴的"菜鸟物流柜"和顺丰的"丰巢智能物流柜"都在进行紧张的布局，可见智能物流柜未来的发展前景可期。

1. 智能物流柜的内涵

智能物流柜是一个基于物联网的，能够将物品（快件）进行识别，暂存，监控和管理的设备。与服务器一起构成智能快递投递箱系统。服务器能够对本系统的各个快递投递箱进行统一化管理（如快递投递箱的信息，快件的信息，用户的信息等），并对各种信息进行整合分析处理。快递员将快件送达指定地点后，只需将其存入快递投递箱，系统便自动为用户发送一条短信，包括取件地址和验证码，用户在方便的时间到达该终端前输入验证码或扫描二维码即可取出快件。

智能物流柜，适应了当前物流行业的发展需求，成功完美解决当前物流派送最后一公里的急切问题。相信智能物流柜的出现，会让我们的生活将更和谐更便利快捷。它的特点有：① 给快递员和客户带来更加方便安全的快件管理；② 让客户及时了解快件的实时情况；③ 解决快递公司收件和送件工作量大的问题。

2. 智能物流柜的类型

目前，国内智能快递柜项目已经有百十来家，快递巨头、电商巨头以及独立的第三方快递柜企业阵营划分明显。本节将从以上三大阵营对国内目前的快递柜业务进行分类梳理。

第一类是快递公司建的智能柜,以丰巢和邮政为代表企业。在速递易掀起的快递柜潮之后,国内的快递柜迭起。政府也看到了商机,忙用自家邮政做起了智能包裹柜。相比于邮政,顺丰与四大快递公司合办的丰巢则兴起较晚。不久前,阿里战略入股圆通,布局阿里帝国的物流网。顺丰联合四大快递服务商,唯独没有圆通,从这也可看出阵营已经划分完毕。

优势:快递巨头做智能柜,听起来似乎很占优势。于丰巢而言,顺丰联手四大快递共同创办,这五大物流巨头在国内总共拥有超过 87 000 个服务网点,85 万名一线配送人员,每日递送快件数量占全国总数的 50% 以上。在资源上绝对占有很大的优势。于邮政而言,政府背景雄厚,且较早耕耘物流业,拥有很深的数据资源与一定的市场份额,此外,邮政与 EMS 拥有众多实体网点,并且其投递力量遍布各居民小区。

劣势:丰巢方面,布局较晚,第三方快递柜公司从 2012 年开始就已经崛起,丰巢才刚刚入局三个月,时间上不占优势。邮政方面,各地邮政及 EMS 都有布局智能包裹柜,但分布较零星,未呈规模;各地邮政与不同的企业或机关合作,包裹柜外观各异,功能也略有差异,基本具备取件和发件功能;邮政包裹柜的运营受其母体体制所困,以省级单位展开,因此,难以形成有效的规模网络。

案例

丰 巢

2015 年 6 月 6 日,顺丰、申通、中通、韵达、普洛斯五家物流公司联合公告,共同投资创建深圳市丰巢科技有限公司,研发运营面向所有快递公司、电商物流使用的 24 小时自助开放平台——"丰巢"智能快递柜,以解决快递末端难的问题,这就是丰巢科技的开端与背景。顺丰为其第一大股东。

丰巢快件箱由多个大小不一的柜子组成。在快件箱上标有二维码,并有指导客户投递和收件的相关说明。柜子右侧有一个大型的电子屏幕,内附有四个板块内容,分别是寄件、取件、收派员登陆以及查询工具等功能。未来或将开放手机下单、至柜机点击寄件、扫描支付等六个步骤实现自主寄件。

丰巢科技初期投资 5 亿人民币,计划在未来完成中国 33 个重点城市、过万的网点布局。并与万科物业、中航地产、中海物业等地产物业企业达成合作。同时,目前完成的"丰巢"智能快件柜产品设计已覆盖物流快递、社区服务、广告媒介等领域,并通过移动终端实施自助操作和安全保障。统一标准的设施和营运方式可以迅速复制、众包管理。

第二类是电商企业自建的智能柜,代表性的主要为京东、苏宁易购的自提柜业务。自建物流的模式重不重要?答案是肯定的。对于京东和苏宁易购这样的电商巨头来说,最缺的不是钱,而是布局整个生态。智能柜的投放,无疑是解决末端物流的一种方式,电商巨头要做的不仅是抢占市场份额,还有培养用户习惯,形成黏性。虽然京东的盈利问题一直备受质疑,但就目前的情形看来,京东已经成长为天猫最强劲的竞争对手,且京东背靠腾讯,有钱任性一把也未尝不可。相较于京东,苏宁从传统企业转型做电商,初来乍到,水土不服症状还未消退,也玩起了重模式,不知道能不能 hold 住。

这种方式的优势是电商、物流、智能柜很好地配合,有利于打造行业生态,建筑行业壁垒,形式闭环。有业务量作为后盾,资源广。

劣势是自建物流本身运营成本就高,而快递柜与人工投递比较,自提柜的成本未必会有优势,成本是否能顶住是个问题。同时,自建快递柜,使用范围受限,未来如何盈利也是个难题。

案例

苏宁易购

继京东之后,苏宁易购自提柜也低调上线。据了解,苏宁易购自提柜可存放 3C、日用百货、服装、图书、母婴、小型 OA(办公用品)、食物等多种小件商品。苏宁易购将消费者包裹放置苏宁易购自提柜中之后,通过短信方式告知顾客自提自取。和传统的钥匙式储物箱不同,苏宁易购自提柜是以手机短信验证码为开机方式,并无额外钥匙装置,更加的安全和便捷。另外,该自提柜具有防盗、防晒、防雨淋等特点,且支持用户 24 小时自取商品服务。

京东自提柜

2012 年 8 月 12 日上线,为用户提供 24 小时自助提货服务,并且支持自助刷卡支付。主要的使用流程:客户下单选择自提柜自提(支持货到借记卡刷卡支付),订单到达短信通知,凭短信二维码扫码提货,刷卡支付。

京东自提柜 2013 年开始布局,在北京、沈阳等城市的一些写字楼、社区和地铁附近摆放自提柜。相比较来说,京东自提柜还只是现有电商业务的补充,其只为京东用户提供免运费,消费者不需要支付寄存费,但邮件寄存三天未取者默认为拒收货。根据去年京东公布的数据称,京东目前已有 600 个自提柜网点,今年将增至数千级别,还有其他数量几倍的自提柜,从网点数据来看并不多,而且受于自身性质所限未来规模也不会很大。覆盖面较广,目前已覆盖包括北上广在内的 25 个城市。

第三类就是第三方快递柜运营管理公司,代表性的企业为三泰控股旗下的速递易、上海富友的收件宝、上海宝盒、南京云柜(已被新城地产收购)、深圳一号柜、福建升腾、海尔日日顺、乐栈、鸟箱、格格货栈、近邻宝、派速魔方、邮宝、安杰、收货宝、北京递兴泊等。好吧,代表企业有点多。两三年的光景,第三方快递柜企业就已经得到了迅速发展,在速递易模式得到认可之后,快递柜创业受热捧,未来他们都将有怎样的发展?

优势:以速递易为代表的第三方快递柜企业,起步较早,形式灵活多样,资产较轻,运作起来简单。专业做快递柜,对外更为开放,盈利模式较为清晰。

劣势:单独在快递柜,整理布局较为缓慢,且没有资金支持,模式大多一致,不利于形成有力竞争。且快递巨头与电商巨头入局,如不能找到合作伙伴、与上下游很好地结合起来,很容易陷入势单力薄的处境,影响企业正常运作。

案例

速递易

"速递易"2012下半年成立,是由成都三泰电子公司研发的一款24小时快递自助服务平台。据了解,除提供快递代收服务外,后期,"速递易"还将在平台上开发更多的便民项目,如提供交通违章记录查询、信用卡账单查询等。目前,成都、重庆等地区的"速递易"已向快递员征收使用费。而在青岛,市民使用"速递易"时,24小时内免费,一旦快件储存时间超过24小时,每过一天加收1元保管费。

随着"速递易"投放量的增多,广告收入或将成为"速递易"的重要利润点,即凭"速递易"设备的屏幕显示器以及后台的"大数据",让第三方商家在"速递易"上实现广告推送,下一步,该公司可能会与电商、快递公司开展合作,既能拓展业务范围,还能减轻快递员费用负担,实现互利共赢。

在2014年年报中,三泰控股声称已经成为全球最大的快递代收及临时寄存的自助服务平台。其2015一季报数字显示:截至3月31日,速递易累计使用用户数量超过1500万户,比年初增加500万户;注册快递员逾19万人,比年初增加9万人;已签约协议网点46 489个,布放网点19 558个,速递易累计送达包裹1.16亿件。报告期内,速递易收入3297万元。

收件宝

所属于上海富友集团(成立于2008年,是一家独立第三方支付服务提供商),收件宝是集团下的衍生项目,定位为一个与全社会资源共享的便民平台,提供24小时社区便民服务,为收件人提供自助取快递、公共事业缴费等便民服务。此外,收件宝不仅解决基本的快递包裹代收问题,而且收件宝除了不能取款,其金融安全配置与ATM一样。其中提供包括水、电、煤气等公共事业缴费、银行卡转账、信用卡还款、手机充值、彩票购买等多项便民业务。

本章小结

从历史发展来看,人类历史上曾经有过两个大量提供利润的领域。第一个是资源领域,主要表现在农业生产和以农副产品加工为主的工业生产过程中。这个领域习惯称为"第一利润源泉"。第二个是工业生产领域。在企业生产经营过程中,从所得收入中扣除全部支出就是企业毛利。当前,上述两个利润源泉几乎被人们挖掘殆尽,一般工商企业的利润率普遍大幅度下降，这就要求人们运用创新思维，把寻找利润的目光从生产领域扩展到流通领域，以提高对用户的服务水平为主线，从战略上系统考虑供应商、生产商、送货商，围绕货物实体的联盟互动管理，从而实现多家企业共赢的目的。

今天，高效的现代物流产业本身是信息技术创新的结果，其能够为创业者们提供支持或者进行物流服务供需信息的交互或交换平台。通过建设与应用物流信息平台，新创企业可以几乎免费地将自身信息、商品信息等展现给消费者，消费者通过线上筛选服务，线下比较、体验后有选择地消费，在线下进行支付，从而形成物流O2O模式。当这一进程跨越国境后，创新型的跨境电子商务就形成了。

随着经济全球化步伐的加快，全球商品贸易规模逐渐不断扩大，物资空间移动的深度和广度也随之扩展，因而对于物流的快速反应能力、物流信息化、物流活动的效率都提出了更高的要求。同时，物流需求高度化、个性化、多元化，要求物流服务企业必须不断改进和优化企业的经营模式，提升物流服务，有针对性地开发新型物流服务，以适应物流市场的变化，提高企业的竞争力。

课后习题

1. 请讲述一个你自己的海外代购经历？并阐述一下物流中你认为可以改进的环节有哪些？

2. 案例思考：结合"家事易"的材料，请你谈一谈生鲜物流产业的未来发展。

案例

家事易转型做大宗团购配送

家住金银湖沿海丽水佳园16栋的51岁陈先生发现小区的智能电子菜箱已经有些日子不能出菜了。腿有残疾的陈先生家距菜场较远，买菜不便，之前有了电子菜箱后，凭手机短信或会员卡就可下楼开箱拎菜回家。

丽水佳园的智能电子菜箱是武汉家事易农业科技有限公司在全市小区布设的1 300组电子菜箱中的一组。作为曾经红火的武汉市"净菜上市工程"，家事易因连年亏损不得不从小区撤出。

近日，《长江日报》记者来到位于武汉工商学院综合楼11楼的家事易办公室，这里没有往日的繁忙，客服中心格外安静，几个工作人员在上网。墙边摆着成箱的白酒，准备发往团购单位。

2011年5月，家事易电商平台正式上线运营，经营网络生鲜超市。当年底进入居民小区推广，先后在全市863个小区布设智能电子菜箱。该箱具备制冷保鲜功能，同时还是一种基于物联网技术、具有电子商务配送终端的储物柜。居民登录网站下单，商家净菜配送，实现无人交付。

家事易可配送农副产品种类超过8 000个，2014年销售额突破7 000万元，成为中国生鲜电商领域的领头羊。公司总经理助理、办公室主任唐亚婷告诉记者，公司成立5年来一直亏损。公司累计投入8 000万元，其中开发软件平台就花了2 000万元，智能电子菜箱硬件设施花了2 000万元，还不包括支付给物业公司的进场费和管理费。"人工成本更大，政府各部门对我们很支持，也有相应的经济补贴和政策补贴，但还是无法盈利。"

唐亚婷强调，公司并没有如外界所说的关门倒闭，而是业务转型。据其介绍，去年底公司做出战略调整，停止为数十万会员家庭配送，改为大宗团购配送。今年以来，公司开始陆续退还客户的账户余额，将一些电子菜箱从小区撤走，有的仍留放在小区，但不再运营。

电商一度被认为是解决"菜贱伤农"和"菜贵伤民"的一把利器。中国农产品市场协会网站显示，目前全国涉农电子商务平台已超3万家，其中农产品电子商务平台已达3 000家，80%的农副产品电商处于亏损状态。

据悉，在国内首创网上买菜、电子菜箱取菜模式的家事易，经过近一年调整，公司员工由高峰时的300多人精简到不足百人。

长期关注农产品电商的武汉金喜来文化传播有限公司副总经理李猛说，亏本运营是农产品电商的行业现状，大部分农产品电商倒闭也是迟早的事情。

家事易总经理助理、办公室主任唐亚婷分析，公司亏损的主要原因如下：一是消费主体定位的问题，当时家事易的消费群瞄准三类人：腿脚不便的老人、带小孩的妈妈，以及没空去菜场的年轻白领。但真正的电子商务人群是在18~45岁之间。老人是农副产品最大的消费群体，但老人使用网络购物少，喜欢到菜场讨价还价。二是农产品没有标准化，比如一棵大白菜，如果其中有一片小叶稍微发黄，客户要求退货，到底退不退？没有标准，这样的话退货率就很高，这也是亏本的一个重要原因。

湖北大学教授洪威雷认为，农产品电商亏损的重要原因是人们的消费习惯没有改变，农产品网络市场还不形成气候，购物不集中，没有实体店方便，网上购买习惯没有形成，导致利润摊薄。对一些人来说，网上买菜可能就是新鲜好玩。与服装、电子产品、化妆品相比，农产品网购交易量微乎其微，根源在于农产品尤其是生鲜农产品的线下投入巨大。

武汉盛华富农农业科技公司董事长苏坤伦介绍说，农产品电商的重要环节是配送保鲜度，蔬菜在运输储藏过程中，很难达到预期的保鲜度，链条较长。只有过了食品安全、损耗、配送成本三大风险关，生鲜电商才算摆脱生存危机。

网友"princess 静若"吐槽："家事易刚出现的时候，确实很惊喜，太适合懒宅人了，小区里有直投菜柜，网上可以订熟食、生鲜，还有备好切好的方便菜，可以洗了直接炒。做菜最麻烦的就是备料，这样很省事，起初满10元就配送，我成了它的用户。大概一年后，改为满69元或加运费才配送，我就没用了。"

资料来源：凤凰湖北 http://hb.ifeng.com/a/20161022/5079792_0.shtml

Chapter 10
第 10 章

创新思维与国际贸易

导读案例

Apple 官网海淘 iPhone SE 图文攻略

大家都知道，iPhone SE 的售价在美国是最便宜的，只需要 399 美元的超低价，绝对算是历史里面超低的价格了，那么怎么样才能买到美国 iPhone SE，本文就给大家带来美国 Apple 苹果官网 iPhone SE 海淘攻略。

一、几个前提问题

1. 使用过苹果的朋友，大家应该都会有中国的 Apple ID 账号，世界上全世界的 Apple ID 都是可以通用的，因此，大家注册过中国的 Apple ID 同样也是可以在美国 Apple 官网使用，美国 Apple 官网上的信息也可以在中国官网上查询得到。

2. 个人建议购买之前最好使用信用较好或者是通过 Apple Store 购买过产品的账号再行购买，也不排除刚刚注册的账号会出现 cancel 砍单的现象。

3. 由于大部分朋友应该都是自用，所以大家在美国 Apple 官网海淘 iPhone 5SE 的时候购买的数量不要太多，一般不超过 2 个，如果超过了，同样也会存在"砍单"的现象。

二、具体操作流程

1. 进入美国 Apple 官网 iPhone SE 购买专区，然后选择右上角的 order 进入下单专区，见图 10-1。

2. 然后我们就看到了购买选项，这里我们要详细说明一下，首先是选择颜色（见图 10-2），还是和之前的 iPhone 6s 一样一共有四个颜色，银色、土豪金、太空灰和玫瑰金，我们选择了银色。

3. 然后就是选择内存了（见图 10-3），爱自拍妹子和变态软件控想一步到位的话，还是 64G，如果就实用性来说，16G 就足够了。

4. 然后就是版本的选择（见图 10-4），由于美国一般都是用那种捆绑话费的机器，所以不同公司也可以选择，话说 S 版本的似乎也是全网通，但是可能会锁，所以大家一般选择全价机器的话还是直接选择 SIM-FREE，这个机器和国内零售的全网通空机器是一样的。

图 10-1　下单专区

图 10-2　颜色选择界面

图 10-3　内存选择

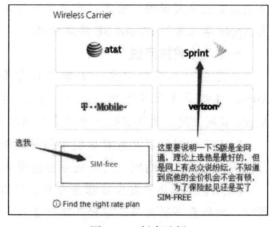

图 10-4　版本选择

5. 刚才也说了，很多公司的定制机是可以 0 元购的，但是需要绑定，这个和我们没关系，我们直接选择 SIM-FREE 的 Pay in Full 全价机即可，然后直接下一步（见图 10-5）。

6. 这个界面应该就是推销的界面，有很多辅助的东西，如手机架子，手机套子，手机耳机啥的，但是真心说的话，价格好贵，大家还是不如在国内淘宝了，大家直接点击下方的 Add to Bag（见图 10-6）。

7. 进入"购物车"后，大家检查一下商品的价格、款式，有没有问题，然后就直接可以结账（Check Out）了（图 10-7）。

8. 这个地方可能大家之前登录过的，就下一步，如果没有登录的，大家直接填写自己的账号密码即可，然后选择发货日期，然后还是下一步（见图 10-8）。

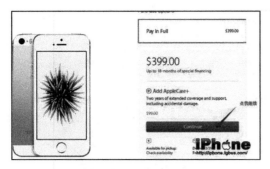

图 10-5　继续下一步

图 10-6　Add to Bag "加入购物车"

图 10-7　结账

图 10-8　下一步

9. 然后也就是最重要的填写地址的时候了，到底什么转运公司好用，其实比较为难，因为之前推荐过之后都有网友遇到被税的问题，所以这里不推荐了，只能说本次我们使用的是"转运四方"ISS 新加坡路线（见图 10-9），但是会不会出问题，不知道。怎么填写，大家对着下单即可，还是下一步。

10. 然后就是付款单元了，这里也蛮简单，同样按照之前的地址填写就可以，同样如果大家不放心填写一下自己真实的国内地址也未尝不可，然后就是你的信用卡相关资料（见图 10-10）。

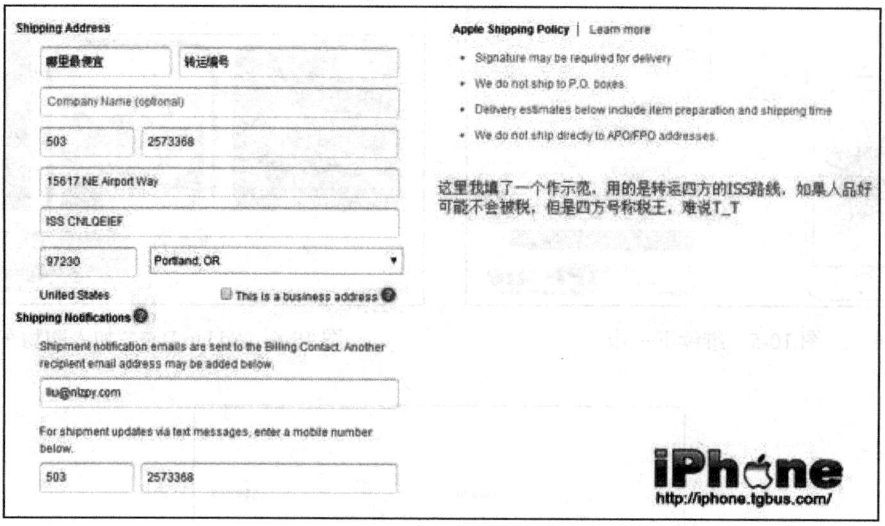

图 10-9 地址与转运公司选择

图 10-10 信用卡信息填写

11. 啥？这就结束了？没有，还远着呢。其实这里只是完成了美国 Apple 苹果官网的下单部分，大家可以看到下单的一个结束语和订单，然后还有账号邮箱里面也会收到一份订单邮件（见图 10-11）。

其实直到这里，从美国海淘一部苹果手机的工作也才走了"万里长征的第一步"，随后买家还将面临转运公司流程，国内海关流程，以及国内物流的流程。

资料来源：巴士数码 美国 Apple 官网海淘 iPhone SE 图文教程 2016/3/30 11:10:57 http://iphone.tgbus.com/。

图 10-11 订单邮件

思考题：

1. 为什么有人要海淘苹果手机？划算吗？
2. 如果你是帮人海淘苹果手机的代购者，你认为哪些关键节点是买家在家里电脑上无法控制的？你认为商机在哪里？

国际贸易活动是两国或多国卷入的商业交易活动的总称。一般的，商业活动包括各种形式的商品、劳务和资本的国际转移。从古代的"丝绸之路"，到今天的"欧亚大陆桥"；从边民的简单直接交易，到借助于互联网与现代物流系统的各类"海淘"；从小微企业在非洲荒原的经营冒险，到富可敌国的跨国公司在全世界的资本输出，不同层次、不同类别的国际贸易活动及其所产生的相关理论的不断进步，本身就是人类生产实践与思维认知不断创新的结果。

在这一章中，首先，针对一般企业的跨国经营，我们将讨论"创新思维与国际贸易"的问题，主要论述国际贸易理论的演进、技术创新的重要意义与电子商务时代中国际贸易的新思维问题。其次，针对创业与新创企业发展问题，本章将阐述时下非常火热的"创新思维与跨境电商创业"问题，重点讨论我国跨境电商的基本情况、大学生跨境电商创业的模式与具体的创业案例分析。

10.1 创新思维与国际商务

国际贸易（international trade），是指随着社会生产力的发展，不同国家或地区之间进行的剩余商品和劳务交换的活动。传统的国际贸易理论是建立在比较优势论基础上的，其产生于 18 世纪中期，完成于 20 世纪 30 年代。该理论从两个方面说明国际贸易产生的基础和动力：一是生产同一产品时，各国间劳动生产率的差异；二是生产要素禀赋的差异。各国间的这两种差异导致了国际分工与国际贸易。各国可以通过国际贸易，从国际分工中得到较多的利益。

10.1.1 当代国际贸易理论的创新

第二次世界大战后随着科学技术的进步和生产力的不断发展，国际贸易的规模越来越大，国际贸易的商品结构和地区分布也发生了很大变化，发达国家之间的贸易比重相对扩大，产业内贸易迅速发展。面对这些新情况，传统的国际贸易理论，即比较优势理论和资源禀赋说已难以做出有力的解释，经济学家们在"里昂惕夫之谜"的推动下，在国际贸易理论研究中不断探索，先后出现了几种重要的国际贸易新理论。同时，这些理论也开始关注以中国和印度为代表的第三世界发展中国家的对外投资现象。

1. 产品生命周期理论

产品生命周期理论由美国销售学家弗农于 1966 年首先提出，经威尔斯、赫希哲等人不断完善。产品生命周期理论认为，由于技术创新和扩散，制成品和生物一样具有生命周期。产品生命周期包括五个阶段（见图10-12）：①开发期：这一阶段技术起关键作用。创新国由于技术优势生产出创新的产品，主要供应本国市场；②引进期：国外也开始有了对新产品的需求，刺激创新国向国外出口产品，创新国由于技术优势暂时垄断了国内和国际市场；③成长期：这一阶段资本起关键作用。由于产品生产过程中的技术已基本定型，产品日益标准化，进入大规模生产阶段，所以某些资本丰富的外国企业开始模仿生产；④成熟期：在这一阶段廉价劳动力起关键作用。由于产品

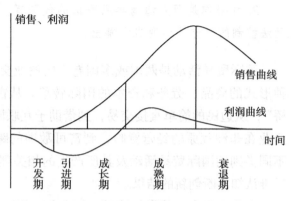

图 10-12　产品生命周期理论的五个阶段

已高度标准化，国外具有廉价劳动力优势的生产者可以大批量生产，达到规模经济效应，降低产品生产成本，从而使创新国渐渐失去竞争的优势，出口不断下降；⑤衰退期：模仿国生产持续扩大，不仅"侵占"了创新国原来的海外地盘，而且"反攻"到创新国本土，创新国国内停止生产，转而向国外直接投资。技术扩散、生产标准化和海外更低的成本优势最终使这种产品的生命周期走到了尽头，一个产业就这样从创新国转移到模仿国。而此时，创新国又把注意力投向更新产品的研究与开发，以掀起一轮新的产品生命周期循环，在不断更新产品的过程中获取高额垄断利润。

2. 内部化理论

自20世纪70年代中期，以英国里丁大学学者巴克利（Peter J.Buckley）、卡森（Mark Casson）与加拿大学者拉格曼（A.M.Rugman）为主要代表人物的西方学者，以发达国家跨国公司（不含日本）为研究对象，沿用了美国学者科斯（R.H.Coase）的新厂商理论和市场不完全的基本假定，于1976年在《跨国公司的未来》（*The Future of Multinational Enterprise*）一书中提出的，建立了跨国公司的一般理论——内部化理论，（internalization theory）又称市场内部化理论。该理论主要回答了为什么和在怎样的情况下，到国外投资是一种比出口产品和转让许可证更为有利的经营方式。

内部化理论强调企业通过内部组织体系以较低成本，在内部转移该优势的能力，并把这种能力当作企业对外直接投资的真正动因。在市场不完全的情况下，企业为了谋求整体利润的最大化，倾向于将中间产品，特别是知识产品在企业内部转让，以内部市场来代替外部市场。

因此，内部化理论的主要观点可概括如下：由于市场的不完全，若将企业所拥有的科技和营销知识等中间产品通过外部市场来组织交易，则难以保证厂商实现利润最大化目标；若企业建立内部市场，可利用企业管理手段协调企业内部资源的配置，避免市场不完全对企业经营效率的影响。企业对外直接投资的实质是基于所有权之上的企业管理

与控制权的扩张,而不在于资本的转移。其结果是用企业内部的管理机制代替外部市场机制,以便降低交易成本,拥有跨国经营的内部化优势。

3. 竞争优势理论

竞争优势(competitive advantage)理论,由哈佛大学商学研究院的迈克尔·波特提出,波特的国际竞争优势模型(又称钻石模型,见图10-13)包括四种本国的决定因素(country specific determinants)和两种外部力量。四种本国的决定因素包括要素条件,需求条件,相关及支持产业,公司的战略、组织以及竞争。两种外部力量是随机事件(机遇)和政府。

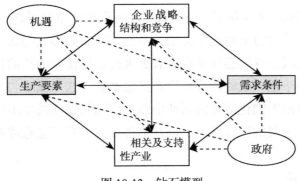

图 10-13　钻石模型

波特认为,在与五种竞争力量的抗争中,蕴涵着三类成功型战略思想,这三种思路是:① 总成本领先战略;② 差异化战略;③ 专一化战略。波特认为,这些战略类型的目标是使企业的经营在产业竞争中高人一筹:在一些产业中,这意味着企业可取得较高的收益;而在另外一些产业中,一种战略的成功可能只是企业在绝对意义上能获取些微收益的必要条件。有时企业追逐的基本目标可能不止一个,但波特认为这种情况实现的可能性是很小的。因为有目的地贯彻任何一种战略,通常都需要全力以赴,并且要有一个支持这一战略的组织安排。如果企业的基本目标不止一个,则这些方面的资源将被分散。

第一,总成本领先战略。

成本领先要求坚决地建立起高效规模的生产设施,在经验的基础上全力以赴降低成本,抓紧成本与管理费用的控制,以及最大限度地减小研究开发、服务、推销、广告等方面的成本费用。为了达到这些目标,就要在管理方面对成本给予高度的重视。尽管质量、服务以及其他方面也不容忽视,但贯穿于整个战略之中的是使成本低于竞争对手。该公司成本较低,意味着当别的公司在竞争过程中已失去利润时,这个公司依然可以获得利润。

赢得总成本最低的有利地位通常要求具备较高的相对市场份额或其他优势,诸如与原材料供应方面的良好联系等,或许也可能要求产品的设计要便于制造生产,易于保持一个较宽的相关产品线以分散固定成本,以及为建立起批量而对所有主要顾客群进行服务。

总成本领先地位非常吸引人。一旦公司赢得了这样的地位，所获得的较高的边际利润又可以重新对新设备、现代设施进行投资以维护成本上的领先地位，而这种再投资往往是保持低成本状态的先决条件。

第二，差别化战略。

差别化战略是将产品或公司提供的服务差别化，树立起一些全产业范围中具有独特性的东西。实现差别化战略可以有许多方式：设计名牌形象、技术上的独特、性能特点、顾客服务、商业网络及其他方面的独特性。最理想的情况是公司在几个方面都有其差别化特点。例如履带拖拉机公司不仅以其商业网络和优良的零配件供应服务著称，而且以其优质耐用的产品质量享有盛誉。

如果差别化战略成功地实施了，它就成为在一个产业中赢得高水平收益的积极战略，因为它建立起防御阵地对付五种竞争力量，虽然其防御的形式与成本领先有所不同。波特认为，推行差别化战略有时会与争取占有更大的市场份额的活动相矛盾。推行差别化战略往往要求公司对于这一战略的排他性有思想准备。这一战略与提高市场份额两者不可兼顾。在建立公司的差别化战略的活动中总是伴随着很高的成本代价，有时即便全产业范围的顾客都了解公司的独特优点，也并不是所有顾客都愿意或有能力支付公司要求的高价格。

第三，专一化战略。

专一化战略是指主攻某个特殊的顾客群、某产品线的一个细分区段或某一地区市场。正如差别化战略一样，专一化战略可以具有许多形式。虽然低成本与差别化战略都是要在全产业范围内实现其目标，专一化战略的整体却是围绕着很好地为某一特殊目标服务这一中心建立的，它所开发推行的每一项职能化方针都要考虑这一中心思想。这一战略依靠的前提思想是：公司业务的专一化能够以高的效率、更好的效果为某一狭窄的战略对象服务，从而超过在较广阔范围内竞争的对手们。波特认为这样做的结果，是公司或者通过满足特殊对象的需要而实现了差别化，或者在为这一对象服务时实现了低成本，或者二者兼得。这样的公司可以使其赢利的潜力超过产业的普遍水平。这些优势保护公司抵御各种竞争力量的威胁。

但专一化战略常常意味着限制了可以获取的整体市场份额。专一化战略必然地包含着利润率与销售额之间互以对方为代价的关系。

4. 小规模技术理论

美国经济学家刘易斯·威尔斯（Louis J.Wells）于1977年在题为《发展中国家企业的国际化》一文中提出"小规模技术理论"。1983年威尔士在其专著《第三世界跨国公司》中，对小规模技术理论进行了更详细的论述。

小规模技术理论认为，发展中国家和地区跨国公司的竞争优势主要表现在以下三方面。

第一，拥有为小市场需要服务的劳动密集型小规模生产技术。低收入国家商品市场的一个普遍特征是需求量有限，大规模生产技术无法从这种小市场需求中获得规模效益，许多发展中国家正是开发了满足小市场需求的生产技术而获得竞争优势。

第二，在国外生产民族产品。发展中国家对外投资主要是为服务于国外同一种族团体的需要。根据威尔士的研究，以民族为纽带的对外投资在印度、泰国、新加坡、马来西亚以及中国台湾、中国香港等国家和地区的投资中都占有一定比例。

第三，产品低价营销战略。与发达国家跨国公司相比，生产成本低、物美价廉是发展中国家跨国公司形成竞争优势的重要原因，也是抢占市场份额的重要武器。

小规模技术理论是发展中国家跨国公司研究中的早期代表性成果。威尔士把发展中国家跨国公司竞争优势的产生与这些国家自身的市场特征结合起来，在理论上给后人提供了一个充分的分析空间，对于分析经济落后国家企业在国际化的初期阶段怎样在国际竞争中争得一席之地是颇有启发的。

但从本质上看，小规模技术理论是技术被动论。威尔士显然继承了维农的产品生命周期理论，认为发展中国家所生产的产品主要是使用"降级技术"生产在西方国家早已成熟的产品。再有它将发展中国家跨国公司的竞争优势仅仅局限于小规模生产技术的使用，可能会导致这些国家在国际生产体系中的位置永远处于边缘地带和产品生命周期的最后阶段。同时，该理论很难解释一些发展中国家的高新技术企业的对外投资行为，也无法解释当今发展中国家对发达国家的直接投资日趋增长的现象。

10.1.2 国际贸易新理论对企业国际贸易战略选择的启示

第二次世界大战国际贸易新理论从不同角度揭示了国际贸易产生的原因，为国际贸易理论宝库增添了新的内容。这些理论兼容了传统国际贸易理论的正确结论并超越了传统理论，拥有崭新的内涵，符合当今世界对外贸易的实际情况。尤其是波特指出的鼓励创新、倡导竞争、发展科技的竞争优势理论，更符合当今以科技推动经济增长的时代要求，对于我国企业制定对外贸易战略，建设创新型国家更具现实意义。

1. 将资源禀赋比较优势转化为竞争优势

比较优势是由一国资源禀赋和交易条件所决定的静态优势，是获取竞争优势的条件。竞争优势则是一种将潜在优势转化为现实优势的综合能力的作用结果。比较优势作为一种潜在优势，只有最终转化为竞争优势，才能形成真正的出口竞争力。根据生产要素禀赋，我国一直以来具有劳动力资源的比较优势，但是，在当今国际市场上劳动密集型产品的比较优势并不一定具有国际竞争优势。这主要是因为：① 在国际竞争中具有竞争优势的产品往往是具有垄断优势的产品，而我国的劳动密集型产品在国际竞争中并不具有垄断优势；② 我国出口的劳动密集型产品加工程度低，技术含量和产品质量不高，这种中低档次的劳动密集型工业制成品与发达国家高技术工业制成品交换的贸易条件越来越恶化；③ 发达国家对发展中国家歧视性的贸易政策使我国劳动密集型产品受到诸多壁垒的阻碍，在国际市场上发展的空间越来越有限。因此，我国要确立把比较优势转换为竞争优势的外贸战略。

2. 不断创新，保持技术领先

由国际产品生命周期理论可以推知：创新国是国际贸易利益的最大获益者。这是因为：在产品的新生期和成长期，创新国以其技术优势垄断了国内和国际市场，因而可以获得大量超额垄断利润；在产品的成熟期进入所谓的"大规模生产"阶段，创新国可以获得巨额规模经济效益；在产品的销售下降期和让与期，创新国在国外投资建厂，输出其知识产权和品牌，延长其产品的生命周期，在国际市场上继续赚取利润。因此，走在创新前列，率先发动产业革命的国家会异军突起，成为新一轮世界经济增长的火车头。目前，我国工业制成品技术多是引进，自主创新较少，造成我国制成品特别是高技术产品对跨国公司的技术依赖，这是我国对外贸易产品质量提高和结构升级的障碍。所以，实施创新战略，强化本国技术创新，将是形成我国竞争优势的当务之急。

3. 发展高层次的产业内贸易

随着国际经济贸易的发展，产业内贸易在给各贸易国带来贸易利益的同时，还加快了科学技术管理经验、企业家精神在不同国家同一行业内的传播和扩散，给同类产品生产上档次提供信息，并通过规模经济，实现不同国家在产品层次上的分工，实现产品生产的国际化，从而促进一国主导产业和支柱产业的发展，进而推动一国的技术进步和产业升级。由此可见，提高产业内贸易水平，是提高对外贸易竞争力的重要手段。目前，我国的贸易格局基本上还是建立在以比较利益为基础的产业间贸易，而产业内贸易则较不发达，这种贸易格局阻碍了我国产业结构的升级，影响了我国的竞争力。因此，加快发展高科技产业，促进我国与发达国家之间同水平差异产品之间的贸易，是形成对外贸易竞争优势的重要途径。

10.1.3 技术创新和国际贸易

创新概念是美籍奥地利经济学家熊彼特于1912年在《经济发展理论》中首先提出的。他认为，决定经济发展的关键因素是创新活动。他把创新定义为一种生产函数的新设定、生产要素的重新组合。包括以下五种形式：引进新产品，引进新技术，开辟新的市场，控制原材料的供应来源，实现工业的新组织。尽管熊彼特并未提供精确完整的创新理论，但是他提出的创新的新概念，为学术界指明了研究技术进步的新方向，这是世界经济思想史上的一个重大突破。后来，西方学者以熊彼特首创的新概念为工具，对于技术创新促进经济增长的内部机制展开了深入而广泛的研究，从而使人们对于技术创新与长期经济增长之间关系的认识也不断深化。

1. 技术创新的作用

技术创新是科学技术进入社会生产的基本方式，也是科技进步促进经济社会发展的基本途径。从实践来看，科技进步与创新确实已成为现代经济发展的主要因素。国外学者根据国际通用的道格拉斯函数计算表明：一些发达国家在20世纪初，科技因素在经济增长中仅占 5%～10%，而在 20 世纪末已达到 60%～80%。例如美国在 20 世纪上半叶，经济增长靠科技进步的比重占 45%，至 90 年代已达到 80%。这表明科技进步在发达国家经济增长中起了决定性作用，已成为经济可持续发展的重要支柱。而技术创新则能够不断地、长期地推动经济发展，成为经济发展的主要驱动力。一方面，技术创新能促进产业结构升级，技术创新不仅能提高国民经济各部门的劳动生产率，而且不断地对产业结构进行重构，促进产业结构向高层次、合理化方向发展。研究表明，技术创新、经济增长和产业结构三者有着很强的相关性。建立在技术创新基础上的产业结构优化和升级，为生产发展提供了良好的物质载体。另一方面，技术创新还能增强企业与国家竞争力。在企业层面上，技术创新改善产品结构、提高产品附加值、使产品寿命周期缩短，传统产品加快更新，高新技术产品的更新则更呈加速趋势。产品更新加快使企业经营风险加大，对企业技术更新、经营应变性等都增加了压力。在国家层面上，各国政府为了取得竞争优势，都倾注了极大的力量。

2. 国际贸易理论中的技术因素分析

现代经济学认为，商品生产不仅取决于各种传统的生产要素（即劳动、资本、土地和企业家经营管理能力）的数量和成本，更重要的是取决于组合上述各种生产要素的技术。因为技术不仅可以节约稀缺的经济资源，同时在给定的要素规模条件下可以实现更大的产出和生产更多样化的产品。

随着国际贸易理论的发展，新的理论不断涌现，源于 20 世纪 60 年代的新技术理论认为"在出口绩效与 R&D (Research and Development) 之间总是存在着一定的联系"，虽然新技术理论将技术置于核心位置，但是仍然难以将技术融入新古典模型之中；同时也忽略了作为技术核心特征的那些来自于垄断力量和技术变化等的动态意义，坚持一国经济的专业化模式仍然呈中性增长。为了解决上述这些问题，熊彼特关于创新的观点被结合到新贸易技术论之中：一方面，技术差距学说与技术进化论相结合，说明了技术差距对增长和专业化模式的动态含义；另一方面，技术的厂商特有性质和垄断力量与成功的创新相结合，用来解释国际直接投资中的厂商维持技术优势的目的。

3. 技术创新对国际贸易的影响机制

技术创新对国际贸易的影响主要通过四条主要路径来实现，改变产业结构和国际分工、提高产品竞争优势、改变产品结构和提高国际贸易效率及效益。这四条路径中有的路径直接作用于国际贸易，对国际贸易的促进产生直接的影响，而有的路径则间接作用于国际贸易，对国际贸易产生间接的促进作用。

（1）改变产业结构和国际分工

技术创新通过改变产业结构和国际分工促进国际贸易，其对国际贸易的影响不容忽视。技术创新往往引起产业结构的急剧变革，诱发产业结构的升级，从而在改变社会分工的基础上，促进国际分工的深化，使以国际分工为基础的国际贸易得到发展。技术创新对产业结构和国际分工的影响主要表现在以下几个方面。

第一，工业部门的技术创新通过生产力的国际化、产品的差异化、多样化和零部件生产的专业化来影响国际分工。国际分工和国际贸易的发展大体经历了三个阶段：首先输出产品；接着输出零部件或在国外生产零部件，然后输入零部件；最后输出整个工厂，在国外生产完整的商品。零部件生产的国际化和工厂的外迁使资本主义发达国家与发展中国家间的分工有走向工业分工的趋势。

第二，技术创新不仅促进了工业的迅速发展，也推动了农业的现代化、工厂化。农业已进入大机器生产的阶段，原子能的和平利用，卫星遥感测距技术的应用，合成化学工业的兴起，生物科学、植物生理学的发展，以及海洋勘察的研究成果等都为农业的发展提供了新的手段，或开拓了新的领域。发达资本主义国家的农业革命和农牧业生产量的迅速增长，不仅提高了有关国家的粮食、肉类的自给率，而且还有大量剩余产品向世界市场出口，特别是向发展中国家出口。此外，合成材料工业，主要是塑料工业、合成纤维工业和合成橡胶工业的发展，大大提高了发达国家在许多原料方面的自给率，减少了对发展中国家的农业原料的依赖。这些情况的出现导致了某些初级产品的生产由发展中国家向发达国家的转移。

第三，交通工具的革新与运输费用的下降以及无线电通讯的发展是促进国际分工发展的一个重要因素。战后科技革命的兴起，生产力的日益国际化，是生产过程的国际性分工和合作变为世界经济中最重要的趋向之一。在世界生产力和国际关系发展变化条件下，国际分工出现了这样的特征：以自然资源为基础的分工已逐步让位给以现代化工艺、科技为基础的分工，以工业部门之间的分工逐步让位给现代化工艺、科技为基础的分工，以工业部门之间的分工开始转向以经济集团内部的分工，以纵向的垂直型分工逐步过渡到横向的水平型分工等。这些都说明国际分工的发展已进入一个新阶段，并进一步影响着世界市场和国际贸易的发展。由于这次科技革命仍主要发生在资本主义国家，他们仍是国际分工的中心，在国际贸易中一直处于支配地位。同时由于垂直型分工变为水平分工，发达国家之间的贸易居主导地位，而发达国家同发展中国家的贸易居次要地位。

（2）提高国际贸易产品竞争优势

一国出口产品的竞争优势主要由其与贸易伙伴间的相对价格优势和产品优势等决定。前者是指一国出口产品价格低于其贸易对手所形成的竞争优势。它除了受宏观汇率政策影响外，主要由该国的要素禀赋及使用效率决定。而产品优势则是指一国出口产品能够比其对手的相关产品更好地满足消费者的需求所形成的优势。相对产品优势与产品特征密切相关。相对价格和产品优势对形成一国出口竞争能力具有互补性。在两国产品优势相同的情况下，相对价格水平较低的一方将获得较强的市场竞争优势，同样，在相对价格水平相同时，产品优势较高的一方将拥有较强的国际竞争力。将一国要素资源禀赋优势转换成竞争优势的关键是进行技术创新。因为决定一国出口竞争能力的价格因素和非价格因素都在一定程度上同技术创新紧密相关。这种联系主要通过改善要素使用效率、节约经营成本、改善原有产品品质和开发新产品等传导机制来实现（见图10-14）。

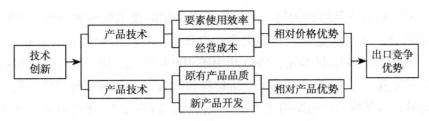

图 10-14　技术创新与出口竞争能力关系

从图 10-14 可以看出，尽管技术创新的内容十分广泛，但在生产领域主要表现为生产技术和产品技术的改进与发展。生产技术既包括与产品生产成本直接相关的生产手段、生产工艺，也包括与要素投入成本和商品经营成本相关的技术。这类技术创新从提高要素使用效率和降低经营成本等角度来强化出口产品的价格竞争能力。在产品技术方面，技术创新则是通过对原有产品品质的改善和差别化产品的开发以提高产品出口竞争能力。就产品品质而言，产品技术既可以表现为外观形态的变化，也可以表现为内在性能的提高。产品技术创新是提高一国出口产品非价格竞争能力的重要因素。

（3）改变国际贸易产品结构

技术创新的迅速发展引起了一系列新兴部门的出现及传统部门的衰落，从而改变了国际贸易的产品结构，初级产品的比重下降，高附加值、高技术含量工业制成品的比重上升。同时，由于新产品不断出现，国际贸易产品结构不断细化，贸易商品的种类和内容不断增加。由于技术创新而得到迅速发展的部门，其产品也都在国际贸易中占有越来越重要的地位。国际贸易产品结构的变化，主要表现在以下几点。

第一，在制成品的贸易中，高附加值与高科技含量的产品出口迅速增长。按照国际贸易标准分类，属于尖端技术与高技术的产品类别包括各种高级化学产品、医药产品、精密仪器、通信设备、合成纤维、各种机械、电子产品、计算机先进部件等。20 世纪 70 年代，化学产品的出口以年均 21.3% 速度迅速增长，而 80 年代以后，各种机械和运输工具成为出口增长最快的产品类别。化学品、机械和运输设备的比重增加最快，分别由 1990 年的 8.7% 和 35.7% 上升到 2001 年的 9.9% 和 41%。办公机械和电信设备从 1990 年的 8.8% 上升到 2001 年的 13.8%。

第二，伴随着商品贸易的蓬勃发展，国际服务贸易在 20 世纪 70 年代以后开始迅速发展起来。20 世纪 80 年代服务贸易的增长速度是产品贸易增长速度的 2 倍。1980 年，世界商业性服务业出口额为 3 644 亿美元，1990 年增长到 7 822 亿美元，到 2001 年为 14 600 亿美元，比 1980 年增长了 2.9 倍。对此，世贸组织把服务贸易分为三类：第一类为运输，第二类为旅游服务，第三类为其他商业性服务。其中运输业在世界服务贸易中的比重由 1998 年的 25.3% 降至 2001 年的 23.4%，旅游业由 30.3% 升至 31.8%，其他商业服务由 44.7% 上升至 44.8%。从国际服务贸易内部结构的变化可以看出，服务贸易的重点由传统的服务内容转向新兴的服务。这种转变与技术创新所带来的产业结构升级是密切相关的。

第三，国际贸易产品结构的另一个显著特点是国际技术贸易的兴起。国际技术贸易发展得越来越快，规模日益扩大，其重要性也日益增长。国际技术贸易额在 1964 年为 25 亿美元，1975 年为 110 亿美元，1985 年突破 400 亿美元。进入 20 世纪 90 年代，国际技术贸易增长迅猛。1990 年仅微电子、新材料和航天工业技术贸易额就达到 2 300 亿美元。与此同时，国际技术贸易结构也不断升级换代。20 世纪 90 年代以来，技术贸易中高精尖的电子、航空等尖端工业技术在国际技术贸易中的比例开始逐渐增加。技术创新的速度越来越快，科技转化为生产力的时间也大大缩短，这也促使技术所有者以各种方式向外传递技术，以便最大限度地获取利益。

第四，绿色产品优化了国际贸易的产品结构。绿色产品就是在其生命周期全程中，符合环境保护要求，对生态环境无害或危害极少，资源利用率高、能源消耗低的产品。绿色产品的兴起，国际贸易产品结构得以进一步的优化，这种优化主要表现在三个方面：① 绿色产品在国际贸易商品结构中所占的比重日益增大。② 初级产品在国际贸易商品结构中所占的比例进一步下降。一方面，迫于保护环境压力，以对自然资源掠夺性开发为代价的初级产品贸易将受到严格限制和禁止。另一方面，由于新能源、新材料、新工艺和节能技术的采用，许多初级产品市场进一步萎缩。③ 环保新技术和新工艺被日益广泛地采用，产品的技术知识含量将不断提高，从而使国际贸易产品结构由劳动密集型、资源密集型向技术密集型和知识密集型转变。国际产品结构的改善极大地促进了国际贸易发展的进程。

（4）提高国际贸易效率和效益

传统的国际贸易交易依靠商人在国与国之间移动当面达成，对货物在运输途中的状况也无法及时知道，这必然会增加国际贸易的风险和难度，限制其发展。后来电报、电话、无线电通信设备的发明使人们经历了通讯革命。世界各地的商人可以远在万里之外达成交易，并随时知道货物的流转状况，大大降低了交易成本，提高了国际贸易的效率与效益。20 世纪 90 年代以来，全球信息高速公路浪潮的兴起已成为全球的神经中枢，使全球每一个角落都能通过分布式智慧网络，分享信息、实现相互瞬息交流和沟通。信息技术的发展对国际贸易的影响充分体现在电子商务方面，网上交易额的迅猛增长，使得传统的国际贸易的过程电子化，改变了国际贸易方式，极大地提高了贸易效率和增加了贸易效益。

10.1.4　电子商务新思维与国际贸易

电子商务（electronic commerce），通常是指在全球各地广泛的商业贸易活动中，在因特网开放的网络环境下，利用计算机技术、网络技术和远程通信技术，实现整个商务过程电子化、数字化和网络化的一种新型的商业运营模式与商业思维。今天，我们从电子商务技术本身与电子商务思维的视野来看国际贸易，其以信息网络为纽带把全球市场联系起来，为新形式的国际贸易开辟了广阔的市场空间，使各国间的经贸联系与合作得以大大加强，突破了传统贸易以单向物流为主的运作格局，使各国的比较优势得以更加充分发挥。总体而言，电子商务对国际贸易的创新推动主要体现在以下方面。

1. 拓宽了国际贸易的环境

从传统的国际贸易形式上来看，其中最大的缺点就是地域性的原因，这造成了国际贸易的发展缓慢，但是，电子商务模式下的最大优势就是突破了地域限制，使贸易伙伴足不出户就可以进行便捷的交易，信息流动带来的资本、商品、技术等生产要素加速发展。电子商务通过网络这种非面对面的寻求贸易伙伴、确定商家信息、最终进行谈判，这种形式有别于传统市场中以地域存在为前提的交易行为。这样，加上原来的地域性环境和网络环境的双重影响，就为国际贸易开辟了一个融合传统与现代，现实与虚拟完美结合的多维、立体的市场空间，使各国间的经济经贸联系与合作得以大大加强。

同时，国际贸易环境的改变还显著降低国际贸易成本。电子商务在网络上实行零距离的贸易，节省了文件处理的费用、缩短了产品生产周期，从而缓解了中小企业的基础设施难题。

2. 创新了国际贸易的交易方式

电子商务时代的国际贸易不仅改变了传统贸易的交易方式，也改变了国际贸易的交易方式。首先，改变了传统的交易工具。传统国际贸易中，进行交易都是采用纸质文件，通过申请订单、支付发票、发送提货单与办理海关申报单、进出口许可证等一些必要的程序，中间会辗转往返于公司、银行和海关等相关部门，其中还免不了交易双方之间的通讯往来。电子商务的贸易则是按照相关的法律和规则，用国际标准化的方式通过网络进行传送、处理文件和相关程序的一种新型高效的交易方式。

其次，改变了传统的付款方式。传统的国际贸易一般是通过面对面的现金交易或者银行转账的方式实现交易的达成，在电子商务时代，交易双方很大一部分是通过网上银行在网络上进行电子付款，这大大节省了交易的成本和时间，提高了贸易的效率。

最后，改变了传统的贸易手段。传统的贸易方式都是在真实的现实当中面对面进行的，电子商务改变了国际贸易流程的各个环节。在交易前，卖方利用网络发布商品广告，买方也通过上网查询自己所需商品的信息来源。等到买方确定了所要买的商品的时候，国际贸易的谈判方式和整个过程都是在网上完成的。在双方达成一致后，待签合同也改变了传统的邮寄方式，直接发到网上，签约即可便捷地在网上完成。这些足不出户的贸易方式大大减少了交易环节，提高了交易速度。

3. 影响了经营管理方式的改变

电子商务的环境和交易方式的改变，促进国际贸易的管理方式发生相应的改变。电子商务模式下的交易管理包括物流、资金、信息、贸易主体这几方面的经营管理，根据已有实践，运用电子商务进行的国际贸易管理主要表现为出口商品配额实行电子招标。电子商务使中国外经贸管理机关能在极短的时间内完成对企业投标资格的确定，可以及时检查、跟踪、反馈、调整招标商品使用配额情况。外经贸业务实施电子化管理，在贸易链运作过程中全方位拓展电子商务的应用，促进了企业实现规模经营和现代化的管理，提高了参与国际市场竞争的能力。

同时，电子商务交易的无形化、网络化也促进国际贸易监管方式发生相应的变化，特别是在关税征收、海关监管、进出口检验等方面受到巨大的影响。这就需要我国政府建立健全相应的法律法规，确保我国的贸易利益不受到损害。同时，对于贸易主体来说，也要认真学习相应的法律法规，规范管理企业，合法进行经营。以法律的手段维护自己的正当利益，在国际贸易的法律范围内经营管理企业和进行交易。

4. 创新了国际贸易的营销模式

在当今激烈的商业竞争中，市场营销发挥着重要的作用，良好的企业营销是企业赢得市场和获得信任的重要途径，它通过给予顾客最好的沟通体验来获取竞争优势。在电子商务对市场营销的影响中，最为重要的是改变了传统的营销模式，由传统的营销模式变为电子营销。所谓电子营销，是指借助互联网的手段，利用电脑通信技术和现代通信技术来实现营销目标的一种营销方式。电子营销的特点是完全以客户为中心，具有强互动性、强目标针对性、强客户准确性，以及时空优势，具有传统营销方式无可比拟的优势。

传统的营销方式通过开专卖店，建服务中心，或者配货，由厂家直接管理销售市场，这种模式具有市场运作风险较大、成本高、利润高、资金流动周期短的弊端。而在国际贸易中，除了传统的文字和图片的方式以外，企业通过电子营销，可以以无限大的空间发挥广告的创意，使网络上的国际贸易信息得以最充分的传播和交流。电子商务营销，不仅可以在互联网上建立网站，植入广告，而且可以实行一系列有着周密计划、策略模式和效果分析的统一整体，从而赢得更多的市场。另外，网络互动的特性使客户真正参与到国际贸易营销过程中来，使营销资源得到最大程度的利用和发挥，贸易双方参与和选择的主动性得到加强，从而增强了企业的竞争力和国际影响力。

10.2 创新思维与跨境电商创业

"跨境电子商务"作为一种新型的国际贸易模式，本身既是信息技术飞速创新的结果，同时是一种新型的创业思维与途径。

跨境电子商务是指不同关境的交易主体，通过电子商务平台达成交易、进行支付结算，并通过跨境物流送达商品、完成交易的一种国际贸易活动，主要包括 B2B 和 B2C 两大类。跨境电子商务因其减少贸易环节，并将这些贸易环节中的利润在企业和企业、企业和消费者之间进行再分配，实现企业获得更多利润、消费者享受更多实惠的双赢局面，而被企业和消费者广泛接受。我国作为外贸大国，企业寻求新市场、新客户的需求十分迫切，跨境电子商务为中小企业，甚至个人创业者拓展国际业务打开了新的大门，也为满足国内消费者更高、更多元化的消费需求提供了便捷途径。

近年来，我国跨境电子商务已经从最初处于灰色地带的"海淘"逐步走向规范发展。2012 年 12 月，国家确定宁波等 5 个城市为跨境电子商务试点城市；2013 年 8 月，商务部等九部门出台了《关于实施支持跨境电子商务零售出口有关政策的意见》，提出了对 B2C 出口的支持政策以及出口检验、收结汇等 6 项具体措施；2014 年 8 月，海关总署出台了《关于跨境贸易电子商务进出境货物、物品有关监管事宜的公告》，进一步明确了跨境电子商务零售进出口的通关流程。

10.2.1 我国进口跨境电商发展概述

随着我国经济发展，人均收入水平不断提高，近年来，选择海外代购、出国旅游购物的群体日益增加，我国消费力正逐步向全球扩散，进口跨境电商正式是在这样的背景下迅速发展起来的。

1. 我国进口跨境电商产生的背景

据商务部统计显示，2015 年与 2014 年相比，我国居民春节七天假期消费增速下降了 2.3%。国内消费虽然低迷，但境外消费购物却是一片红火。以日本市场为例，2016 年春节假期，我国有近 50 万游客到日本旅游。采购商品由传统的奢侈品延伸到普通消费品，累计消费金额超过 1100 亿日元，约合 57 亿人民币。

在我国内需严重不足的情况下，海外消费和海外购物实际上促进了其他国家的消费增长。同时，海外购物的高涨也催生了代购和"海淘一族"。购物流程一般是海外朋友圈代购，通过国际快递发送到国内；另外一种是直接到国外购物网站下单，通过国际转运将产品寄回国。代购和"海淘一族"的消费人群主要是年轻人，35 岁以下消费者占总消费人群的 80%。消费偏好集中在产品品牌、质量保证和价格便宜。购买的商品主要集中在母婴、美容化妆品、保健品、服装鞋帽和电子产品。据前瞻网统计，2013 年我国海外代购市场的交易规模超 700 亿元，2014 年规模超过 1 500 亿元。[⊖]

中国人购买海外商品的天量金额，既凸显了中国人的强大购买力，也体现了中国中层阶级的形成与日益壮大。但是境外购物也直接冲击了国内消费市场，使得国内消费品零售额萎缩，就业岗位减少，税收下滑。而代购和"海淘一族"存在着监管、法律、税收、结算等多方面的问题，出现了假冒伪劣产品、以次充好、"灰色清关"和偷逃税款等问题。

为了实现国内正规、透明、可监管的购买境外商品环境，同时尽量降低进口商品的流通环节和税负，国家逐步推动进口跨境电商的试点和发展。进口跨境电商，使用国内的电商平台，以中文界面操作和人民币结算，商品可以是海外直邮，也可先行进口到海关监管区域，再由海关统一监督发货。

⊖ 数据来源于前瞻网，http://www.qianzhan.com/qzdata/detail/149/150119-8d4c8980.html。

在税收方便，进口跨境电商不同于一般贸易的征税标准，而是参照《关于入境旅客行李物品和个人邮递物品征收进口税办法》征税（以下简称行邮税）。行邮税的税率低于一般贸易征收的关税、增值税等税率，通过跨境电商进口的商品价格低于一般贸易进口的商品价格。加之，电商较传统的商业模式，省去了代理、分销、门店等众多环节，大大降低了成本，使得商品更加具有价格优势。因此，进口跨境电商模式一经推出，就受到了消费者和电商的普遍欢迎和追捧。

2. 我国进口跨境电商的发展历程

2012年5月，我国启动进口跨境电商试点工作。从此，进口跨境电商逐步走向前台，成为广大商家和消费者热议的购物模式。2012年12月，首批进口跨境电商试点城市公布，上海、重庆、杭州、宁波、郑州五座城市有幸入选。2013年9月和12月，广州和深圳也先后成为进口跨境电商试点城市。

2014年3月，海关总署下发通知，加大跨境电商试点"保税进口"的力度。同时，对原有的个人购买物品要求做了进一步说明。即"个人自用、合理数量"为原则，1000元人民币为限制。○

2014年5月10日，习近平主席来到河南保税物流中心，视察"E贸易"平台对跨境电商提出了"买全球、卖全球"的口号，为我国跨境电商的发展指明了方向。

2014年7月，海关总署接连发布"56号"和"57号"公告。明确要求与海关联网的跨境电商平台，均可办理结汇和退税。同时，增列"1210"代码为跨境电商进出口的海关代码。为跨境电商的发展提出了更为明确的规定和操作指导。

2015年4月，国务院常务会议制定了推动进口商品的一系列政策。其中，第四条"制定支持跨境电商进口的检验检疫政策，清理进口环节不合理收费"，通过政策手段，规范进口检验检疫政策，提高通关效率，降低企业负担。

2015年6月，国务院常务会议研究制定推动外贸发展的政策。其中，两处涉及进口跨境电商，一是"优化通关流程"，二是"鼓励外贸综合服务企业为跨境电子商务提供通关、仓储、融资等服务"。这两点政策，准确找到了制约进口跨境电商发展的症结，随着相关配套政策和措施的出台，进口跨境电商必将迎来又一个新发展高峰。

3. 我国发展进口跨境电商的意义

第一，促进国内消费发展。

随着我国经济发展，人均收入也不断提高，中产阶级群体逐渐形成，消费习惯从满足日常需求上升到更加追究品牌、质量和服务。在品牌上，我国消费者热衷购买箱包、服饰、母婴用品、化妆品等进口商品，而我国在这些领域均没有国际大牌产品。在产品质量上，国内出现的食品安全问题、山寨产品问题，使得国产质量面临较为严峻的信任危机。从行业服务看，我国商家的服务理念和服务意识都有待提高，服务承诺有时难以

○ 数据来源于亿邦动力网，http://www.ebrun.com/20140321/94496.shtml。

落实。

据预测，我国中层阶级人数，将在未来 20 年内，由 2.3 亿增加到 6.3 亿。这部分人将带领中国进入一个消费的大时代，而我国制造的某些产品在品牌、质量、技术等方面尚不足以与进口商品竞争，因此，进口商品将迎来一次大发展。

发展进口跨境电商，通过电商的模式来经营进口商品，可使中产阶级的消费需求得到极大满足。根据海关规定按个人行邮税征收，个人用户购买享受国家跨境电商试点的进口税减免政策，税额 50 元（含 50 元）以下的海关予以免征。简单的概括就是对单次购物 1000 元以下的商品予以免税。如此一来，通过国内进口跨境电商平台购买的商品，价格要远低于国内一般贸易进口商品的价格，可提高消费意愿。

与海外代购相比，进口跨境电商的商品接受海关的监管和商检的检验，可有效保障产品来源和质量，提高产品和服务的公信力。通过进口跨境电商，消费者实现了在国内购物，能够促进国内消费的发展，对经济发展有积极贡献。

第二，营造"大众创业，万众创新"平台。

当前，全球经济错综复杂，我国经济下行压力较大，新毕业大学生就业是政府工作的重中之重。电子商务门槛低，发展空间大，已成为创业的主要渠道，进口跨境电商是电子商务领域新业态，进口跨境电商的运营至少涉及四个部门，一是运行管理团队，二是物流，三是金融，四是技术。运行管理团队包括进口跨境电商公司的机构搭建、组织运营、宣传等；物流部门提供货物运输、仓储、通关、配送等服务；金融部门可提供第三方支付、融资、担保、保险等服务；技术部门提供网站建设、翻译、文案、美工、推广等服务，由此可见，一个进口跨境电商将涉及十几个部门的服务，带动的就业和创业的作用十分明显。

目前，我国进口跨境电商尚处在起步阶段，是电子商务的一片蓝海，发展进口跨境电商需要熟悉外语、外贸、电子商务、物流等多方面知识的复合型人才。

2012 年进口跨境电商试点以来，虽然仅仅有七个试点城市，业务规模却呈现出爆发性增长态势，新进企业越来越多，这为大众就业和创业提供了绝佳的平台。相信随着国家政策的进一步普及和开放，我国进口跨境电商将会迎来大众创业，万众创新，百花齐放的良好局面。

第三，倒逼国内企业产业升级，提升品牌形象。

我国居民热衷购买国外商品，从侧面反映了国内商品的质量、品牌、价格、服务等方面的劣势。随着我国对外开放程度的加深、进口关税的逐步下调以及进口跨境电商的迅猛发展，国内制造的商品将迎来进口商品的更加严峻挑战，尤其是在我国产品具有比较优势的纺织、服装、日用品等产品方面，市场竞争将更加激烈。

面对日益紧迫的竞争形势，国内企业必须从基于生产要素的低成本战略向基于创新、品牌、服务的战略转变，致力于产业升级，提升品牌形象，掌握研发、专利、技术、工艺、品牌、核心零部件、营销渠道等关键环节，只有这样，才能在竞争中立于不败之地，实现中国制造更好更快的发展。

第四，打造国际化物流快递公司。

随着全球经济一体化和互联网技术的发展，全球性的采购、生产、销售和服务的物流模式日益形成。我国是世界工厂，也是贸易大国，迫切需要培育具有国际竞争力的跨国物流企业，抢占国际分工、要素流转、数据分析等核心领域制高点。建设具有全球影响力的国际物流中心，以应对日益激烈的全球物流企业竞争。

目前，进口跨境电商，普遍采用两种模式解决国际物流和运输问题，一种是批量进口到国内保税区，由国内物流和快递公司进行配送，另一种是海外直邮，国内快递公司中只有中国邮政能够在大多数国家接收直邮包裹，但费用较高，时间较长，如果使用国外的物流快递公司，货物到达国内后，需要转递才能完成国内的配送，时间也较长。

发展进口跨境电商，对我国物流快递行业来说，是一次走出去的巨大机会，国内物流快递可以以此在海关通关、海外仓储、海外配送、大数据等方面进行深耕细作，抢先占领跨境电商物流快递的先发优势，随着国际跨境电商发展快速发展，建立起核心仓储、智能配送、快速送达的全球服务体系。

第五，扩大进口，优化国际收支。

长期以来，我国外贸政策偏重支持出口，限制进口。出口能够带动产业发展，解决就业问题，增加国家税收，而进口往往被政策所忽略。在国际产业格局中，我国制造的产品具有较高的比较优势，出口潜力大。而国内居民的收入增幅低于 GDP 增幅，居民的消费长期被抑制，导致进口商品远远少于出口商品。长期的进出口规模不对称，造成了我国大额的贸易顺差，从图 10-15 可以发现，1978 年至今，我国外贸的顺差长期存在，2014 年更是达到极值。当年我国货物出口额 23 427.5 亿美元，进口额 19 602.9 亿美元，贸易顺差 3 824.6 亿美元。

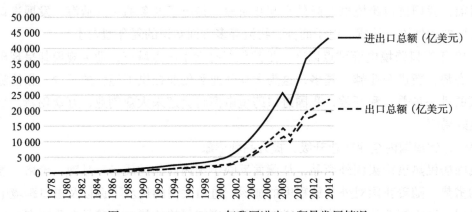

图 10-15　1978—2014 年我国进出口贸易发展情况

注：进出口数据来源于海关总署。1978 年为外贸业务统计数，1980 年起为海关进出口统计数。数据来源：国家统计局。

由于我国国际收支长期处于顺差，导致外汇储备不断扩大。从图 10-16 中可以看出 2014 年外汇储备是 2002 年的 13.4 倍。储备规模过大，增加了国际贸易摩擦。

而且，外汇储备的闲置，降低了资金的使用效率，增大了国内通胀的压力。通过跨境电商扩大进口，采购我国居民消费需求旺盛的普通日用品，不仅能减少国际贸易摩擦和纠纷，促进贸易平衡。而且能有效提高外汇使用效率，降低贸易顺差，将外汇储备变成促进居民消费的有力调节手段。

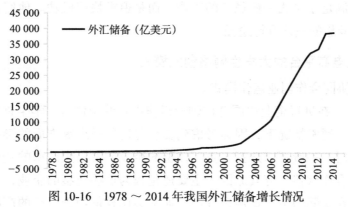

图 10-16　1978～2014 年我国外汇储备增长情况

数据来源：国家统计局

10.2.2　跨境电商平台与大学生网络创业

据相关数据统计调查分析，我国的跨境电商交易规模于 2013 年已经高达 3.1 万亿元，并且其增长率为 31.3%，在整个的进出口贸易总额当中占据着 11.9% 的比重。而根据商务部的预测与分析得出，2016 年，该规模将会上升到 6.5 万亿元，其所占比重也将会上升到 15% 左右，并且将会于 2017 年上升到 20% 左右。从本质上来说，随着我国跨境电商的快速发展进步，其对高素质人才的需求量也进一步扩大，并且，在产品的多元化发展过程中，企业对人才所提出的要求也将会越来越高。现阶段，在许多院校中也已经开设了电子商务专业与国际经贸专业，但是，从根本上来看，因为跨境电子商务本身是一交叉性的学科，其不仅包含着电子商务的特点，同时又带有国际经贸的特点，使单一的专业学习根本不能完全满足现代化企业对人才的高标准高要求，其所需要的是兼具电子商务与国际经贸双重特征的复合型人才。而根据《中国跨境电商人才研究报告》当中的数据研究得出，目前，有大约 85.9% 的企业普遍认为存在严重的跨境电商人才缺口，并且，在其所招收的人员当中，有 82.4% 不能高质量地依据要求来完成实际的工作任务。

1. 大学生网络创业产生的社会背景

第一，缓解大学生就业压力的需要；

由于高校招生规模的持续扩大、人才培养体系与社会需求不相匹配以及大学生缺乏必要的社会资本等因素的影响，大学生就业难问题日益突出，尤其是在当前全球金融危机的背景下更为艰难。相关政府部门和高校出于缓解大学生的就业压力、维护社会稳定等方面的考虑，陆续出台了一系列有利于促进大学生创业的政策措施，大学生创业已形成一定的社会气候。

第二，大学生实现自我发展的需要。

作为新时期的年轻群体，当代大学生的价值观呈现多元化发展的态势，自我意识较强，强调个人价值的实现。再加上受到社会上一些创业成功人士和整体创业氛围的影响，不少大学生不再满足于寻找一份稳定的工作，而是追求快速成功。他们认为创业是实现自我发展和成功梦想的一条可行途径。

2. 基于跨境电商平台的大学生网络创业模式

第一，企业协同合作创业运作模式。

① 合作伙伴。在进行企业协同合作创业运作模式的构建时，学生首先要做的是进行合作伙伴的选择。通常情况下，因为考虑到资金与进货渠道等方面的影响，在进行协同合作企业的选择时，一般可以选择工贸一体型的企业或者是生产型的企业，来当作网络创业的重要协同合作伙伴。究其原因，主要还是因为这些类型的企业，不仅有着比较充足的货源，而且在实际的生产运用过程中，通常会比较依赖于自己的产品品类，使得其所生产的产品相对来说比较单一，并且有着自己的品牌与价格优势，对于大学生创业来说，这是一个非常好的条件。此外，由于这种企业自身还是在贸易转型的阶段当中，不具备充分的跨境电商经验，所以合作起来也相对要简单一些。

② 战略分工与合作。从本质上来说，通过建立分工战略联盟，能够让企业从信息、资金以及物流资源等方面，给予大学生充分的保障与支撑，让大学生在进行网络创业的过程中，有效解决货源与选品差异化的问题。在进行产品供应链的管理时，其应当充分建立和企业供货库存之间的良好 ERP 管理，并以此来为电商平台中的供货系统提供配合。除此以外，针对供货系统而言，应当从单向分销的方向，向着双向分销来进行转变，而对于其所存在的小批量定制需求，则主要可以通过运用 ERP 管理，来对企业进行下单。

第二，第三方服务平台模式。

对于在第三方服务平台上进行网络创业的学生来说，应当充分培养并提升其自身的订单处理、产品资源整合、客户服务以及网络营销推广等方面的综合运营能力。由上文的分析我们可以看出，在学生的技能实战阶段当中，进行业务的开展所面临的最大问题，就是其自身经验的缺乏与资金和货源问题。而现阶段，在大部分的大专学校当中，电子商务专业的教师本身并不具备丰富的跨境电商平台创业经历，因此导致其不能给学生的网络创业提供必要的信息、资金与物流等基本条件，所以，必须要加强引导，不仅要让跨境电商企业发展成为学校重要的实习与实训基地，同时也要让其成为学校人才培养过程中的一个重要合作伙伴，以此来给学生提供必要的资金与货源以及实战指导。在进行电子商务专业的教学过程中，学校还要聘请一些跨境电商领域的专家，来充实与完善学校的师资队伍，建立起一支高质量的培训、教学与实战创业团队，为大学生在跨境电商平台上的网络创业工作奠定一个坚实的基础。

10.2.3 跨境电商创业可行性分析，以婴幼儿产品为例

这一小节里，我们以当前国内十分火热的婴幼儿产品"海淘"为例，给大家做一个跨境电商创业项目的 SWOT 可行性分析。

1. 项目的市场机会分析

第一，我国婴儿用品产业蓬勃发展，五年来产业规模成倍增长虽然全球一些主要经济体正处于低出生率时期，但最新研究表明，我国从 2008 年到 2012 年，婴儿用品产业按照 50% 的增长率增长，预期这种发展速度将维持 10 年左右。

第二，实用性品牌专营严重空缺。在国内孕婴幼儿市场仅处于幼稚的起步阶段，一些较发达的地区，孕婴幼儿卖场产品牌子杂，质量参差不齐，种类不齐全，安全性能无保证，售后服务差劲。

第三，购物地理环境局限性大。孕婴幼儿用品（礼品除外）的消费主体为怀孕 6～10 个月期间的孕妇和新生儿的妈妈，这两类特殊阶层的特定消费群体，活动不便，对安全性要求特别强。

第四，国内与国际婴幼儿产品。在中国市场，国际品牌仍是市场的主导者，数据统计，2012 年强生（中国）有限公司的市场份额占据市场总值的 50% 以上，超过一半（56%）的消费者更倾向于购买外国的婴儿护理产品，因为他们认为这些比国内产品更安全。

2. 优势分析

第一，成本优势。目前进口商品销售需要交纳增值税和关税，因此，进口商品的成本具体如下：

$$进口商品成本 = 进口商品进价 \times (1+17\%) \times (1+10\%)$$

其中 17% 是增值税，10% 是关税。跨境电子商务模式可以省去关税、增值税等费用，但需增加行邮税。因此：

$$本项目的产品成本 = 进口商品销售价 \times (1+10\%)$$

其中 10% 是行邮税。总的来说，通过跨境贸易试点，我们进口商品的成本要比正常国际贸易的成本要低 14%～20%。

第二，物流费用优势。目前国内"海淘"或者代购的模式，物流方面主要通过国际货运采用航空小包、邮寄、快递等方式。传统的物流一方面价格高昂，另一方面时间慢，一般下订单到收货起码 20 天左右。而海淘基地的物流是通过海运以集装箱方式运输到保税区，然后从保税区统一向全国发货。因此，单笔货物的物流费用不但低廉，而且速度只需两三天即可到达消费者手中。

第三，信用优势。在进口业务端，"海淘"族盛行，但"海淘"或者代购存在着清关不稳定、商品品质和到货日期无法保障等困难，并存在偷逃关税的嫌疑。我们产品统一由保税区进行质量检测，所有商品均有二维码，可追溯商品的源头，货物统一从保税区

仓库发出，保税区对产品质量进行担保。因此，网上最主要的信用问题也迎刃而解。

第四，购物方式符合消费者需求。

孕婴幼儿用品的消费主体为怀孕 6～10 个月期间的孕妇和新生儿的妈妈，他们行动不便，希望购物的便捷性。而网上购物的方式正好适应这类消费者。

3. 劣势分析

第一，信用问题：由于跨境电商涉及国外商品，因此海关需要进行监管。所以所有购物都需提供具体的身份证信息和账号信息，以方便进行商品的报关与清关。这对于不是实名消费的电子商务交易来说，如何让消费者提供本人的私密信息存在着公司与消费者的信用问题。

第二，消费能力问题：要享受跨境电商的免税优惠，国家有规定，必须单笔消费在 500 元以下，并且个人一年消费限额 2 万元，这一方面对消费者消费能力进行了限制，另一方面经营过程中商品组合也限制较大。

4. 风险分析

第一，资金风险。由于淘宝商城对销售婴幼儿类商品的公司要求注册资金必须 50 万元以上，加上开店需要提供押金 8 万元，对创业团队来说，资金量过大，而且占用流动资金的使用。

第二，货物品种风险。由于网上销售进口商品必须取得国外的二级以上的代理销售商的授权，这就会造成不是所有的国外商品均能进口在国内网上销售。

第三，商品品牌认知度问题。目前国内消费者大多对国外奢侈品的品牌认知度较高，面对众多的进口商品，尤其是日常消费品的品牌认知度不高，这对商品销售的初期影响较大。

第四，竞争风险。虽然产品的优势突出，但不能排除销售同类产品的网上其他公司，当产品保质期到期或者达不到供销商销售量要求的时候，不能排除恶性竞争的情况出现。

本章小结

创新思维对于国际贸易的意义是十分明显的，国际贸易理论的新发展就是很好的说明。同时，新的国际贸易理论已经越来越充分地肯定了技术创新对"比较优势"的积极意义。如果就技术创新和国际贸易的关系作一长期分析，可以发现两者之间具有一种长期增长和促进效应。新增长理论、新贸易理论以及实证分析表明，无论是以技术创新为基础的国际贸易、还是国际贸易引致的技术创新，都是世界经济增长的重要因素。对当今世界经济的整体增长而言，不仅需要各国独立的技术创新，同时为了节约稀缺的世界经济资源，需要各国尽可能地分享这种具有"公共产品"性质的技术创新，而国际贸易正是实现这种意图的重要方式。

此外，随着世界现代化与全球化的发展进步，在当前的社会环境背景下，跨境电子商务已经逐渐演变成为大学生创业者与相关企业开拓市场、提高经济收入的重要方式。本章从目前的跨境电商平台发展现状入手，引出现阶段基于跨境电商平台的大学生网络创业问题，并阐述了企业协同合作创业运作模式与第三方服务平台模式，为跨境电商平台下的大学生网络创业提供参考。大学生电商创业是个复杂的系统工程。它不仅关系到学生本人及其家庭，更是社会如何有效缓解大学生就业难的一个重要渠道。

最后，从教育的角度看要想充分发挥大学生创业的优势，就得让学生走出校门，进驻企业，在真实的企业供应链和国际市场环境中，接受真实的业务技能训练，操盘真实"互联+"下的国际贸易，搭建无数个中小微跨境电商企业和百万大学生创新创业平台，促成跨境电商企业与院校间的深度合作；从而有助于从根本上解决跨境电商企业用人难、大学生就业创业难的矛盾。

课后习题

1. 请讲述一下你最希望进行海外代购的产品有哪些？为什么？
2. 你认为开展海外代购的主要障碍有哪些？
3. 你认为哪些技术的创新将进一步促进全球商品的自由流动？

主要参考文献

[1] 约翰·贝赞特.创新与创业管理 [M].牛芳,等译.北京:机械工业出版社,2013.
[2] 陈劲,郑刚.创新管理——赢得持续竞争优势 [M].北京:北京大学出版社,2013.
[3] 宁钟.创新管理——获取持续竞争优势 [M].北京:机械工业出版社,2014.
[4] 李梅芳,等.TRIZ 创新思维与方法理论及应用 [M].北京:机械工业出版社,2016.
[5] 杜安·爱尔兰,等.战略管理——竞争与全球化 [M].赵宏霞,等译.北京:机械工业出版社,2016.
[6] W. H. 纽曼, E. 萨默.管理过程:概念、行为和实践 [M].李柱流,等译.北京:中国社会科学出版社,1995:318-324.
[7] 布鲁斯·巴林格,杜安·爱尔兰.创业管理——成功创建新企业 [M].杨俊,等译.北京:机械工业出版社,2010.
[8] 陈卫平,唐时俊.创业基础 [M].北京:清华大学出版社,2013.
[9] 李素萍,安予苏.市场营销学 [M].郑州:郑州大学出版社,2008:108.
[10] 杨安,兰欣,刘玉.创业管理——成功创建新企业 [M].北京:清华大学出版社,2009:256.
[11] 伊查克·爱迪思.企业生命周期 [M].赵睿,译.北京:中国社会科学出版社,1997:10.
[12] 彼得·德鲁克.创新与企业家精神 [M].蔡文燕,译.北京:机械工业出版社,2011:265.
[13] 陈震红,董俊武.创业风险的来源和分类 [J].财苑:经济与管理,2003:56-57.
[14] 巩艳芬,崔海燕,李友俊.基于生命周期理论的我国创业企业风险分析 [J].企业管理,2011:37-39.
[15] 谢胜强.创业企业技术创新风险和技术创新能力培育方法研究 [J].科学学研究,2008,(26)(增刊):230-233.
[16] 余桂玲.论和谐企业的文化要素 [M].天津:天津社会科学院出版社,2007.
[17] 李明星,台新民.品牌创新与企业知识产权协同战略 [M].北京:知识产权出版社,2010.
[18] 彭本红,于锦荣.营销管理创新 [M].武汉:武汉理工大学出版社,2009.
[19] 江清萍.互联网+营销与创新 [M].北京:台海出版社,2015.
[20] 乔·卡岑巴赫.团队工作:《哈佛商业评论》论文精选 [M].北京:中国财政经济出版社,2005:108.
[21] 陈维政,余凯成,程文文.人力资源管理 [M].北京:高等教育出版社,2006.
[22] 哈罗德·孔茨,海因茨·韦里克.管理学(第10版)[M].张晓君,等译.北京:经济科学出版社,2005.
[23] 赵颖欣.对企业人力资源管理创新的思考 [J].中国外资,2011(06).
[24] 武红素.浅谈新时期人力资源管理创新 [J].河北企业,2011(06).
[25] 贾一博.企业人力资源管理创新体系的构建 [J].南都学坛,2011(05).
[26] 王岳森,边林.自然辩证法概论 [M].石家庄:河北人民出版社,2005.
[27] 郭靖娟,徐寿波.基于模块化理论的供应链研究 [J].北京交通大学学报,2007.
[28] 吴松海,张殿清.论科学研究中的创造性思维——自然辩证法学习札记 [J].北京印刷学院学报,2001.